欧亚历史文化文库

总策划 张余胜

兰州大学出版社

内陆欧亚风云录

丛书主编 余太山

芮传明 著

图书在版编目(CIP)数据

内陆欧亚风云录 / 芮传明著. —兰州:兰州大学
出版社,2013.10
（欧亚历史文化文库/余太山主编）
ISBN 978-7-311-04281-3

Ⅰ.①内… Ⅱ.①芮… Ⅲ.①突厥人—民族历史—通
俗读物 ②回鹘—民族历史—通俗读物 Ⅳ.①
K308－49 ②K289－49

中国版本图书馆 CIP 数据核字(2013)第 246765 号

总 策 划　张余胜

书　　名　内陆欧亚风云录
丛书主编　余太山
作　　者　芮传明　著
出版发行　兰州大学出版社　（地址:兰州市天水南路 222 号　730000）
电　　话　0931－8912613(总编办公室)　　0931－8617156(营销中心)
　　　　　0931－8914298(读者服务部)
网　　址　http://www.onbook.com.cn
电子信箱　press@lzu.edu.cn
印　　刷　兰州人民印刷厂
开　　本　700 mm×1000 mm　1/16
印　　张　14(插页 10)
字　　数　187 千
版　　次　2013 年 10 月第 1 版
印　　次　2013 年 10 月第 1 次印刷
书　　号　ISBN 978-7-311-04281-3
定　　价　48.00 元

（图书若有破损、缺页、掉页可随时与本社联系）
淘宝网邮购地址:http://lzup.taobao.com

图1　土耳其人与哈萨克人的状貌对比

图 2　维吾尔族与柯尔克孜族的相貌比较

图3 唐太宗的昭陵六骏及奥斯曼帝国的突厥骑士

图4 精良的土耳其弓箭

图5 粟特古遗址的壁画

2

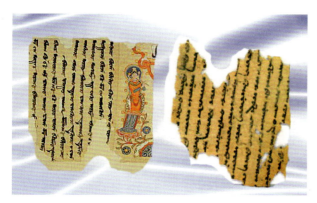

图6　粟特文书与回纥文书之字母比照

图7　可萨汗国的疆域及武士示意图

图8　古老传说谓突厥起源于狼

图9 阿史那突厥人早期可能的迁徙地

图10 象征罗马人起源说的"母狼哺婴"青铜像

图11 突厥汗国发祥地阿尔泰山景色之一

图12　突厥汗国势力范围示意图

图13　库萨和一世的雕像，见于今
德黑兰法院

图14　嚈哒的疆域示意及其国王的钱币和陶印

图15　罗马皇帝查士丁二世的钱币

图16　粟特人和突厥人的劈面场景，见于片治肯特遗址的壁画

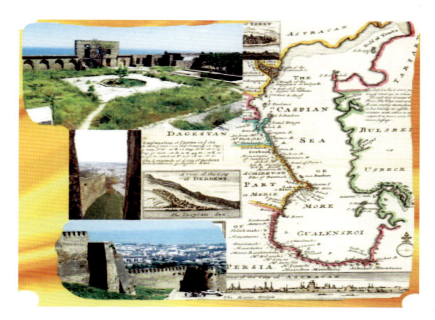

图17 里海与"里海之门"——要塞杰尔宾特

图18 伊塞克湖畔的碎叶城是统叶护的驻跸地之一,他曾在那里会见西游的玄奘

图19 隋文帝画像，唐阎立本画

图20 古代烽火台遗址

图21　隋炀帝画像，唐阎立本画

图22　唐高祖李渊画像

图23　唐太宗李世民画像

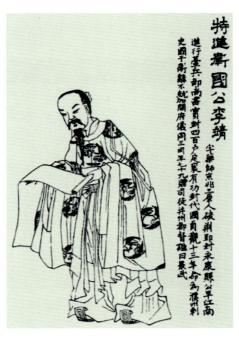

图24　李靖画像，见于《凌烟阁功臣图》

图25　玄奘西行图，收藏于东京国立博物馆

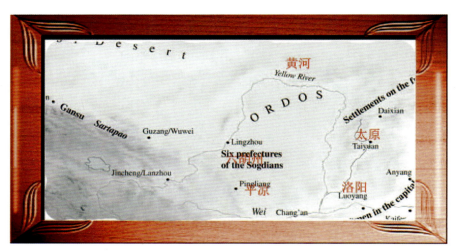
图26　"六胡州"的大致地域示意图

图27　见于山西文水的武则天庙及塑像

图28　立于蒙古鄂尔浑河流域的毗伽可汗与阙特勤的纪功碑（前者为土耳其的摹制品）

图29　突骑施领地及其钱币

图30　现代人描绘的乌古斯汗传说

图31　回纥的广阔疆域示意图

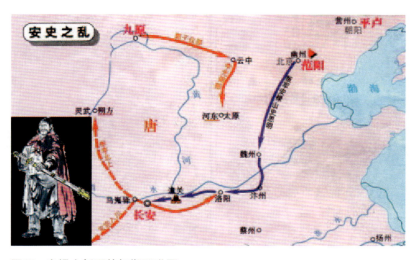

图32　安禄山叛军的初期西进图

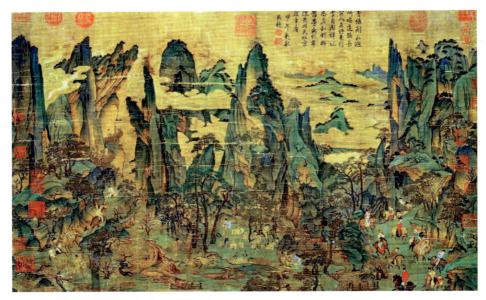

图33　唐代佚名所绘的《明皇幸蜀图》

图34　见于今兴平县马嵬坡的杨贵妃墓

图35　唐代长安城的布局复原图

图36 史思明称王后所铸的"得壹元宝"和"顺天元宝"铜钱

图37 见于中外的各种摩尼肖像

图38 唐玄宗在位前期颇有气魄的《纪泰
山铭》

图39 记载牟羽可汗事迹的《九姓回鹘可汗碑》

图40 回纥时期的摩尼教信徒及其宗教仪式

图41　所谓的"绢马交易"是唐与回纥关系的重要特色之一

图42　回纥西迁后的据地和政权分布

图 43　回纥参与建立的黑汗 / 喀喇汗王朝

图44　位于阿图什的苏里唐麻扎（陵墓）及清真寺，为布拉格汗的
重要纪念性建筑

出 版 说 明

　　随着20世纪以来联系地、整体地看待世界和事物的系统科学理念的深入人心，人文社会学科也出现了整合的趋势，熔东北亚、北亚、中亚和中、东欧历史文化研究于一炉的内陆欧亚学于是应运而生。时至今日，内陆欧亚学研究取得的成果已成为人类不可多得的宝贵财富。

　　当下，日益高涨的全球化和区域化呼声，既要求世界范围内的广泛合作，也强调区域内的协调发展。我国作为内陆欧亚的大国之一，加之20世纪末欧亚大陆桥再度开通，深入开展内陆欧亚历史文化的研究已是责无旁贷；而为改革开放的深入和中国特色社会主义建设创造有利周边环境的需要，亦使得内陆欧亚历史文化研究的现实意义更为突出和迫切。因此，将针对古代活动于内陆欧亚这一广泛区域的诸民族的历史文化研究成果呈现给广大的读者，不仅是实现当今该地区各国共赢的历史基础，也是这一地区各族人民共同进步与发展的需求。

　　甘肃作为古代西北丝绸之路的必经之地与重要组

成部分,历史上曾经是草原文明与农耕文明交汇的锋面,是多民族历史文化交融的历史舞台,世界几大文明(希腊—罗马文明、阿拉伯—波斯文明、印度文明和中华文明)在此交汇、碰撞,域内多民族文化在此融合。同时,甘肃也是现代欧亚大陆桥的必经之地与重要组成部分,是现代内陆欧亚商贸流通、文化交流的主要通道。

基于上述考虑,甘肃省新闻出版局将这套《欧亚历史文化文库》确定为2009—2012年重点出版项目,依此展开甘版图书的品牌建设,确实是既有眼光,亦有气魄的。

丛书主编余太山先生出于对自己耕耘了大半辈子的学科的热爱与执著,联络、组织这个领域国内外的知名专家和学者,把他们的研究成果呈现给了各位读者,其兢兢业业、如临如履的工作态度,令人感动。谨在此表示我们的谢意。

出版《欧亚历史文化文库》这样一套书,对于我们这样一个立足学术与教育出版的出版社来说,既是机遇,也是挑战。我们本着重点图书重点做的原则,严格于每一个环节和过程,力争不负作者、对得起读者。

我们更希望通过这套丛书的出版,使我们的学术出版在这个领域里与学界的发展相偕相伴,这是我们的理想,是我们的不懈追求。当然,我们最根本的目的,是向读者提交一份出色的答卷。

我们期待着读者的回声。

总 序

　　本文库所称"欧亚"(Eurasia)是指内陆欧亚,这是一个地理概念。其范围大致东起黑龙江、松花江流域,西抵多瑙河、伏尔加河流域,具体而言除中欧和东欧外,主要包括我国东三省、内蒙古自治区、新疆维吾尔自治区,以及蒙古高原、西伯利亚、哈萨克斯坦、乌兹别克斯坦、吉尔吉斯斯坦、土库曼斯坦、塔吉克斯坦、阿富汗斯坦、巴基斯坦和西北印度。其核心地带即所谓欧亚草原(Eurasian Steppes)。

　　内陆欧亚历史文化研究的对象主要是历史上活动于欧亚草原及其周邻地区(我国甘肃、宁夏、青海、西藏,以及小亚、伊朗、阿拉伯、印度、日本、朝鲜乃至西欧、北非等地)的诸民族本身,及其与世界其他地区在经济、政治、文化各方面的交流和交涉。由于内陆欧亚自然地理环境的特殊性,其历史文化呈现出鲜明的特色。

　　内陆欧亚历史文化研究是世界历史文化研究中不可或缺的组成部分,东亚、西亚、南亚以及欧洲、美洲历史文化上的许多疑难问题,都必须通过加强内陆欧亚历史文化的研究,特别是将内陆欧亚历史文化视做一个整体加以研究,才能获得确解。

中国作为内陆欧亚的大国,其历史进程从一开始就和内陆欧亚有千丝万缕的联系。我们只要注意到历代王朝的创建者中有一半以上有内陆欧亚渊源就不难理解这一点了。可以说,今后中国史研究要有大的突破,在很大程度上有待于内陆欧亚史研究的进展。

古代内陆欧亚对于古代中外关系史的发展具有不同寻常的意义。古代中国与位于它东北、西北和北方,乃至西北次大陆的国家和地区的关系,无疑是古代中外关系史最主要的篇章,而只有通过研究内陆欧亚史,才能真正把握之。

内陆欧亚历史文化研究既饶有学术趣味,也是加深睦邻关系,为改革开放和建设有中国特色的社会主义创造有利周边环境的需要,因而亦具有重要的现实政治意义。由此可见,我国深入开展内陆欧亚历史文化的研究责无旁贷。

为了联合全国内陆欧亚学的研究力量,更好地建设和发展内陆欧亚学这一新学科,繁荣社会主义文化,适应打造学术精品的战略要求,在深思熟虑和广泛征求意见后,我们决定编辑出版这套《欧亚历史文化文库》。

本文库所收大别为三类:一,研究专著;二,译著;三,知识性丛书。其中,研究专著旨在收辑有关诸课题的各种研究成果;译著旨在介绍国外学术界高质量的研究专著;知识性丛书收辑有关的通俗读物。不言而喻,这三类著作对于一个学科的发展都是不可或缺的。

构建和发展中国的内陆欧亚学,任重道远。衷心希望全国各族学者共同努力,一起推进内陆欧亚研究的发展。愿本文库有蓬勃的生命力,拥有越来越多的作者和读者。

最后,甘肃省新闻出版局支持这一文库编辑出版,确实需要眼光和魄力,特此致敬、致谢。

余太山

2010 年 6 月 30 日

目录

1

绪　言

　　本书所要介绍和谈论的,是中古时期一度雄霸于内陆欧亚地区的两个游牧民族政权。它们都由属于突厥族的部族创建,都曾与中国中原地区的强大政权有过频繁的接触交流,同时,也曾与远在西方的强势的文明古国,如波斯、东罗马帝国(拜占庭)等发生过或战或和的各种关系,从而成就了一段轰轰烈烈或五彩缤纷的历史,为古代世界的东西交流和社会发展做出过影响巨大的贡献。这两个政权即是突厥汗国与回纥汗国。

　　在汉文语境中,一旦使用"突厥"一词,特别是涉及政权和民族时,就颇有必要对其词义略做辨析,因为通常说来,"突厥"有广狭两义。古代中国最初使用"突厥"一词时,指的仅仅是公元 6 世纪中叶崛起于中国西北地区,并旋即在蒙古高原和今新疆等地建立强大政权的一个游牧部族;它真正的强盛时代,前后总共不到 200 年。这可以称之为"狭义的突厥"。

　　然而,所谓"广义的突厥",则是在汉文记载出现"狭义的"即特指的"突厥"之后,世人借用此名,泛指此部族所属大民族中的所有其他诸部。随着这个大民族的不断发展和扩张,"突厥"诸族逐步分布到今天亚洲的北部、中部和西部,以及中国西北部、欧洲和西伯利亚南部等地。它们的主要共同点是所操的语言属于同一语族,其文化也有一定的相似之处;但是相比之下,它们的人种和血缘关系却并不密切,甚至,有些部族的差异还表现得十分明显。本书谈述的第一个政权"突厥"即是所谓的"狭义突厥",而接着谈述的第二个政权"回纥"则仅属于"广义突厥",因为它的具体部族与前者不同,而只是所用语言与前者同属一个语族。

　　简言之,中国古籍最初记载的"突厥",实际上只是现代语境中一般意义上之"突厥"中的一小部分;前者被包含在后者之内,而后者却绝不等同于前者。所以,若一定要在字面上区别二者,那么,不妨称中国古代那个曾经建立强势政权,风光一时的部族为"突厥",而称如今广布于欧亚各地(主要为内陆欧亚地区)的大量同语族居民为 Turks/Turkics(或者汉译作"突尔克")。

按照现代的学术定义,凡是所操语言属于"突厥语族(Turkic language family)"者,都是"突厥人(Turks 或 Turkics)"。突厥语族是所谓的"阿尔泰语系"中最大的一个语族分支,它所包含的各种语言可以细分为约 40 种,操这些语言的居民人口总量则达 2 亿左右。举例来说,今天的土耳其人、阿塞拜疆人、楚瓦什人、哈萨克人、鞑靼人(塔塔尔人)、吉尔吉斯人、土库曼人、维吾尔人、乌兹别克人、巴什基尔人、卡什凯人、加告兹人、雅库特人、克里米亚人、卡拉卡尔帕克人、卡拉查伊人、诺盖人等都是"突厥人"。至于古代的库蛮人、钦察人、阿瓦尔人、布尔加人、塞尔柱人、可萨人、奥斯曼人等(甚至还可能包括匈奴或匈人),也都属于"突厥人"。

显然,这些人群的分布极为广泛,从中国东北部的黑龙江省、西部的甘肃省和新疆维吾尔自治区,一直延伸到西伯利亚、东欧和小亚细亚等地。突厥语族中各语言的差别很小,远小于印欧语系、汉藏语系中诸语间的差别,以至无法清晰而具体地界定突厥语族中诸语的区别和归属。这是突厥语族的语言特色。另一方面,突厥语族居民的状貌和人种却显示出较大的差异,至少,当今所见的各族 Turks 在这一点上确实具有鲜明的特色。图 1 所示的两幅画像,一为土耳其的近代革命领袖凯末尔,一为哈萨克共和国总统纳扎尔巴耶夫。二者都是"突厥人"(Turks):前者为土耳其人,后者为哈萨克族人。但是,从他们的状貌上看,凯末尔的"高鼻深目"特征相当鲜明,亦即近似于印欧人种(白种人);而纳扎尔巴耶夫的五官则更为"扁平",接近于蒙古人种(黄种人)。显然,他们的相貌远不如其语言那么接近。而如图 2 所示,即使生活地区相当邻近的我国新疆的维吾尔族与柯尔克孜族,其状貌似乎也有着较大的差异。

那么，同样属于 Turks 种族，为何状貌会相差如此之多呢？或许，这与该种族的形成起源及其发展历程有关。因为据不少学者接受的一个观点，Turks 种族最初是由东方黄肤色的蒙古人种与西方白肤色的高加索人种进行血缘混合之后而形成的，因此，其体貌特征便介于二者之间。但是，由于在欧亚大陆上，越往东方，蒙古人种的居民越多，而越往西方，所谓的"高加索人种"（大体相当于印欧人）居民越多。所以，一般而言，随着地域的不同，越往东方，这种混合血缘中的蒙古人种成分越多；反之，越往西方，高加索种族成分越多。这一理论，似乎可以比较合理地解释上述"同属 Turks 而体貌差异甚大"的现象。

阿史那氏突厥人勃兴于公元 6 世纪中叶，他们建立的突厥汗国东起蒙古高原，西及里海地区，约百年之后虽然分崩离析，但是经过短短的 30 年后又再度崛起，建立了所谓的"突厥第二汗国"，直至 8 世纪中叶。这股突厥人不仅主宰着内陆欧亚之广袤草原上的众多游牧部族，还不时地与古代世界之定居文明大国或战或和，发生了密切的关系，无论是东方的隋、唐盛世，还是西方的波斯、拜占庭强权，都曾感受到他们的强大压力，在很长的时期内不得不采取"怀柔政策"，甚至卑躬屈膝地花费大量财帛来缓解这些"夷狄"对边境的寇侵。

回纥人也属于"突厥语族"中的一支，他们是在 8 世纪中叶协助唐廷击灭"突厥第二汗国"之后，才正式建立起回纥汗国的，嗣后不断发展壮大，领地之广阔几乎可以与其"前任"突厥汗国相媲美。强盛时期的回纥汗国一方面足以号令草原诸部，另一方面也使得南方的唐王朝敬畏有加，尤其是当 8 世纪 50 年代，中原王朝发生安史叛乱，唐廷急欲借助回纥精兵收复失地时，回纥汗国更成了唐廷统治者心目中的"救世主"。回纥汗国作为"草原霸主"的形象也维持了约百年之久；此外，即使在统一的回纥强大政权分崩离析之后，外迁的几个分支也仍然在较小的地域内继续着先祖的"伟业"，有的持续数百年之久。

无论是突厥人还是回纥人，之所以能够在广大区域内建立强大的政权，乃至令颇具悠久历史传统的各个"文明大国"也不敢对之稍存轻视之心，是因为他们能征惯战，动辄以武力相威胁，并且来去迅捷，致使

·欧·亚·历·史·文·化·文库·

从事农耕的定居民难以与之抗衡。而突厥、回纥人的这一军事优势即来自于他们的游牧生活:草原地区盛产各种骏马,游牧的生活又迫使人们必须有娴熟的骑术,因此极大的机动性成为古代游牧人的"天然优势"。此外,伴随游牧、狩猎生活的另一种技能即是弓箭之术。游牧人普遍的精湛射术使之可以远距离准确地命中目标,从而大大提升了游牧人的战斗力。

图 3 所示,一为唐太宗的"昭陵六骏"之一,这些骏马显然都来自域外;一为奥斯曼突厥人的骑士,绘于 15 世纪。又,图 4 所示,则为精良的土耳其弓箭,其传统显然源于古代突厥人。

突厥、回纥人源自游牧生活的"天然的"骑射优势固然是他们在冷兵器时代称王称霸于古代世界的主要原因;但是,他们那个时代恰巧有许多拥有较高文明、精于谋划的伊兰民族粟特人尽心尽力地指点和协助他们,则是另一个重要因素。

粟特人的原居地大体在中亚的锡尔河与阿姆河之间,通常称之为索格底亚那(Sogdiana),那里地处古代欧亚大陆东西、南北交通的要道口,因此其居民粟特人特别擅长经商,沿着丝绸之路往来于各地,从而见多识广,同时也频繁地传播着各种文明。突厥汗国从最初的创建政权到最终的崩溃败亡,都始终贯穿着粟特人在其中的牵线搭桥、出谋划策,乃至身体力行。他们鼓励突厥人尽量获取中原王朝的丝绸,然后以高价销往波斯、拜占庭等地;他们建议突厥与波斯联盟,击灭嚈哒后瓜分其领地;他们后来又交好拜占庭,以抗衡对突厥缺乏善意的波斯。如此等等的经济、政治、外交参与,推动突厥汗国在欧亚大陆上展开了一番轰轰烈烈的事业。图 5 所示为见于粟特古城片治肯特的描绘粟特人生活的壁画。

在继承突厥而成为草原霸主的回纥汗国中,粟特人同样发挥了巨大的影响,他们同样地深度参与到回纥的经济和政治生活中。而更为突出的一点是,在粟特人的影响和压力下,起源于波斯的摩尼教最终成为了回纥汗国的"国教",从而导致游牧的回纥人在文化方面发生了几乎是翻天覆地的变化:不仅有大量官、民的宗教信仰改成了摩尼教,嗣后还因粟特文字的普遍使用而推动了回纥文字的创造。

回纥的语言属于突厥语族,其早期的书面表达则与古突厥人一样,也使用所谓的"如尼"字母(Runic)撰写。嗣后,由于粟特人越来越多地参与到回纥人的社会生活中,粟特的语言和文字也就越来越影响了回纥。于是,出现了用借鉴自粟特字母之字体撰写回纥语的文字作品,其时当在公元8世纪中叶以后。图6所示者,即是粟特文书与回纥文书的字母比较,二者显然相当接近。而从长远看,粟特文化不仅直接影响了回纥文化,还间接地影响到了数百年后的其他民族的文化,如蒙古文即是在回纥文字的基础上创制的,而满族文字则又是借鉴了回纥式蒙古文。

突厥汗国与回纥汗国相继称雄于中央欧亚地区,至少在300年内(6世纪中叶至9世纪中叶)对古代世界的政治格局产生了直接的重大影响,即使在文化和经济方面,他们发挥的作用也不可小视。不仅如此,这两个突厥部族持续导致的战事,还迫使欧亚草原上的其他游牧部族也发生了迁徙和异动,从而间接地影响了其他地区和其他时段的历史进程。一个非常典型的例子便是里海地区可萨突厥政权的兴盛和发展历程。

虽然可萨人(Khazars)早在公元6世纪以前就见于记载,但是他们正式建立强大的政权,则是在7世纪的下半叶。所以,有人认为同样操突厥语的可萨人乃是源出雄霸蒙古和西域的"突厥汗国"的"西突厥";当然,也有人认为可萨人本是回纥九部之一,在很早时期就向西迁移,远抵里海地区。不管怎样,可萨突厥最初之源在于中央欧亚东部的突厥语族之一,应无疑问;他们之西迁系受阿史那突厥人或其他部族之迫逐,也似乎符合史实。

可萨汗国在伏尔加河中下游地区建立的强大政权维持了两三百年(7—9世纪),与拜占庭(东罗马)及阿拉伯帝国都有着密切的政治、经济关系,成为欧亚大陆上东西方交流的一个重要中转站。它对于世界历史的最大影响恐怕是改宗了犹太教,有力地阻挡了伊斯兰教越过高加索山,北进东欧。因此,可萨汗国显然对后世欧洲的文化乃至政治格

5

局发挥了极大的作用。图 7 所示,为可萨汗国的疆域及武士示意。

正因为同属突厥语族的"突厥"与"回纥"两大游牧政权曾经在内陆欧亚地区叱咤风云,对于古代世界的历史进程发挥了绝不逊于各"文明大国"的巨大作用,历时数百年之久,故本书在此对它们略做介绍,也就不无意义了。

第一编 「锻奴」创建庞大汗国

1 阿史那氏突厥人的起源谜团

1.1 是母狼还是神女孕育了突厥？

根据汉文古籍的记载，有关阿史那氏突厥人的起源，有好几种说法。这些说法多很神奇，有的还是相当美丽的故事。虽然现代人不太会相信突厥人真的具有如此奇妙的"出身"，但是也不能不承认，这些动人故事的字里行间隐藏着某些历史真相。下面，则让我们先来看看汉文古籍的记载。

"突厥人是母狼后裔"的传说在中国古代比较流行，如《周书》《隋书》等都有记述，大致情节是这样的：最初之时，以"阿史那"作为姓氏的一个突厥部落在"西海"地区建立了政权；据说，他们是匈奴大部族中的一个小部落。后来，阿史那部落与邻国发生了武装冲突，并旋即演变为激烈的血腥战争。但是，邻国的军事实力胜过阿史那部落，遂对它展开了灭族的大屠杀，无论是男是女，年迈老人抑或待哺婴儿，无一幸免，全都遭到屠戮。其中，唯有一个年仅十岁的男孩，拼命逃奔到荒郊中的一个巨大湖泊之旁，却仍被一名紧紧追赶的敌兵追及。那人挥刀便砍，斩下了男孩的双足，鲜血喷涌，致使男孩当场昏死过去。那敌兵认为男孩已无活理，同时也想起了自己家中与之年岁、模样都相仿的儿子，因此居然不忍心再在这"尸身"上补上一刀，旋即转身离开了跌落在草丛之中的男孩。当时四周茫茫，渺无人迹。

可是，那男孩却并未死去，他昏迷了多时之后，在漆黑的深夜悠悠醒来。男孩顿时明白了自己的处境：即使并未丧生于敌国的刀兵之下，也没有可能活着离开这荒郊野泽，因为他的双脚已被斩去，无法再觅食而维持生机了，那么，其必然的结局就是在多日之后活活饿死！但是，

·欧·亚·历·史·文·化·文·库·

当一头巨大的母狼目露绿光地瞪着他看时,男孩知道自己不会"饿死"了,因为他肯定是被 母狼"咬死"! 然而,奇迹发生了:母狼不仅并未"咬死"男孩,反而将自己猎捕来的肉食喂养受伤的男孩。就这样,阿史那部落的男孩在母狼的悉心喂养下,逃过了冻馁而死之灾,顺利地度过了五六年,长成了壮实的成年男子。最幸运的是,他还与母狼结成了"夫妻",母狼因此怀上了他的孩子。

不过,新的劫难又随之而来,因为阿史那男孩幸存的消息终于被人所知,并迅速传播开来,以至此前的敌国首领也已闻讯。敌国国王害怕阿史那族因这男孩之力而在日后复兴,来报这灭族的血海深仇,所以决定趁早斩草除根。于是,他派遣了一队精锐骑士,下令不但要真正杀死阿史那男孩,还要把喂养他的母狼也一并除去。在这危急的情况下,母狼发挥了神一般的力量,竟然驮着阿史那男孩,从海西逃到了海东,最后,止息于一座山上;而此山则位于高昌的西北。山谷中有一大片平原,纵横都达二百里之广,并且水源丰富,植物茂盛,十分适宜于居住。一人、一狼便隐居在此,丝毫不受外界的侵扰。未几,母狼产下一子;其后,她连续生育,相继产下了十个儿子。这些儿子长大以后,都娶了山外的女子为妻,从而生儿育女,家族繁衍得很快,数代之后,已经有好几百家。

又经过了一段时间的发展,阿史那氏部落的人数更为众多了,高昌的这一山谷已经容纳不下那么多人生活,于是,部落迁出山谷,寻觅更大的发展空间。当时正值柔然兴盛之际,新形成的阿史那部落便依附于柔然,在阿尔泰山(金山)之南,充当他们的铁业工匠。由于阿尔泰山的形状犹如士兵所戴的头盔,而当地语言称该物的读音为"突厥",因此,这一阿史那部落就以"突厥"为号。另一方面,他们知道母狼是本族的救星和祖先,遂从此把狼头纛作为本族的标志性旗帜,树在牙帐门前或其他地方,崇敬异常。(见图8所示)

这段传说中虽然出现了神奇的母狼,十分玄虚,但是也隐含了好几条史实的线索。例如,阿史那氏突厥的初期居地在"西海"(尽管"西海"的比定异说很多);随后则居于高昌(今新疆吐鲁番地区);兴起之前曾经是中亚游牧强权柔然的铁工;居地则在阿尔泰山之南,亦即今新疆的西北地区。如此等等,使得阿史那突厥的早期生活还是有迹可寻的。然而,另一个也很神奇的传说则提供了不同于此的线索,这即是《周书》等古籍记载的"突厥为夏神、冬神之后裔"的故事。

据说,突厥的祖先原居于索国,而索国的位置则在匈奴的北边。如果按照历史的真相,匈奴强盛时的疆域,北境抵达了"北海"即今贝加尔湖的北岸。那么,在此所谓"在匈奴之北"的索国,至少得在今叶尼塞河、勒拿河等水域的上游地区,甚至更往北去,在今俄罗斯的通古斯高原或中西伯利亚高原等地。这与前说的"西海"地区,自然相距甚远了。

不管怎样,故事开始时,突厥的祖先们已经组成一个部落了。部落的酋长名为阿谤步,弟兄很多,有十七人;有的记载则称是七十人。显然,不管具体数量是多少,这一部落酋长的兄弟众多则是确凿无疑的。不过,他们弟兄人数虽众,却十分愚昧无知,能力低下,以至于当外族来侵时,竟然无法率领部属进行有效的抵抗,整个部落几遭灭顶之灾,部落成员被杀伤殆尽。酋长的众弟兄之中,只有名叫伊质泥师都的一个兄弟逃出险境,得以幸存。

泥师都之所以能够脱离险境,全赖了他的特异功能。原来,他是由父亲与一头母狼交合后而孕育的,因此其智力、体力和其他功能都异于常人,远远胜过其他弟兄。当大批敌军来袭时,泥师都借助着自己极其敏捷的身手,避开了密集的弓箭攻击和精锐骑兵的追逐,逃入深山之中。嗣后,泥师都利用自己的天赋异禀,再加上后天的勤奋苦修,居然具备了呼风唤雨的功能。正是因这异能,他获得了夏神、冬神两位神灵的青睐,从而一跃成为他们的乘龙佳婿,分别娶了二神的女儿。

夏神和冬神的女儿为泥师都生下了四个儿子。这四子之一演化成了白色的大雁,自由自在地翱翔于空中。其余的三个儿子则都颇具才能,成年之后,各自统治一方,成就了一番事业。一个儿子的居地在阿辅水和剑水之间,成为号称"契骨"之国的领袖;另一个儿子的居地在处折水流域。大儿子的居地则在践斯处折施山,他很仁慈,也很能干,把故国灭亡之后残存下来的零星部落成员陆续招来,提供温暖的房舍,教会他们更好地耕田、捕鱼和狩猎。那些历经苦难的部落人员终于有了温饱和安宁的生活,因此全都感恩戴德,归功于泥师都的大儿子,一致拥戴他为这个新群落的酋帅。于是,大儿子遂被立为部落之主,号称"讷都六设",部落之名则称"突厥"。

讷都六娶了十房妻子,所生儿子的姓氏都随母亲;其第十房妻子姓阿史那,因此她所生的儿子也就称"阿史那"了。多年之后,讷都六去世。十分遗憾的是,讷都六在生之年始终没有明确表示,究竟是哪一个儿子继承他的酋帅之位。因此,如今必须由在世的十位母亲和她们的儿子们共同协商,推选出一位领袖来。最终,大家制定了一个非常简单的标准:众儿子都聚集在牙帐前的一棵高大古树下,各人向上跳跃,跳得最高者即能成为部落酋长。结果,发生了令人目瞪口呆的一幕:年纪最幼、个子最小的阿史那却跳得最高;其跳跃的高度使得本部落轻功和武功最为卓著的一名武士也都自叹不如。于是,这位最年轻的儿子阿史那因为"如有神助"的现象,顺利地成为了部落的主人。由于阿史那的祖父泥师都为母狼所生,所以阿史那突厥部落的后裔也就都是"狼种"了。

不难看出,这一传说虽然把突厥的最初居地放在了今贝加尔湖以北的地区,异于前一说的"西海"地区,但是,二者称阿史那氏突厥是"狼"的后裔,却是共同之点。下面,再看一个更为美丽的突厥先祖传说故事。

唐代段成式在其《酉阳杂俎》一书中记载道,突厥的祖先本是一个大部族的酋长,名叫射摩。其部族所居之地在名为"阿史德窟"的一片山区中,而在阿史德窟之西则有一片汪洋大海。这一大海的主宰是一位女神,号称"舍利海神"。射摩天生异禀,能与神灵交往,而他所居之阿史德窟又与大海相邻,因此和海神女从相识、相熟到暗生情愫,乃至最终同枕共眠。不过,由于某种神奇的禁制,射摩与海神女又不能朝夕相处,始终团聚在一起,而只能在黑夜相会于海底。因此,每当日落之际,海神女便会乘着一头白鹿来到海边,迎接射摩,把他带入海中;待到天明之时,再把他送上岸来。就这样,射摩夕去朝返,与海神女渡过了数十年的"夫妻"生活。

有一天,海神女兴奋地对射摩说道:"你们部落是不是将在明天举行一次大规模的狩猎活动?""是啊!"射摩答道,"有什么事吗?"射摩好奇地问道。于是,海神女告诉了他一件决定他俩终身命运的大事:"明天,你们部落狩猎之时,将有一头身材魁梧的金角白鹿从你们世代居住的阿史德窟山穴中跑出来。你一定要亲手射中它,而决不能依靠别人。如果你做到了这一点,那么,你我之间就再也不必只在黑夜相聚于海底,而可以在任何时候自由地相会于任何地方了。但是,你如果让金角白鹿逃脱,或者射不中它,或者白鹿被其他人射中,则你我的缘分就到头了,再也不可能相聚!这是上天的安排,任何人都无法违背。"

射摩闻得此言,又是高兴,又是担心。高兴的是,他终于有机会和自己最为钟爱的妇人终身相伴了;担心的是,自己在明日能否亲手射中金角白鹿。不管怎样,射摩还是做了充分的准备,他命令参与狩猎的所有部族成员,必须严密守住包围圈,绝对不能容许金角白鹿突围;并且,必须让自己亲手射击白鹿。其属下当然唯命是从。

第二天,射摩率领众人,设置了一个很大范围的包围圈,开始大规模的围猎,主要目标当然是从阿史德窟中逃出来的金角白鹿。在包围圈越来越紧缩的情况下,果然有一头巨大的金角白鹿从一个隐蔽的山洞中窜出来。人们齐声欢呼,更加收紧了包围圈。白鹿冲突数次,都遭遇到手持武器的猎人们的阻挡,颇现"走投无路"之态,这令始终搭箭在弦的射摩信心大增。正当他打算利用下一个更好的时机射箭时,却发生了令所有在场者都瞠目结舌的一个变故:那金角白鹿在惶惶逃跑时,突然急转身,向着身后不远处稍见懈怠的一群人疾速冲了过去,它低着头,将两支美丽但尖锐的鹿角对准了阻挡它的人群,不顾一切地如箭一般地弹射了出去!那些人大惊失色,不由得都惊呼起来。而正对着猛冲而来之白鹿的一名壮汉,则本能地射出了手中的利箭。强劲而锋利的箭矢准确地射入了白鹿的前额中央,白鹿借着惯性又前冲了一丈,终于跌倒在那壮汉面前数步远的地方。

那壮汉还未从险死还生的惊骇中回过神来,却已被飞步赶上前来的射摩扇了一个沉重的耳光。显然,这个意外变故使得射摩已经失去了与海神女长久相聚、白头偕老的机会,他怎能不大发雷霆呢!因自救而下意识杀死白鹿的这可怜的壮汉,即是隶属于射摩突厥大部族的呵▉部落的首领。他自知闯下了大祸,所以当射摩要处死他时,也没做任何反抗。

射摩亲手砍下了呵▉部落酋长的脑袋,以消心中的怒气。然而,他的怒火并未因此熄灭,却继续延烧,殃及了呵▉部落的其他成员。射摩恨恨地宣布道:"从今往后,突厥举行祭天仪式时,要杀活人以殉;而牺牲的对象便来自呵▉部落!"射摩的这条"法规"就这样被确立了起来,在此之后,突厥凡要祭天、祭旗,都用呵▉部落的人充作牺牲。

射摩未能亲手射中金角白鹿,从而处死了坏了自己"好事"的呵▉部落首领,确是暂时出了口恶气。但是,当他黄昏时来到海边,与海神女再度相会时,海神女却冷漠地对他说道:"你非但没有亲手射中金角白鹿,反而动手杀人,染上了血腥秽气。这种做法,已干天怒,我与你的缘分也就到此为止了!"说完,头也不回,骑上白鹿,返身隐入浩渺的海水之中。射摩怔怔地望着海面,一句话也说不出来。

阿史德氏和阿史那氏一样,也是古代突厥部族中最大的部落之一,所以,这一传说提到的"阿史德窟",应该暗示了突厥的早期居地。至于窟西的大海,则也不无隐指"西海"的意思。这样,突厥的先祖居地又与"西海"产生了联系。不过,以上几个"美丽的传说"至多提供了有关阿史那突厥早期居地的若干条"线索",仍然无法解开突厥起源之"谜"。

1.2 突厥多次长途迁徙

有的学者认为,汉文古籍有关突厥早期居地的不同说法,其实未必相互矛盾;恰恰相反,它们很可能是相互补充的,即,不同的传说实际上是描绘了阿史那突厥人在不同历史阶段的生活状况和生活地区。这一说法不无道理，因此，我们不妨根据上述的各种传说，来推测一下阿史那/阿史德突厥人的居地和迁徙路线。

本书的《绪言》已经提及，突厥族很可能是远古时期的东方蒙古人种与西方高加索人种混杂而形成的一个种族，因此就其形貌而言，越往东方的突厥人越像蒙古人种，而越往西方的突厥人就越像印欧人种。按照此说，那么，阿史那/阿史德突厥人也是由东西方种族"混杂"而形成的某个部族。血缘的混杂必然导致文化的交流和融合，因此，突厥人的文化中也肯定会包含着"西方因素"。"海神女"传说的记载很好地证明了这一点。

古代埃及、希腊的神话中，都有太阳神驾着马车等乘具，黄昏时没入大海中，到翌日清晨再从海中返回的故事；古代巴比伦的太阳神为武士乘马车的形象，清晨时分告别新娘，黄昏时分再重逢新娘，而他的名字叫Shmash，恰与汉文"射摩"的发音接近；又，在小亚细亚等地，金角鹿往往象征着太阳的光芒，或者经常充作男性神祇的坐骑。如此等等的文化因素都可以在"海神女"传说中得到体现。所以，如果认为阿史那突厥人最初的居地能比较多地接触到希腊、西亚等文化，则是有一定可信度的。那么，结合"大海"或"西海"之说，似乎可以将这一"西海"比定为中央亚欧地区的咸海或里海。

"母狼"传说称突厥最初"国于西海"，也就暗示了"西海"地区是阿史那突厥人的最早生活地。因此，似乎可以把"夏神冬神女"说中提到的"索国北"视作是突厥嗣后迁徙的地区。记载称其地"在匈奴之北"，那么，阿史那突厥人生活在"索国北"的时代似乎已经到了匈奴强盛的时期了，当为公元前3世纪到公元前2世纪。

可以推测，这批突厥人此后又迁徙了，因为按"母狼"说，阿史那突厥人是从高昌（吐鲁番）迁往金山（阿尔泰山）以南地区，成为柔然之铁工的。迁徙的原因或许是出于游牧部落的惯例，或许是突厥部落希望到更加接近中原地区的地方，以便获得更多更好的中国物产。而那个地方有可能是平凉地区（今甘肃东部），因为《隋书》有个说法，称阿史那突厥之先是"平凉杂胡"。这里的"杂胡"一名当然是指突厥人是不

·欧·亚·历·史·文·化·文·库·

同人种杂交而成的种族,那么,这便印证了前文提及的"蒙古—高加索"人种混合的说法。按"平凉杂胡"说,平凉地区的阿史那突厥人是在北魏太武帝击灭沮渠氏的北凉政权(公元439年)之后,再依附于柔然的。所以,这批突厥人在平凉地区至少居住到了5世纪中叶。

北凉灭亡后,柔然一度控制了高昌,所以,阿史那突厥很可能在那时候就已"臣于柔然"(成了它的附庸),并且曾经在高昌地区生活过。不过,他们在那里恐怕并未居住很久,因为当6世纪中叶,突厥反叛其宗主柔然时,已经在阿尔泰山以南地区为铁工多年了,至少有两三代人。

综上所述,或许可归纳阿史那/阿史德突厥人兴起之前的部分迁徙地如下:在相当古老的某个时期,阿史那/阿史德氏突厥部落居住在咸海或里海地区。嗣后,遭到某个游牧部族的迫逐,遂向东方迁徙,辗转来到贝加尔湖以北地区,当时匈奴已经兴起,或者渐趋强盛了。这个突厥部落逐步发展后,又向南迁徙,来到平凉地区(今甘肃东部),似乎是旨在从中原地区获得更多物产;他们在那里一直居住到公元5世纪中叶之前。此后,阿史那突厥部落臣属于柔然,又开始了迁徙之路,中途在高昌(吐鲁番)地区逗留了一段不长的时间。最后,他们抵达金山(阿尔泰山)之南,作为柔然的铁工而安顿下来,直到公元6世纪中叶,推翻柔然政权,自建突厥汗国。(图9所示为突厥可能的迁徙地)

以上所拟的有关阿史那部落早期居地的推测,或许有助于解开"突厥起源谜团"的部分真相。在此还要着重指出的一点是,不止一个的突厥起源传说提到了阿史那突厥人为"狼的后裔"。此说貌似荒诞,但是实际上却至少表明,这个部落是以"狼"为部落保护神或"图腾"的,所以,嗣后有关突厥的"历史记载",经常提到他们的标志性旗帜"狼头纛"。至于这一文化因素是突厥独创的,还是从其他地方借鉴的,则很难做出明确的判断。不过,在阿史那突厥兴盛之前的欧亚大陆上早就存在"母狼哺育婴孩"的各种传说,却是十分清楚的事实。所以,说突厥人的"母狼育儿"或"狼后裔"传说或多或少地源自其他民族,也未尝不可。

早在公元前一千纪,就流传着母狼为罗马人先祖的动人传说了。故事的梗概是这样的:原属罗马帝国的特洛伊城被希腊人攻陷,守城将领伊尼亚逃至意大利半岛;后来,其儿子在此筑造了亚尔巴龙伽城,并当了国王。至第15代国王努米托时,他被兄弟阿穆略篡位,儿子被杀,女儿西尔维亚被囚禁于孤塔中。但是,战神马尔斯则与西尔维亚暗中相会,并生下了一对双胞胎儿子。阿穆略闻讯后前来攻击,西尔维亚被战神救走,双胞胎儿子却被阿穆略丢入台伯河。不过,漂流到岸边的婴儿得到了一头母狼的乳汁哺育,并在不久后被一位牧人收留。兄弟俩分别名为罗慕洛和勒莫,最终推翻了阿穆略的统治,让努米托重归帝位。这对孪生兄弟建造了一座新城,最终以罗慕洛的名字命名了该城,即称"罗马"。而母狼也就成为罗马人的始祖,受到后人的顶礼膜拜。

公元前6世纪,罗马艺术家就铸造了一尊母狼青铜像,所铸母狼身材修长,四肢壮健,双目圆睁,两排乳房十分突出。公元16世纪时,佛罗伦萨的艺术家又在母狼像腹下添了两个吮吸乳汁的婴儿像,更完整地表达了这一传说。如今,这尊"母狼哺婴"像藏于意大利著名的卡彼托林博物馆中,如图10所示。

那么,阿史那突厥人的"母狼哺儿"传说,是否可能借鉴自古罗马人的这类传说呢?似乎不能完全排除这种可能性。因为如上文所述,阿史那突厥人早期也许在中央亚欧的咸海或里海地区生活过,而那里是十分可能频繁接触到印欧民族之文化的。当然,突厥的"母狼哺儿"说也不无可能来源于公元前二三百年的中央亚欧草原地区,因为至少在汉武帝或张骞的时代(公元前2世纪),已经流传"母狼哺儿"的传说:乌孙部落遭匈奴攻击,国王被杀,其幼子被弃于荒郊,却由母狼哺育而得以存活;此儿即是后来的乌孙首领昆莫,与汉建立了和亲关系。据上文所言突厥"源于索国北"的说法,匈奴强盛之时,突厥也已居住在匈奴之北了,因此和乌孙等游牧部落"共享"某个文化因素,当在情理之中。另一方面,乌孙的状貌"青眼,赤须",显属印欧人种,故他们的"母狼哺儿"传说也可以追溯到西亚、欧洲的文化因素。不过,在中央亚欧地区的古代史上,似乎唯独突厥人的"狼祖"传说最为著名,也流传最广。

2 突厥在"南面两儿"的 "孝顺"中扩张

2.1 "锻奴"求婚不成,土门怒而造反

公元 6 世纪的上半叶,在阿尔泰山以南地区为柔然从事冶铁和锻铁之业的阿史那突厥部落已然比较兴盛,部落成员增多,军事力量相应增强;当时的酋帅名叫土门,后来称"伊利可汗"。此时的中原地区则正值北魏末年和东魏、西魏的分裂时期。东魏和西魏表面上还维持着鲜卑拓跋氏(后改姓为"元")的皇族,但真正的朝政大权实际上都落入了权臣之手:执掌东魏大权的是亦属鲜卑族的高欢,掌控西魏朝政的则是源自鲜卑宇文部的宇文泰。这两个政权相互钩心斗角,必欲置对方于死地而后快,于是就都努力争取域外游牧政权的支持,如柔然、突厥等都是他们努力争取的"盟友"。

突厥先是与西魏发展贸易,来到边塞,购买中原的丝绸和其他物产,一是满足自己的需要,另一方面,也是更重要的一点,是用中原王朝的特产进行"中介贸易"——卖给更西的居民或商人,牟取巨额利润;其中,中国丝绸当然是最受欢迎的。不久之后,土门向西魏正式提出了"通好"的要求。此时,正值东魏与柔然"化敌为友",眉来眼去,"婚事"连连之际,从而使得西魏十分被动。所以,当掌控西魏政局的宇文泰得知突厥土门可汗的通好请求后,便立即爽快地同意了。他于 545 年派遣在酒泉一带经商的粟特人安诺槃陁出使突厥,商讨双方的交往事宜。得此"强国"相助,突厥无论是官是民,全都一片欢呼:"如今大国使节到来,我国肯定能兴盛了!"于是,土门可汗投桃报李,旋即于翌年遣使西魏,赠送马匹和其他土产。

在当时的中央欧亚地区,除了柔然、高车、吐谷浑、突厥等比较强大的游牧部落外,还有总称"铁勒"的许多部落和部族,它们也不时地参与争霸草原,以至使得各政权间的关系更加复杂化。550年,有情报称,一个铁勒部落将往击柔然;柔然遂要求土门协助柔然,阻击这个铁勒部落。突厥是柔然的"臣属",故积极地参与了此战。结果,土门率领的大军把铁勒打得毫无还手之力,乃至把铁勒所辖的五万余户民众都纳入了自己的势力范围内。这一辉煌的战绩,使得土门可汗大为得意,认为如今的突厥已经实力大增,已经有资格与以前的各大势力平等对话了。所以,他满怀希望地向柔然可汗提出了通婚的要求。

但是,柔然人的观念却并未改变,他们依旧把突厥视作多年以来,为他们从事制铁业的"奴仆"。所以,当柔然可汗阿那瓌得悉突厥使者的要求后,不由得勃然大怒,指着使者破口大骂道:"你们简直是痴心妄想! 突厥只不过是我家的锻奴,卑贱的奴隶,土门居然不想想自己是什么身份,竟敢说出这种话来!"辱骂了突厥使者,阿那瓌还不解气,随后又特别派遣了一个使者前往突厥,要他当着土门可汗的面羞辱一番。土门哪里还能容得下柔然如此肆无忌惮的凌辱,当下愤然不顾外交规例,把柔然的使者立即处斩。土门还恨恨地宣布道,突厥从此与柔然势不两立;突厥一定要击灭柔然,一定要处死阿那瓌!

当然,土门也明白,目前单靠突厥的实力,恐怕还不足以十拿九稳地对付柔然,所以他除了自己加紧备战之外,还积极寻求近来与突厥关系良好的西魏的支持,也提出了通婚的请求。当时,由于东魏丞相高欢对柔然、吐谷浑的结姻怀柔之策,西魏逐步陷入了被敌对势力包围合击的困境。所以,突厥土门可汗的通好结姻要求对于西魏来说,可谓"正中下怀",犹如一场"及时雨"。在此形势下,西魏的实权人物宇文泰便派遣自己的亲信,相府中兵参军元晖前赴突厥,不仅同意土门可汗的通婚请求,还赠送了突厥十万匹锦缎和其他财物。元晖分析了当时的国际形势,指出了突厥的利害得失,说道,只要突厥与西魏朝廷同心同德,互为援助,共同对付柔然、北齐(东魏的帝位已于550年的五月"禅让"给了高欢的次子高洋,建立了史称"北齐"的政权)等敌对势力,那么,中原政府就会与突厥长久和亲,提供丰厚的物质资助。

土门可汗大喜过望,旋即与元晖订下婚约,并派遣高官随同元晖一起前赴西魏,晋见帝君和丞相宇文泰,回赠土产等礼物。不久之后,551年的六月,西魏将长乐公主嫁给了突厥的土门可汗,仪式极其隆重,"嫁妆"也丰厚异常。土门可汗十分满意,因此积极筹划对柔然的打击。一方面是作为对西魏"礼遇"的回报,另一方面也是为了报柔然可汗凌辱自己的一箭之仇。当然,他的最终目的却是趁机扩张势力,争夺中央亚欧地区的霸权!

半年之后,即552年的正月,土门可汗调发大军,强势进击柔然。柔然不敌,仓皇逃窜,结果在怀荒镇(此前二百余年由北魏太武帝建造的北方边境重镇,位于今河北省张北县)的北面遭到惨败。柔然可汗阿那瓌在抵抗无力、援军无望的情况下,惨然自刎而死;他的儿子庵罗辰与阿那瓌之从弟登注及登注的两个儿子库提、铁伐等人,则带领少量人马投奔了高氏的北齐政权;而柔然的其他残部则再推举阿那瓌的叔父邓叔子为可汗。所以,经此一战,柔然虽然溃败,阿那瓌可汗自杀,但是在形式上仍旧没有灭亡,而是维持着至少两个政权。

当然,柔然已经元气大伤,即使仍未完全退出"草原逐鹿"的大舞台,却再也难以与突厥抗衡了。至于突厥,则在土门可汗的率领下,强势地崛起于中央亚欧地区,创建汗国,为日后百年的"草原霸主"地位奠定了坚实的基础。(图11为突厥发祥地阿尔泰山景色)

2.2 中原多方角逐 突厥从中渔利

突厥土门击溃了柔然,势力大为扩张,志得意满,便号称"伊利可汗",以示尊崇,犹如秦汉时期崛起的匈奴其首领号称"单于"一般。可惜的是,天不假年,他在击败柔然的翌年(553年)二月就去世了。土门去世后,他的长子科罗继位,号称"乙息记可汗"。乙息记可汗仍与西魏保持着良好的关系,他在继位当年的三月就遣使"朝贡"西魏,带去的马竟达五万匹之多。这不仅表明当时的突厥与西魏政权的关系相当密切,也展示了突厥已经拥有了相当强大的国力。由于以邓叔子为首的柔然残部仍在活动,故乙息记可汗旋即再予以打击。他在沃野(北魏始建的六大军镇之一,在今内蒙古的五原东北)北面的木赖山击破了邓叔子,进一步削弱了柔然的实力。不过,乙息记可汗的在位时间比他的父亲更短:他在继位当年就去世了。临终前,他把可汗之位让给了自己的兄弟俟斤,而不是传给儿子摄图。俟斤继位后,号称"木杆可汗"。他的状貌奇特,与众不同,更主要的是,他意志坚定,骁勇善战,又足智多谋,善于用兵,因此引领着突厥步入了突厥的鼎盛时期。

木杆可汗掌控突厥大权之后的第一目标仍是继续打击柔然,旨在彻底扫除柔然的势力,以为突厥确立草原霸权而清除最大的障碍。因此,他在继位当年(553年)的十一月就将剑锋指向了东奔北齐,以铁伐、登注、庵罗辰等人为首的柔然残部。这一柔然残部在约两年前为逃避土门可汗的追击而托庇于北齐政权后不久,就在北齐的支持下再度回到故地,试图与突厥再争高下。北齐当时立铁伐为其酋帅,但铁伐旋即被契丹所杀;其父登注继为可汗,却又被其属下所杀;于是,铁伐的哥哥库提再被立为可汗。政权极度不稳的这一柔然残部在朝气蓬勃的木杆可汗之突厥精骑的冲击下,很快就溃退了,只得再奔北齐境内避难。北齐发兵,从晋阳北出击突厥,才解救了柔然之难。北齐废黜了库提的可汗之位,立其堂弟庵罗辰(前大可汗阿那瑰之子)为可汗,并把他们安顿在马邑川,提供粮食和军备,才算勉强维持了这股傀儡势力。

木杆可汗暂时未能消灭柔然的庵罗辰残部,便把矛头指向了邓叔子残部。他在555年击溃了邓叔子的柔然势力。邓叔子仓皇出逃,追随他的只有数千人,狼狈地逃往西魏境内。木杆可汗执意要把这股敌人赶尽杀绝,于是,依仗着自己业已十分壮大的声势,频频向西魏派出使者,要求西魏悉数诛杀托庇于他们的邓叔子残部。当时,西魏的朝政完全由身为"太师"的宇文泰把持着,正是他在数年前制定了联结突厥、抗衡北齐、柔然、吐谷浑的策略。所以,他最终答应了木杆可汗的要求,将邓叔子及其三千多柔然部众全都抓捕起来,交给突厥使者,斩杀于长安东南的青城门外,无一幸免。

·欧·亚·历·史·文·化·文·库·

对于西魏政权的这种"善意",木杆可汗也投桃报李,给予了相当的回报:他在翌年(556年)九月,率领大军,与西魏军队一起袭击了吐谷浑,大获全胜。当时,木杆可汗是取道凉州而袭击吐谷浑的,故西魏的凉州刺史史宁便奉宇文泰之命,率领骑兵参与征战。当大军抵达番禾县时,吐谷浑得知了消息,匆忙率众逃奔南山而去。木杆本欲分兵追击,但是史宁却建议道:"吐谷浑的大本营是在树敦、贺真二城。所以,我们不必去追击逃往南山的吐谷浑军队,却只要直捣其巢穴,摧毁其根本,整个吐谷浑政权就自然崩溃了!"木杆闻言,大表赞同,连声称说"此为上策"。于是,他们分兵二路,木杆率突厥军队从北道杀往贺真城,史宁则率西魏军队奔袭树敦城。

史宁在途中斩杀了前来阻击的吐谷浑军队,翻山越岭,抵达树敦。树敦曾是吐谷浑的都城,收藏的珍宝财物甚多,但是由于已经不是政治中心,故留守此城的只是征南王及数千兵众。史宁假装攻城不克,向后撤兵,诱得征南王出城追逐,史宁却杀了个回马枪,乘势冲入城内,生擒征南王,掳得大量财宝、人俘和牲口。木杆可汗则也攻破贺真城,掳获了吐谷浑酋帅夸吕的妻小和亲戚,还有不计其数的财物。木杆可汗与史宁两军胜利会师于青海,犒师劳军,大加庆贺,二人都不免产生了"惺惺相惜"之感。

木杆可汗与西魏的合作进行得相当顺利。他在555年得西魏之助,斩杀邓叔子及其所有柔然残部后,曾向宇文泰表示,愿意把自己的女儿嫁与他为妻,永结同盟。宇文泰欣然同意,双方便着手商议细节。哪知未隔多久,就在突厥与西魏联兵击溃吐谷浑之后一个月,宇文泰就因病去世了(556年的十月)。于是,这件婚事只能作罢。

西魏的政局也随着宇文泰的去世发生了巨大的变化:此前,历任丞相、太师、大冢宰等职,实际主宰西魏朝政的宇文泰,虽然权倾一时,却仍然维持着形式上的元氏魏政权,并未正式篡位自立。他因病卒于云阳(地处今重庆市的东北)后,其十五岁的世子宇文觉便继承了父亲的太师、柱国、大冢宰之职;同时,还获歧阳之地,被封为周公。宇文泰的侄儿宇文护受宇文泰生前之托,竭力扶持世子宇文觉,决定让宇文觉尽早确定名分,登基为帝。于是,就在当年(556年)的十二月,西魏的恭帝"禅位"给宇文觉,历时一百六十年的拓跋(元)氏魏政权宣告最终结束。史称的"北周"政权建立,宇文觉即成"孝闵帝"。

东魏和西魏都以"禅让"的形式,分别换成了北齐和北周,而这东、西两个政权之间的矛盾则一如既往,依然相互敌视,乃至不惜与域外势力竞相勾结,以抑制或打击对方。在这场角逐中,突厥的地位犹如早先的柔然一样,也成了中原两王朝想方设法讨好、笼络和结盟的对象。所以,刚刚主宰突厥,正想大展宏图的木杆可汗,除了进行上述的清扫柔然残余势力的战争外,还与南方的北周、北齐政权玩起了"和亲"的三角竞争游戏!

木杆可汗本欲将女儿嫁给西魏宇文泰的"和亲"没想因宇文泰的突然去世而罢议。但是,他并未放弃"和亲"的总体设想,因此,当五年过后(561年),宇文泰的第四子宇文邕继位为北周皇帝(史称"武帝")后,木杆可汗又提出,愿意把另一个女儿嫁给宇文邕,北周朝廷当然接受了。不料,不久后传来消息,说木杆可汗有反悔之意,原因是北齐也派出使者向突厥求婚于木杆可汗的女儿,并且许诺赠以更多的金帛。木杆可汗一方面是贪图更多的财物,从而对北齐的建议颇为心动,另一方面也是出于其弟地头可汗的怂恿:地头可汗的领地在东方,与北齐接触较多,收受的北齐财赂也不少。他顾及私利,当然十分积极地劝说木杆可汗,丑化北周,美化北齐,从而使之产生了对北周毁约的想法。

北周朝廷得知这一消息后,相当紧张,因为早在东、西魏时期,高欢就曾利用"和亲"之策,硬是从西魏手中把其盟友柔然"抢"了过去。有了这前车之鉴,北周必须尽早戒备,决不能再蹈覆辙。经过充分的商议后,朝廷决定派遣凉州刺史杨荐、左武伯王庆等出使突厥,解决此事。早在西魏初年与柔然议谈"和亲"事宜时,宇文泰就曾遣杨荐往来于双方之间,事情办得十分成功。嗣后,当柔然受东魏挑拨,敌视西魏时,杨荐也曾奉命前往,一度说动柔然,与西魏重修旧好。所以,杨荐成为了这次"修好突厥"使命的最佳人选;当然,其副使王庆也有通好吐谷浑的成功案例。

·欧·亚·历·史·文·化·文·库·

563 年的十月，当杨荐和王庆抵达突厥时，木杆可汗实际上已经颇受北齐政权及自己兄弟地头可汗的蛊惑，非但愿意与北齐联姻，甚至还想把北周的使臣扣押起来，交给北齐，以示友好。在此危急关头，杨、王并未屈服，更未放弃。他们在展现出"大义凛然"，不怕牺牲的同时，也鼓动如簧之舌，对木杆可汗晓之以理，动之以情，诱之以利，胁之以害，时而慷慨激昂，时而和声细语，时而声色俱厉，时而涕泗横流。这一番闹腾搞得武功卓著、威震四海的木杆可汗有点手足无措起来，因为北周使臣们的话确实使他感到不无道理。

总的说来，杨荐、王庆的"大道理"是：堂堂大国和英明君主，最忌的就是背信弃义；一旦有此劣迹，日后就会被国际社会所唾弃。他们阐述的"情理"是：555 年，木杆可汗开拓疆土时，其死敌柔然的残部在邓叔子的率领下逃奔西魏。当时，今北周皇帝的父亲宇文泰为了珍视与突厥的友好关系，把来奔的柔然三千多人全部交给了突厥使者，从而使得他们都被处死。那么，今天的木杆可汗难道就不念宇文氏当初的情谊，反而要恩将仇报了吗？此外，杨荐、王庆又告诉突厥可汗，北周的财富要远远多于北齐，因此，只要突厥与北周和亲结盟，就能获得更多更好的财物。相反，突厥如果对北周毁约，那么，他们的大军已经做了充分准备，即使与突厥两败俱伤，玉石俱焚，也要出这口恶气，报复毁约者！

就这样，木杆可汗在北周使臣的软硬兼施下，最终做出了仍然与北周结盟的决定，他说道："两位说得很有道理。我现在已经决定与你们结盟，共同打击北齐。等到此战之后，我再遣使把女儿送去完婚。"得到突厥可汗的如此承诺，杨荐、王庆就放心地归国复命了。当年年底，北周派遣柱国杨忠率步骑一万，大将军达奚武率步骑三万，相约与突厥诸军会于晋阳。突厥的中央木杆可汗、东方地头可汗、西方步离可汗则分三路，共计十万骑兵，从恒州进入北齐境内。564 年的正月，北周和突厥的各路兵马一度逼近北齐的晋阳，令北齐的帝君心惊胆战，曾欲逃亡。虽然最终并未取得胜利，甚至还有所失利，但是北周在与北齐争取"突厥盟友"的角逐中，这次却显然占据了上风。

又过了一年,北周将迎娶木杆可汗女儿的准备工作都做好之后,于565年的二月派遣了一个庞大的高规格使团前赴突厥。使团的主要使节包括时任岐州刺史的陈国公宇文纯、任太保的许国公宇文贵、神武公窦毅,以及两年前曾经去过突厥的南安公杨荐。迎亲的使团备足了赠送突厥的礼物以及供新皇后使用的各色器物,并有华丽而便携的"行殿"。随行人员中,包括六宫以下一百二十人。这路人马浩浩荡荡、喜气洋洋地抵达了突厥可汗的牙帐所在地,准备迎接木杆可汗的女儿,回国与武帝完婚。

然而,大大出乎他们意料的是,木杆可汗竟又一次变卦了!他只是命人安排了北周使团成员的食宿,却声称因有国事要务在身,暂时无法与使臣们讨论娶亲之事。起初,使臣们信以为真,并未怀疑突厥会生变故。但是,数天过后,仍然不得要领,这就使得北周使臣颇为生疑了。特别是杨荐,他两年前出使来此,就已经领教了木杆可汗首鼠两端的态度。所以,他们一方面不断施加压力,要求面见木杆可汗,另一方面则暗暗贿赂突厥官员,打听其中的内情。原来,这次又是北齐的大批财物和恶言挑拨使得木杆可汗改变了主意;另一方面,突厥在一年前与北周合击北齐而最终未能获利,以及见到北齐的军事实力不俗,也是木杆可汗想改换盟友的原因之一。

北周的使臣们终于面见了木杆可汗,不论他们如何义正辞严或苦口婆心,都没能令木杆可汗稍做让步。他表示,突厥与北周的这件婚事已经作罢,没有再讨论的余地。但是,鉴于突厥和北周以往的"友情",他也不再伤害使团人员,可以让他们自由离开。此外,如果他们有意"观光"突厥,在此多逗留些日子,他也悉听尊便。几位使臣对此毫无办法,却也不敢回国复命,怕触怒皇上,怪罪不轻。就这样,北周使团在突厥耽搁了将近三年!

直到567年的隆冬,处在苦寒之地,本应大雪纷飞的突厥汗庭却突然刮起了狂风,并且伴随着剧烈的雷电,降下倾盆大雨。更令人心惊胆战的是,这样的狂风、雷雨竟然夜以继日,连日不断。可汗牙帐前的狼头纛大旗的旗杆早在第一天就轰然折断,嗣后,大小穹庐相继被摧毁,连可汗的大帐也未能幸免;至于牛羊马匹,则更是死伤无数。然而,唯独北周使团的三处主帐却未见损坏。于是,立即就有流言传出,声称由于突厥可汗的背信弃义,撕毁婚约,故遭此天谴;若再不改弦更张,将会受到更大的惩罚。

木杆可汗可以驰骋疆场,杀敌无数,甚至处死无辜的百姓而不受任何良心谴责,但是遭此"天降异象",却惊慌得不知所措。一旦听到"天谴"的流言,更是信以为真,诚惶诚恐。于是,他赶紧亲自来到北周使团的驻地,表示愿意立即筹备礼品,恭送女儿赴中原完婚。使臣们暗自得意于自己制造的"流言"已获成功,很爽快地接受了木杆可汗的建议和道歉,遂与突厥方面一起着手准备新娘的启程事宜。568年的三月,迎亲的使团回到长安。武帝亲自迎接新娘,举行了隆重的婚礼。木杆的这位女儿,容貌并不出众,但是举止仪态却很有分寸。武帝鉴于北周与突厥的"特殊关系",故十分尊重阿史那氏,把她立为正式的皇后。即使他的继承者们,也对阿史那皇后恭敬有加。

572年,木杆可汗去世。他如其兄长乙息记可汗一样,也未把汗位传给自己的儿子大逻便,而是传给了兄弟佗钵可汗。木杆可汗在位的二十年期间,突厥的疆土大为扩张,其地东起今天的渤海,西抵今天的里海(当时称"西海"),北达今贝加尔湖,南接今内蒙古的戈壁沙漠。所以,佗钵可汗从哥哥手中继承了一个空前强大的游牧汗国,自然气势凌人。特别是,突厥与北周"和亲"的条件是,北周每年至少供给突厥十万段缯絮锦采;此外,为了讨好突厥人,凡是前来长安的突厥人都受到极好的款待,穿的是丝服,吃的是鱼肉,喝的是美酒。至于北齐政权,为了缓解突厥人的寇侵、掳掠,也是倾尽国库所有,尽量满足突厥人的要求。在此情况下,佗钵可汗当然更加傲慢了。他常常对人说:"只要我在南方的两个儿子始终孝敬我,那么突厥就不怕没有财物,缺吃少穿了!"确实,在这段时期内,中原方面的两个王朝北周、北齐真像孝顺儿子对待父亲一样对待突厥,为的只是想利用突厥与对方争霸。图12所示,为突厥汗国强盛时期势力范围。

3 室点密系突厥在西部的业绩

3.1 突厥与波斯:从联姻、结盟到交恶

木杆可汗在位二十年,当时的突厥疆域号称东起渤海,西达里海,确是一个空前庞大的游牧汗国。有人认为,这都是木杆可汗的伟大业绩,其实不然。因为综合东方和西方史料,可以大致判定,土门和木杆可汗只是在东面的蒙古高原或"漠北"地区开疆拓土,至于突厥人在所谓的"西域"(大致相当于今新疆)以及阿尔泰山以西之中亚草原地区的大规模扩张,则主要得归功于另一位重要的突厥酋帅及其后裔,而这位重要的突厥酋帅即是土门可汗的兄弟室点密。

突厥在兴起之前本是柔然的"铁工",其居地在"金山之阳",亦即阿尔泰山以南地区。所以,当土门可汗决意扫除柔然势力,建立自己的草原霸权时,突厥人不仅仅从阿尔泰山地区向东扩展,消灭柔然的有生力量(当时,柔然的主要势力在东面的蒙古高原上),同时也尽可能地向西拓展,扩张突厥汗国的版图,增加可以利用的人力、物力资源。而在"西域"和阿尔泰山更西地区的疆域拓展重任便落到了土门可汗的兄弟室点密的肩上。

在二百年后突厥王族的文字记载中,把土门可汗与室点密可汗相提并论,都称为突厥汗国的创建者,是突厥族人的"祖先"。由此可见,在阿史那氏突厥人的建国史上,室点密的重要性丝毫不逊于其兄土门;甚至,就某种意义来说,他的业绩更胜于土门,因为他的在位期比土门足足长了二十余年,而他对古代世界历史的影响也远胜于土门。

突厥起事之初,室点密可汗虽然在名义上从属于大可汗土门,但是,他一开始就具有很大的独立性:同样号称"可汗",自率十大酋帅及

·欧·亚·历·史·文·化·文·库·

其部落,兵马达十万之众,去征讨西域诸地。室点密最初征服的西域大国之一,应该是位于今吐鲁番盆地的高昌国。大约在554年,室点密的突厥军队侵犯高昌国的北方边境,当时的高昌新兴令麴斌曾经率兵抵抗,并一度反击成功,进入突厥的领地。不过,他旋即主动撤兵了。至于突厥,嗣后也未再发动大规模的进攻,而只是保持了一定的军事压力。所以,新继位的高昌国王麴宝茂只得在555年派遣麴斌前赴突厥,试图以"和亲"的方式求和。室点密可汗同意了这一请求,遂将自己的女儿嫁给高昌王麴宝茂为妻;同时,高昌王及其儿子都接受了突厥的官爵,如俟斤、俟利发、吐屯发等,从而表明了高昌对突厥的臣服。

在此后的两三年间,室点密相继将位于今塔里木盆地的诸国都纳入到了突厥势力的控制之下;接着,他便对突厥在西域的最大对手嚈哒展开了打击。

室点密之所以得以顺利地击溃嚈哒政权,与当时的国际形势有着密切的关系。当时,位于西亚的波斯萨珊王朝在6世纪30年代初出现了一位新国王,即汉文古籍所称的"库萨和"。库萨和在531年继位之后,随即进行了行政和军事改革,建立了拥有铁甲骑兵的军队,从而国力和军力大增。他雄心勃勃,旨在创建超过前辈的伟大业绩,而巩固国防和开拓疆土则是他努力的主要目标之一。因此,波斯的东方邻国,历年来始终与波斯冲突不断的嚈哒政权遂成为库萨和决定拔除的一颗"眼中钉"。图13所示,为库萨和一世的雕像。

库萨和认真治政二十余年后,波斯已经足够强大,不过尚经不起"腹背受敌"的攻击。所以,他先是与西方的强敌拜占庭签署和约,互不侵犯,然后再与刚刚兴起于中央欧亚,力图在西方扩张势力的突厥结盟。突厥西方霸业的领军人物室点密可汗也十分清楚当时的国际形势,其打击的目标同样是以吐火罗斯坦为中心据地的嚈哒政权。于是,室点密与库萨和为了共同的利益结成了同盟。两国先是缔结姻亲关系——室点密答应把自己的女儿嫁给库萨和为妻;后则达成协议——两国共同击灭嚈哒之后,突厥与波斯一起分享胜利果实,即瓜分嚈哒的全部领土。

突厥军队的统帅为室点密可汗,他一路南下,攻取了阿姆河以北的嚈哒领土。不过,他并未满足于此,而是再南渡阿姆河,继续向嚈哒的中心地区挺进,从而一举击溃了嚈哒的主力军,攻占了嚈哒的都城巴里黑(位于阿姆河上游的南岸),据说嚈哒的君主和王族成员都成了突厥的刀下之鬼。当然,由库萨和亲自率领的波斯军队也颇有战绩,他们的主攻方向是阿姆河之南,同样掠得了大片土地。按照两国事先的约定,无论各方夺取了多少嚈哒领土,除了金银财物归于自己之外,土地却是要如约分配的。因此,室点密可汗将阿姆河以南的嚈哒领土(包括都城巴里黑)都交给了波斯,突厥则占据了阿姆河以北的领地。

突厥军队将远征军的大本营建在费尔干纳盆地(位于锡尔河中游地区)。库萨和在战事结束,取得突厥归还的阿姆河以南领地后,曾经前赴北方的费尔干纳,目的是与室点密的女儿"完婚"。当时,两大强国的元首举杯畅饮,欢庆胜利,享受着击灭嚈哒后带来的巨大成果,并又结成姻亲,一幅甜蜜、欢乐的场景。时在558年稍前。

突厥与波斯以阿姆河为界,中分嚈哒领土之后,国势正盛。室点密乘着这次大胜的余威,进一步扩张突厥在西方的疆土。约在562—567年间,扫荡了阿姆河以北地区的嚈哒残余势力之后,室点密率领西部突厥的大军,继续清剿此前已被击溃的游牧部落阿瓦尔人(Avars)或所谓的"伪阿瓦尔人"(Ogor人),迫使他们西奔,托庇于拜占庭。这对于突厥而言,确是一片大好形势,室点密可汗真可谓志得意满了。图14所示,为嚈哒的疆域和钱币、陶印。

然而,新形势也产生了新问题:嚈哒被突厥与波斯全力击灭之后,形成了这两大强权直接毗邻的局面,这可以成为它们更加亲密的原因,却也可以是导致摩擦和冲突的原因。不幸的是,随后突厥与波斯的关系出现了后一种情况。其起因在于两国的经济贸易利益。

上文多次提及,突厥在东方的辖境与盛产优质丝绸的中原地区大面积相邻,无论是从官方渠道还是从民间渠道,突厥人都非常容易获得巨量丝绸;特别是北朝末期的东魏、西魏和北齐、北周,更是为笼络突厥而赠送大量丝帛。突厥人获得这些丝绸后,主要并非用以自己消费,而

29

是转手卖给更西的民众和商人,牟取巨额利润。至于活跃在突厥境内的中亚粟特商人,则更是将这些丝绸销往更远的波斯或小亚细亚、欧洲等地,因为在那里可以卖出更高的价钱。

为了在波斯境内方便地销售丝绸,突厥可汗室点密派遣了一个官方使团,面谒波斯国王。使团的首领即是积极活动在西部突厥政权上层的粟特商人马尼亚克(Maniakh)。突厥使团抵达波斯王庭后,虽然按外交惯例,突厥使臣们得到了波斯国王库萨和的接见,但是,国王对于突厥人在波斯境内自由贸易丝绸的要求,不是顾左右而言他,就是提出一些莫名其妙的理由予以推诿;而这些"理由"在任何人看来都是明显的搪塞,是经不起推敲的。马尼亚克对于波斯国王这种不友善态度的真正原因,其实是心知肚明的,即:中国丝绸之中介贸易的利润实在太大,太过诱人,波斯人当然很想分享;所以,他们不希望突厥人直接来波斯境内贸易,更不希望他们途经波斯而直达拜占庭(东罗马帝国),赚取更加高额的利润。

不过,马尼亚克即使再理解波斯人的想法,也不能置突厥的利益于不顾。所以,他带领使团的全体成员,坚持反复地向库萨和国王辩说丝绸自由贸易对双方经济的好处,对两国外交和睦的意义,甚至对各自政权安定的价值;反正,只要他们能想到的理由,都一股脑儿地端了出来,日复一日,令波斯国王不胜其烦。不过,库萨和也不敢过于无礼地对待突厥使臣,一是限于外交礼节,二亦因为在这件事上,波斯毕竟理亏。库萨和无奈,便召来重要的公卿大臣,商议最终的解决办法。

朝臣之中,自然分出两种观点。一种观点认为,波斯与突厥既然在不久前能够联盟而击灭嚈哒,且突厥还颇有诚意地将阿姆河以南之地全部交给了波斯,那么,说明这个盟友是可交的,故这次不妨同意其经商的请求,也算是"礼尚往来"之意,有利于增强双方的友谊。但是另一些人则认为,丝绸中介贸易的利润非常可观,波斯如果将这部分利益让给突厥人,短时期内还可以接受;若形成惯例,长此以往,则波斯在经济方面的损失是极为巨大的。所以,现在决不能对突厥人做丝毫让步。

诸如此类的议论,使得波斯国王还是拿不定主意。此时,曾在嚈哒宫廷任职,后来归降波斯,专司外交事务的嚈哒人卡图尔夫(Katulphs)提出了一个看来很荒唐,却又好像不无道理的建议:由政府暗中出资,指使若干人以平民身份去购买突厥使团这次带来的丝绸;嗣后则在各种公众场合,贬低这些丝绸的质量,甚至当众销毁,以示鄙视这类货物之意。目的则是让突厥人亲眼目睹丝绸在波斯是如何地不受欢迎,从而自动打消再来波斯买卖丝绸的念头。本来,这并不是个好主意,明智的政治家是决不会采取这类不登大雅之堂的手段的;但是,不知为什么,库萨和竟然鬼使神差地接受了这一建议,并命臣下积极地实施此事。

于是,一场闹剧开始了。先是,不少波斯"市民"前赴突厥使团在首都的驻地,主动要求购买他们带来的丝绸(古代的外交使团,兼具外交使命和商贸目标者很多,尤其是擅长经商的粟特人参与的使团更是如此)。随后,在集市、广场、街口等人流众多的地方便出现了许多激愤的演讲者,他们绘声绘色地诉说"冤情":突厥人卖出的这些丝织品的价格是如何昂贵,后来却发现其质量是如何低劣,因此波斯人的损失是多么惨重。如此等等,甚至说得声泪俱下。这样,周围的听众大多受到感染,纷纷参与,指责和咒骂突厥人,发誓不再购买突厥人的丝绸,最后,则是将这些丝绸点燃销毁,以表达抗议的决心!

"焚丝"事件在波斯王城同时发生多起,不但迅速传遍全城,还很快地为全国各地所知。突厥使团在波斯民众的愤怒谴责声中,怏怏地回国复命。室点密可汗询问了使团与波斯朝廷交涉的详细过程,很快就断定,这起"焚丝"风波纯粹是波斯朝廷操控的,目的当然是为了给突厥人的丝绸贸易设置障碍。室点密大为不悦,本欲采纳有人提出的报复建议,但是在再三权衡利弊得失后,决定暂时忍让,假装相信这是"民间的自发行动",不与波斯政府计较。于是,室点密再次派出一个使团,前赴波斯,继续提出突厥商人在波斯境内自由买卖丝绸的问题。

库萨和想不到突厥人对于"焚丝"事件居然毫无激烈反应,并且还若无其事地派出第二个使团前来洽谈同样的问题。他作为堂堂大国之君,再也不好意思指挥第二次"焚丝"风潮了,但是,却又不甘于自承失

·欧·亚·历·史·文·化·文·库·

败,公开答应突厥的通商要求。于是,他将此事交付给一位重臣全权处理,并要他多听听嚈哒人卡图尔夫的意见。就这样,波斯朝廷在卡图尔夫的竭力怂恿下,竟然干出了一件骇人听闻的蠢事:在突厥使团成员的饮食中掺入了毒药,以至只有寥寥数人因为偶然没有吃喝这批饮食,而侥幸逃得一命!波斯人干下这件罪行后,却到处散布流言,声称突厥人由于不适应波斯的气候环境才猝然死亡的。形势发展到这一步,突厥和波斯的关系急剧恶化,不可能再成为"友邦"了。

室点密虽然对波斯的恶劣行为恨得咬牙切齿,却也不敢对波斯发动战争,因为他很清楚,这会导致两败俱伤,乃至被第三方渔利。不过,他采取了另一种报复形式——改换盟友。萨珊波斯王朝在相当长的一段时期内,东、西两方都有强邻:东境为嚈哒,西境则为拜占庭。而"强邻"往往也就意味着公开或潜在的"强敌",所以,如上文提及,当波斯企图东击嚈哒时,就主动地修好西邻的拜占庭;不过,拜占庭对于波斯的"潜在"威胁依然没有消除。西部突厥的可汗室点密充分认识到了这一点,于是决定结好拜占庭,共同对付波斯。

3.2 突厥与拜占庭的战略伙伴关系

实际上,结好拜占庭的建议最初是由昔日突厥遣往波斯的第一个使团的首领马尼亚克提出来的。他是善于经商的粟特人,长年往来于世界各地,经验丰富,见多识广,因此对世界的政治形势也了如指掌。他为室点密分析道,突厥与拜占庭(东罗马帝国)结盟,至少有两大好处。第一,由拜占庭在波斯的西境牵制它,波斯就难以东顾,则突厥可在适当时机南渡阿姆河,掠取它的领地,这是政治上的好处。第二,罗马人对于丝绸的消费远远多于波斯人,其价格也要高得多,故突厥若直接与罗马人交易,将获得更多的钱财,这是经济上的好处。室点密深感有理,于是委托马尼亚克为使团首领,带着突厥的国书和大量丝绸,前赴拜占庭,晋见罗马皇帝。

以马尼亚克为首的突厥使团一行是沿着所谓的"草原之路"西行

的,他们大体上是出发自今伊塞克湖地区或费尔干纳盆地,那里是室点密统帅的突厥人的主要根据地;再沿着锡尔河西向,趋于咸海的北岸;再西行至里海的北岸,在伏尔加河下游渡河;然后南下,越过高加索山,从其南坡进入位于小亚细亚的拜占庭帝国。

突厥使团带去的优质丝绸中,有相当一部分是馈赠给拜占庭皇帝及其大臣们的。这些价值不菲的礼品以及突厥的国书都体现了突厥与拜占庭结盟的十分诚意,所以,使节们受到了罗马人的热情款待,罗马皇帝也热情地与之交谈,询问了有关突厥国内的许多情况,特别是政治架构。使臣们详细地回答了这些问题,并由马尼亚克代表室点密可汗严肃地表态:突厥愿意与拜占庭缔结和平条约,建立友好同盟,对付共同的敌人。因此,如果有敌国侵犯罗马帝国,突厥一定尽力协助,打击它们。当然,罗马人爽快地同意了两国同盟关系的建立,并且表示,罗马也一定会尽力对付突厥的敌国;另一方面,罗马十分欢迎突厥输入丝绸,他们将支持突厥人在拜占庭境内的自由贸易。突厥的"更换盟友"策略显然获得了圆满的成功。

当时在位的罗马皇帝查士丁二世(Justin Ⅱ)相当重视与突厥的关系,因此旋即也派遣了回访使团,随同归国的突厥使团一起前赴东方。这个使团的规格非常高,首领是时任帝国东部诸省总督的蔡马库斯(Zemarchus),他是西利西亚人。569 年 8 月,蔡马库斯和马尼亚克等一行人离开拜占庭,前往突厥。图 15 所示为查士丁二世的钱币。

他们经过多日的长途之后,来到粟特地区,那里如今由突厥人统治着。突厥方面先是派遣了一些巫师,声称要为远道而来的客人们驱除身上沾染的邪气和恶魔。于是,罗马使团成员的所有行李都被堆放在一片空地的中央,巫师们在其周围组成一个圈子,各自手中都点燃着散发出芳香气味的树枝,然后,一边转圈,一边又是挥动树枝,又是摇铃击鼓,口中则念念有词,显然是在背诵某种咒语。他们的动作越来越快,到后来,简直陷入半疯狂的状态,步子迈得犹如奔跑一般,个个面红耳赤,四肢颤抖,念咒的口中都喷出了白沫。最后,当拜占庭的使臣们一一跨过熊熊燃烧的火堆后,大巫师宣布仪式结束,并宣布:"你们已经

·欧·亚·历·史·文·化·文·库·

净化了！"

接着，已被"净化"的罗马人由专门的突厥迎宾官员带领，前赴名为艾克塔（Ektag，意为"白山"）的一座山脉，那里即是突厥可汗室点密的驻跸处。室点密在一个装饰得非常华丽的巨大帐篷中接见了蔡马库斯等人，他坐在一只金光灿灿的扶手椅上，椅子下设有两个轮子，显然，它也可以像车子一样由马匹拖拽而行。蔡马库斯代表罗马皇帝向可汗递交了国书，并且赠送了不少贵重的礼物，他最后致辞道："我皇陛下要我向您，对罗马帝国十分友善的大汗陛下转达他最热烈的问候和最诚挚的祝福。愿大汗身体安康，福运绵长，在对敌战争中攻无不克，战无不胜！我国一定将突厥君臣及其民众视作朋友，希望贵国也把我们视作友邦，相互帮助，永远和睦！"室点密也很礼貌地致了答辞，他特别强调："罗马人的朋友即是突厥的朋友，罗马人的敌人即突厥的敌人。两国的这种关系千秋万代，永不改变！"

有了室点密可汗这誓词一般的承诺，拜占庭使臣与突厥君臣们相处的气氛自然是非常热烈和"甜蜜"了。当天，突厥设盛宴款待蔡马库斯一行。菜肴除了游牧人常用的牛肉、羊肉外，还有深山和草原特产的各色鲜美野味；至于饮料，则是突厥人特制的一种甜酒，虽然不同于罗马人惯用的葡萄酒，但是别有风味，同样是一种美酒。这一整天的宴饮只是个开始，因为第二天，突厥在另一处同样是五彩缤纷的帐篷中再设盛宴，款待罗马的使臣们。这一次，室点密可汗是坐在一只状似睡床的宽大的镀金榻座上，上面还有金质的瓶、罐摆饰。众人在饮酒之时，还伴有少女们的美妙舞蹈和突厥鼓乐，热闹非凡。第三天，再换了一个帐篷，仍是宴饮狂欢。不同的是，这个帐篷中陈列着许多极其精致的工艺品，其中有金银质地，饰以宝石的盘、碗、瓶，以及惟妙惟肖的动物肖像；最令人注目的是一具金床，它的床脚由四只栩栩如生的彩色孔雀支撑着，床上则有饰金的木柱，上面绘有精美的图画。

突厥可汗如此厚待罗马使臣，一是不无"炫富"之意，向罗马人展示突厥的"国力"，二亦恐怕是借机制造"突厥、罗马关系非常亲密"的舆论，以此打击波斯的士气。突厥人接着提出的一个要求，便很清楚地证实了这一点：当拜占庭使团打算回国时，室点密要求蔡马库斯率领二十个罗马人，随同他一起征讨波斯，而让其余的成员先行启程归国。为了使得罗马人乐意听从他的安排，可汗除了用丝绸和金银器物重赏使臣们外，还将俘获的一名黠戛斯少女送给蔡马库斯为妾。室点密要蔡马库斯参与征讨波斯，显然不是真的需要这区区二十个人的"军事实力"，而只要借助他们"拜占庭官方"的身份，向波斯人发出明确的信号。

于是，蔡马库斯及其属下随同突厥军队一起出发。当他们宿营于楚河流域的怛逻斯城（Talas）时，正好有波斯使者前来求见。室点密便邀请以蔡马库斯为首的罗马人一起参加宴会，并故意对罗马人优礼有加，而对波斯人则冷淡之极。不仅如此，他在言谈之间还不顾外交礼节，冷嘲热讽地指责波斯人的种种不是。这令波斯使臣大为恼怒，最终拂袖而去。而这一结果却正是室点密所希望的，以便为他对波斯的征讨制造一个较好的借口。

嗣后，为了进一步加强与拜占庭的友好关系，室点密可汗又派遣了一个使团随同蔡马库斯归国。这个使团的首领名叫达格玛（Tagma），官衔称"达干"。当年率团的首领马尼亚克已经去世，他的儿子继承父业，效忠于室点密的突厥政权，其地位仅次于达格玛达干。所以，他这次也被委以重任，随团前赴拜占庭。蔡马库斯等人加快速度，追上了此前在约定地点等候他们的其他使团成员。而在他们西归的途中，其阵营又不断地壮大，因为室点密辖境内的其他许多部落，也很希望与拜占庭直接交好，于是相继加入了他们，形成了一支浩浩荡荡的队伍。

突厥与拜占庭的"蜜月"继续着。在蔡马库斯率团访问突厥之后，两国之间又有过许多次的交往。仅拜占庭遣往突厥的使团就有不少，如分别由阿南卡斯特（Anankhast）、优提齐乌斯（Eutychius）、赫罗第安（Herodian）、保罗（Paul）和瓦伦丁（Valentin）等人率领的使团。而其中有的人还不止一次地出使突厥，如瓦伦丁就曾再度赴突厥。至于突厥方面，则除了由汗庭直接派遣使团前赴拜占庭以外，其辖境内的其他部落也都曾相继派遣过不止一次的使团。另一方面，当罗马使臣返回拜

·欧·亚·历·史·文·化·文·库·

占庭时,总是会随团带回不少突厥使节或突厥商人。因此,当时沿着咸海、里海北岸,横贯中央欧亚地区的"草原之路"是非常繁荣的。

拜占庭皇帝提比利乌斯(Tiberius)继位后的翌年,即576年,皇室侍卫瓦伦丁奉旨率团前赴突厥。当时,随他一起东行的还有106名突厥人,而他们即是历次西使拜占庭的突厥使团中滞留在那里的成员。瓦伦丁跋山涉水,经过长途的水路和陆路行程后,见到的第一位突厥高级首领名为咄陆设(Turxanthus),他即是主宰西方的突厥可汗室点密的儿子。当时,室点密刚才去世不久,所以突厥汗国西部地区的统治大权分别由室点密的两个儿子掌控,一名咄陆设,一名达头(Tardu)。

瓦伦丁这次出使突厥的目的主要有两个:一是向突厥通报罗马新帝提比利乌斯的继位,二是重申拜占庭与突厥的同盟关系,特别强调数年前室点密可汗之"罗马人的朋友即是突厥的朋友,罗马人的敌人即突厥的敌人"清楚承诺,显然希望突厥人坚定地与拜占庭合力对付波斯。然而,咄陆设对于罗马人的这个要求似乎不太愿意接受,他自我吹嘘了一通,又不太礼貌地对罗马人指责了一通,搞得气氛有些尴尬。好在瓦伦丁并未动怒,而是婉言相劝,才未导致冲突。

嗣后,瓦伦丁一行参加了室点密的葬礼。突厥人为了志哀,有劙面的习俗,即用小刀划破脸庞,使之流血。瓦伦丁为了顾全大局,下令罗马使团的全体人员都在仪式举行时"劙面",这使得咄陆设对罗马人的印象好了不少。几天后,罗马人还参加了室点密丧礼中的人殉仪式。四个异族俘虏和室点密生前最宠爱的几匹坐骑作为殡葬的牺牲,被一起杀死在室点密的墓前。按突厥人的观念,这种仪式对于死者来说非常有利。在室点密的丧葬仪式结束之后,咄陆设便安排瓦伦丁一行前赴东方的据地,去会见其他的突厥首领,特别是室点密可汗的另一位儿子达头可汗。图16所示为粟特人和突厥人的劙面场景。

尽管就在拜占庭使团访问突厥的期间,突厥人一度攻占了拜占庭的博斯普鲁斯城(Bosporus,今刻赤海峡西岸的刻赤),但是,总的说来,在公元6世纪的最后三四十年间,突厥与拜占庭的关系还是"同盟"和"友好"的,它们通常都是相互配合,共同对付波斯的。

突厥汗国的创建者之一室点密死于 576 年,此后约三十年间,西部突厥的主要掌控者似乎即是他的儿子达头可汗。579 年,萨珊波斯的国王库萨和去世,其子霍尔密兹德四世(Hormizd Ⅳ)继立。这位波斯国王的绰号为"突厥女之子",因为他的母亲即是库萨和早年与突厥结盟,共击嚈哒时所娶的室点密可汗的女儿。按亲属关系论,波斯新王霍尔密兹德与突厥西部统帅达头可汗是真真实实的"外甥 – 舅舅"关系,非常亲近。但是,波斯与突厥的国家关系却远非如此。588—589 年时,双方便爆发了激烈的战争。

波斯同时遭到了三方面的进攻。突厥的大军从东方入侵,号称三十万之众,不过实际上或许至多十万而已。统军的主帅似乎并非土著的突厥人。而是出身于粟特的一位高级将领,名为昭武(Schaba)。因此,这支军队中很可能只有少量的突厥将士,而大部分是受控于突厥的粟特地区的军人。这支军队在开初时进展得非常顺利,跨过阿姆河后,迅速占领了巴达赫尚(Badakhshan),即是北界阿姆河上游,南界兴都库什山的一大片地区(今阿富汗之东北部)。随后又向西挺进,占据了赫拉特(Heart,今阿富汗之西北部)。

在此同时,拜占庭军队穿越叙利亚的沙漠地区,进击波斯的西境。与之配合作战的,还有拜占庭帝国多年来的忠诚盟友,活动在南俄与里海地区的半游牧部落可萨人(Khazars)或可萨突厥人。他们的酋帅亲率大军,从高加索山方向对波斯的北方边境施压,居然夺取了里海西岸中部的战略要地杰尔宾特(Derbent),大肆掳掠、烧杀。杰尔宾特依仗着高加索山险峻的地形,自古以来就是具有重要战略地位的要塞,号称"里海之门"。波斯更将它作为阻遏北方"野蛮人"入侵的坚固堡垒,不断修缮防御工事。因此,杰尔宾特的被攻破,对于波斯帝国来说,其震惊和失败感之强烈是可想而知的。图 17 所示为要塞杰尔宾特。

好在波斯在对付突厥势力方面,最终取得了不小的胜利,从而不至于损失惨重。率军抵御突厥 – 粟特人的波斯大将名叫巴拉姆(Bahram),经验丰富,骁勇善战。他巧妙地利用了昭武因开局十分顺利而产生的轻敌思想,先是放任敌军全速冒进,此后则用大量强弩突然狙击。

·欧·亚·历·史·文·化·文·库·

结果,或许还带着一点幸运,敌军主帅昭武竟在波斯人的强力箭雨袭击下被射中要害,不治而亡。失去了主帅的突厥－粟特军队不免乱了方寸,再遭波斯人的反击,竟至溃不成军,节节败退。巴拉姆一直追击到阿姆河北岸,夺取了距安国都城布豁(Bukhara)不远的贝坎德(Baikand),不但掳得了大量珍贵器物和武器装备,以至运载这些战利品的骆驼多达数百匹,甚至还擒获了昭武的儿子巴尔蒙达(Barmondha)。

巴拉姆获此大胜,劳苦功高,按理是会得到国王的丰厚犒赏,哪知结果却截然相反,巴拉姆最终竟丢了性命!事情是这样的:巴拉姆取得对突厥－粟特军队的大胜后,曾将掳获的财富全部运往波斯,献给霍尔密兹德国王。不料,他的政敌十分妒忌他的战功,遂暗中向国王进谗言,谎称巴拉姆实际上并未将全部财富献给国王,而是把其中最精美的和最珍贵的器物留给了自己。国王非常恼怒,虽然因为巴拉姆当时正在与罗马人交战,不便立即追究其罪责,但是对巴拉姆的宠信程度已经大为下降了。恰在此时,传来了巴拉姆在高加索东部惨败于罗马人的消息,波斯国王于是获得了发泄不满的良机。他命人给巴拉姆送去一套纺织女工的服装,言下之意是:"你是个犹如平庸女子一般的无能之人!"公开羞辱了巴拉姆。

波斯的著名战将如何受得了这般凌辱?!巴拉姆当即举兵造反,自立为王,并与他此前在贝坎德俘获的突厥－粟特军酋帅昭武的儿子巴尔蒙达化敌为友,结成同盟,共同打击波斯人。而当时的波斯政局,也是"屋漏偏逢连夜雨":波斯宫廷发生政变,国王霍尔密兹德被废黜,其子取而代之,称库萨和二世(Chosroes Ⅱ);时在590年的夏天。

库萨和二世虽然被嗣后的史家称为"常胜者"(Parwiz),但是在登基之初却毫无"胜利"的迹象。他被巴拉姆的强大势力所迫,慌忙地向西逃亡,求助于拜占庭的毛里斯(Maurice)皇帝。罗马皇帝于591年中遣军驰援,与库萨和的波斯军队合兵一处,终于击败了巴拉姆。巴拉姆兵败之后,无力再与波斯的政府军抗衡,遂逃奔突厥,托庇于可汗。突厥可汗对巴拉姆颇为厚待,不仅因为他此前与自己的下属巴尔蒙达曾为同盟,还希望利用这位波斯叛将的声望和潜力,日后予波斯以更大的打击。然而,可汗没有料到的是,他自己的妻子在收受波斯国王的巨额贿赂之后,竟帮助潜入突厥的波斯杀手,杀死了巴拉姆将军!

突厥汗国在西方的征战和扩张,由于从一开始就是由汗国创建者土门可汗的兄弟室点密主控的,所以具有很大的独立性。这部分势力尽管在形式上隶属于常居漠北的大可汗,但是从政策的制定到实际的操作,几乎都是由室点密系统的酋帅自行决定。因此,突厥最初与波斯的结盟合击嚈哒,以及嗣后与拜占庭的联合对付波斯,都可以视作纯粹是"西部突厥"的战略运作,而与突厥的"大可汗"无甚关系。室点密系与拜占庭的"战略伙伴关系"一直持续了数十年,至少,到 6 世纪末,双方还存在着友好的交往。

598 年,突厥使臣抵达拜占庭,向毛里斯皇帝递交了突厥可汗的国书。可汗自称为"七姓大首领,七国之主人",语气颇为自豪。国书中谈及了突厥汗国建立四五十年来在西方取得的种种战绩,当是以"盟友"身份向罗马人通报形势。而这封国书的主人便是当时声威极盛的室点密可汗之子达头可汗。显然,不管形式上的隶属关系如何,室点密系统的突厥政权始终像一个独立国家那样主宰着西域大片领土上的政治、军事和外交。

4 西域的突厥和西突厥汗国的确立

4.1 阿波系突厥在西域的活动

按照汉文史籍的记载,确有"东突厥(汗国)"和"西突厥(汗国)"的分别。顾名思义,当然是因为各自的地域分处东部和西部而得名。但是,如果以此来判定它们即是严格意义上的独立的政权,则就大谬不然了。首先,所谓的"东突厥"是相对于"西突厥"而称呼的;在"西突厥"之称出现之前,也就无所谓"东突厥",而只有"突厥",是政治中心设在东方蒙古高原的突厥汗国,是"正统"的突厥政权。其次,"西突厥"在早期(如室点密时期)往往只是对活动于汗国西部地区的突厥人及其政权的泛称。在中期,此名几乎是特指"正统的"土门可汗之直接后裔阿波可汗一系创建的政权;阿波由于和大可汗意见不合而分裂出来,在西域地区形成了独立的政权和势力。在后期,"西突厥"之名才是指由达头之孙射匮可汗正式创建的,独立于东方之"正统"汗国的政权。

前一章谈到了室点密及其儿子们在中央欧亚西部地区的开疆拓土,与波斯、嚈哒、拜占庭等发生种种战和关系的业绩,这基本上可以看作是第一阶段的"西突厥"。而本章要谈论的,即是"西突厥"的第二阶段和第三阶段。《隋书·北狄传》专门列有《西突厥传》,实际上谈的只是第二阶段的"西突厥",也就是阿波可汗一系的那个政权。

突厥汗国的创建者土门可汗将汗位传给了儿子乙息记可汗,此后,汗位就兄终弟及了:乙息记可汗将汗位传给了弟弟木杆可汗;木杆可汗则将汗位传给了兄弟佗钵可汗。佗钵可汗感谢兄长木杆可汗的传位之情,临终前要求儿子庵罗不要继位,而是让给木杆可汗的儿子大逻便。但是,在他死后,这一提议遭到了乙息记可汗之子摄图的激烈反对,公开的理由是:大逻便的母亲出身低贱,故没有资格出任大可汗。庵罗虽然勉强继承了父亲的"大可汗"之位,但是害怕大逻便的武力反抗,又旋即把汗位让给了同样强硬的摄图;后者继立之后,号称沙钵略可汗。大逻便虽然也被封了个"阿波可汗"之位,但是权限只在于自己的本部,从此与大可汗沙钵略结下了不解的深仇。

583年,阿波与沙钵略的矛盾终于激烈爆发,导致了突厥汗国的全面内战。当时,沙钵略进犯隋境,要求阿波等部也一起参战。但是,隋帝采纳长孙晟的建议,拉拢阿波,离间他与沙钵略的关系。于是,阿波便与隋军单独议和,旋即撤军离开了前线,同时还遣使入隋,以示善意。沙钵略可汗失去了有力的臂助,随后在隋军的全面反击下遭到惨败,仅以少量残兵败将逃归漠北。

沙钵略理所当然地将这次惨败归咎于阿波可汗的突然背叛,遂决意报复。583年的五月,沙钵略趁着阿波外出未归的机会,袭击了他的牙帐,杀死了他的母亲,并占领了其牙帐所在地。阿波突然失去根据地,无力再与沙钵略争雄,只得向西逃亡,投奔了室点密的儿子达头可汗。达头可汗本名玷厥,他在576年因父亲去世而继承了室点密治下的所有疆域和势力,正值春风得意之际;而两年前为了争夺大可汗之位所导致的上层纷争,更使他看到了机会,便也想在东方扩展势力,甚至染指"大可汗"的宝座。

所以,达头决定充分利用阿波的地位和影响力,为自己的"宏业"服务。他先是将阿波安置在金山附近,保障他站稳脚跟;随后又慷慨地以十万精骑借给阿波,让他帅军东归,与沙钵略一决短长。阿波得此强援,顿时信心大增,甚至有点趾高气扬起来。他一路东进,顺利地击溃了沙钵略各股势力的相继抵抗,很快地掌握了战争的主动权。他收复了被沙钵略掠夺的故地,招集起失散的旧部,未几就又拥有了数万人马。反观沙钵略,却形势日蹙,大有众叛亲离之态。原来隶属于他的贪汗可汗归降了达头可汗,其堂弟地勤察也叛归了阿波可汗。当时,反对沙钵略的各种势力似乎大多归降到了达头的旗下,隐隐然形成了以室点密系西突厥为首的反对突厥大可汗沙钵略的联盟。

·欧·亚·历·史·文·化·文·库·

　　到585年时,沙钵略已被逼得无路可退,便只能厚着脸皮向隋廷告急,请求隋廷允许他率部前来漠南,避难于白道川。隋文帝起初对突厥的内争是采取观望态度的,很希望看到他们"两败俱伤"的局面,以便自己坐收渔翁之利。但是,后来却发现力量对比发生了急剧的变化,达头－阿波联盟极有可能掌控漠北,从而形成对于中原的新威胁。于是,隋帝赶紧再搞"平衡",立即转而支持沙钵略可汗。他不但允许沙钵略前来漠南的白道川避难,并且还积极地调发本朝精兵,协助沙钵略,一举击败了阿波可汗。

　　沙钵略于587年去世之后,其弟处罗侯继承了汗位,号称莫何可汗。莫何在当年生擒了阿波可汗,并在翌年乘胜西征。但是不幸的是,他却在一次交战中被流矢射中,不治而死。这一变故导致了突厥"大可汗"西征步伐的停止,因此,西突厥联盟虽然撤出了漠北地区,东方"正统的"突厥政权却也无力再向西挺进,突厥的两大势力处于了相持状态。至于阿波系方面,则再立鞅素特勤的儿子为泥利可汗,继承阿波的汗位,与室点密系的达头可汗继续保持着结盟的关系。

　　但是,这个"西突厥联盟"的前景并不光明:起初,东方继承莫何可汗的都蓝可汗与突利可汗(后来归顺隋朝的"启民可汗")发生激烈冲突,遂求援于达头可汗;达头趁机进入漠北,大大地扩展了势力范围。不过,由于隋廷支持突利可汗,故后来竟演变成主要是达头与隋朝对抗的局面,原来的都蓝－突利冲突反而退居次要地位了。尽管在599年都蓝可汗被杀后,达头如愿以偿地当上了"大可汗",号称步迦可汗,但是,突厥未几即发生内乱,他遭到了来自隋朝和北地诸部的联合攻击,穷于应付。603年,达头可汗溃败,逃奔吐谷浑,不知所终。而阿波系的泥利可汗则在达头败亡之前不久,就已经被铁勒部击溃,最后同样是下落不明。

　　嗣后,阿波系的突厥政权由泥利可汗的儿子达漫主宰,称处罗可汗。处罗可汗在605年击败过金山(阿尔泰山)地区的铁勒部落,一度恢复过阿波系突厥对该地区的统治权。但是不久之后,在铁勒诸部的联合打击下,处罗可汗不得不向西迁移,最终挤走了实力早已衰弱的室点密系突厥,在裕勒都斯河至楚河之间的一片地区内安顿下来;室点密系突厥人则更往西去,转移到了锡尔河流域。至于新兴的铁勒势力,则在阿尔泰山以南和博格达山以北的广大地区内建立了政权,其直接控制的范围相当于今北疆东部的大部分地区,而天山以南的伊吾、高昌、焉耆等城郭政权也多归附了铁勒。因此,当时的西域主要由铁勒、阿波系突厥、室点密系突厥三大势力控制;而室点密势力最弱一些,乃至曾经在名义上臣服于阿波系突厥政权。

4.2　射匮建立西突厥汗国

不过,真正建立"西突厥汗国",确立"西突厥"之独立地位的,却是室点密系的突厥人,即达头之孙射匮可汗。自 605 年阿波系突厥被迫西迁而将室点密系突厥人驱离故地之后,射匮可汗便率部迁往更西的锡尔河流域,征服了原居该地的石国,致力于经营独立的政权,并力图重建先祖们雄霸西域的伟业。他在努力数年之后,终于出现了一个极好的机会。

大业五年(609 年),炀帝"西巡",特别希望制造出"万国来朝"的盛况,因此命臣属专赴域外召请诸国来朝。侍御史韦节则奉诏邀请西部突厥的处罗可汗,前来大斗拔谷拜谒隋帝。但是,处罗可汗自认为是众多西蕃的君长,地位与炀帝相若,故不愿屈尊前来晋谒,便托辞身体不适,谢绝了这个邀请。炀帝接报,当然大为不悦,然而"天高皇帝远",他一时之间也无可奈何。

此时,名义上为处罗系西突厥之"属国"的射匮可汗恰好也遣使前来朝会,并向隋提出了通婚的要求。作为炀帝西域事务之重要参谋的裴矩,马上悟出了其中的奥妙,遂向炀帝献上了一条既报复处罗可汗,又利于西域控制的离间计策。他分析道:"处罗可汗之所以不来朝拜陛下,显然是自恃强大,目中无人罢了。那么,我有一计,可以削弱他的势力,分裂突厥诸部,这样,他们就都将求助于大隋,依附于大隋,那么朝廷就容易操控了。"

·欧·亚·历·史·文·化·文·库·

"哦,你有什么妙计? 赶快说来听听!"炀帝饶有兴趣地追问道。

裴矩继续说道:"射匮本是都六之子,亦即达头的孙子,室点密的曾孙,是著名突厥可汗的后裔。其祖辈当年君临西方,权势极盛。射匮如今只是暂时势弱,才不得已而以处罗可汗的臣属自居。但是,他的潜力却不可小视,久后必成大业。所以,微臣建议陛下接纳射匮可汗的和亲请求,册立他为大可汗,壮大他的声势。而朝廷的交换条件,则是令他制约甚至打击处罗可汗。这样,西部的突厥必然分裂,也就都会顺从我朝了。"

炀帝闻言,大表赞同,当即命裴矩前赴射匮可汗使团所居的驿馆,向使臣传达了炀帝的"善意"。为示庄重,炀帝还特意在仁风殿召见了射匮的使臣,一本正经地说道:"你们的可汗一心向善,亟希与我大隋和睦相处,朕十分欣慰,相当赞赏,故特册立他为大可汗。而处罗可汗却居心叵测,不仅对大隋不敬,还阴谋击灭你部。所以,你可转告你们可汗,让他千万别养虎遗患,而要先发制人。待他诛灭处罗之后,就可与我大隋公主完婚。"说完,炀帝还赐予射匮一枚桃竹质料的白羽箭。此为大隋天子的信物,意谓隋廷充分认可射匮可汗所代表的室点密系西突厥的正统地位,全力支持他统治诸部。

射匮可汗听完使臣的汇报,大喜过望,遂迅速拟订作战计划,部署兵力。他采用了轻骑突袭、大军后随的方式,以迅雷不及掩耳之势袭击了处罗可汗的居地。处罗猝不及防,连妻小家属都来不及招呼,就仓皇地带着数千名骑兵逃窜了。他在向东逃亡的途中,还遭到了铁勒部落的劫掠,狼狈不堪,最终逃到了高昌以东、伊吾以北的时罗漫山,才算安顿下来。但是其主力全失,已经无力争霸西域,611 年,他只得率残部投降了隋廷。

随着处罗可汗的归降隋朝,以及他的主要部众入居内地,阿波系"西突厥"在西域的政权宣告彻底结束,而嗣后主宰西域的突厥人便是射匮系(室点密系)的西突厥政权了。

射匮可汗在击败处罗后,继续向东扩展,遂在西域的东部地区与铁勒势力相邻。到 613—614 年间,铁勒的契苾部落和薛延陀部落的酋帅不再使用"可汗"之号,明确地臣服于射匮可汗的突厥政权。这也表明,室点密系"西突厥"的后裔至此已经恢复了对西域东部地区的控制。而在这以后,射匮的突厥政权与政治中心设在漠北的东方的突厥政权也就完全相互独立,互不存在任何隶属或依附关系了。亦即是说,在射匮可汗治下,真正意义上的"西突厥汗国"才得以建立;其最高统帅的世系出自土门可汗的兄弟室点密。

射匮可汗卒于617年,由其弟统叶护可汗继立。统叶护与其兄射匮一样,也是一个非常强势的西突厥可汗。他既骁勇善战,又足智多谋,所以凡有战事,几乎都取得胜利。他继位之后,在射匮可汗开创的事业上又有了新的建树:西域北方的铁勒诸部被他征服,受其控制;对于汗国南境的波斯势力,也相当成功地予以抑制,从而将领土拓展到与罽宾(又称迦毕试,约当今阿富汗喀布尔以北的贝格拉姆地区)邻接;至于伊犁河流域、锡尔河流域等地,则更是西突厥汗国的统治地域了。

在统叶护可汗治下,西突厥的军事实力大增,拥有精兵数十万。他对于西域诸国的治理方式,通常是册封其君长为"颉利发",然后委派一位职位为"吐屯"的官员,监督其财税收入。亦即是说,突厥不干涉诸国的内政,只是收取一定的赋税而已。这一方式比较容易被诸国接受,所以西突厥可以比较顺利地获得诸国贡奉的钱财,经济实力大为提升。外交方面,统叶护可汗还曾向唐廷提出过和亲要求,初建政权的唐王朝也颇愿意与之合作,以减轻北境东突厥的压力。所以,此时的西突厥汗国臻于空前的强盛。图18所示为伊塞克湖畔的碎叶城。

可惜的是,好景不长,628年,在位十一年的统叶护可汗被其伯父所杀,其伯父自立为莫贺咄侯屈利俟毗可汗,简称"莫贺咄可汗"。其他酋帅不服,遂拥立统叶护的儿子咥力特勤为乙毗钵罗肆叶护可汗,与之相攻,连兵不息。唐王朝对于这一乱局是两不相帮;而西突厥国内的诸部则趁机纷纷独立。于是西突厥汗国陷入了内战和衰败之中,直到二十年后的最终灭亡。在统叶护可汗之后的二十年中,西突厥号称具有合法统治权的"可汗"多达七位,其在位时间少则一二年,多则五六年,均甚短命。汗国的主要领地最终成为大唐王朝的"羁縻"州府。

5 突厥受制于隋朝的 "离强合弱"策略

5.1 千金公主和亲突厥

就与中原王朝的关系而言,当然是位于东方的突厥政权较诸"西突厥"密切得多了,无论是你死我活的钩心斗角,抑或是貌似甜蜜的和亲通婚,其内幕都要更复杂,情节也要更"精彩"。在此则继续谈论北朝末期以降,突厥人与中原诸朝的冲突与和解。

中原的北齐、北周政权为了争夺突厥"盟友",固然真像儿子孝敬父亲一样对待突厥,但是突厥人却似乎并不领情,他们照样时常南侵,劫掠居民,或者,扶植中原政权的叛将、流寇等辈,继续给南方的政权制造麻烦。

北齐后主(565—576年)宠信奸臣,排斥忠良,荒淫无道,以至政治腐败,军力衰弱。在遭到北周的一连串打击后,齐后主于577年正月"禅位",把摇摇欲坠的政权交给了年仅八岁的太子高恒。半个月后,北周的大军兵临城下,首都邺城被攻克,百官俱降,北齐政权灭亡。但是,原北齐的定州刺史、范阳王高绍义却逃入了突厥。佗钵可汗利用这一机会,装出义愤填膺的样子,表示要帮助高绍义报"灭国之仇"。于是,在突厥人的支持下,高绍义当年称帝,改元武平,以高宝宁为丞相。

突厥便在578年的四月入侵北周的幽州,烧杀劫掠。镇守幽州的柱国刘雄率军迎击,却陷入突厥的包围圈,终因寡不敌众而死。北周武帝大为震怒,立即准备御驾亲征。五月,他亲率全军,同时派遣五路人马,进击突厥。但是,四天后,武帝身感不适,从此再未康复,只得停止出击突厥的军事行动。六月,武帝病逝于长安宫中,年仅三十六岁。太子宇文赟即位,史称宣帝。

高绍义听说武帝突然去世,认为是天赐良机,于是立即带领突厥兵,袭击了比较空虚的蓟州,并消灭了大将军宇文恩的两千名援军。五个月后,突厥又寇侵北周边境地区,一度包围了酒泉,大肆杀掠居民。

宣帝是个无道昏君,只知淫乐,不去治政,从而导致北周政局迅速恶化。再加上突厥及其傀儡高绍义的不断骚扰,北周朝廷更感无奈。在此情况下,北周朝廷只得再次使用"和亲"之法,试图以此缓解来自突厥的压力。而担负着这一"救国"重任的女子,便是赵王宇文招的女儿。

当时,操控北周大局的,是数年后取代北周,建立隋王朝的杨坚。杨坚的父亲杨忠曾经追随北周政权的奠基者宇文泰,屡立战功,官至柱国、大司空,封隋国公。杨坚承袭父亲的爵位,也称隋国公。他极强的治政能力使他逐步位高权重,而导致他声望更隆的,是他把大女儿杨丽华嫁给了太子宇文赟。所以,当宇文赟在 578 年即位为帝(宣帝),杨丽华被立为皇后之后,杨坚便成了名副其实的"国丈",迅速由亳州总管升迁为上柱国、大司马。宇文赟当了八个月的皇帝后传位给年仅六岁的太子宇文阐(史称静帝),自己当起了所谓的"天元皇帝"。于是,杨坚的女儿升格为"皇太后",杨坚自己则为假黄钺,左大丞相,拥有号令百官的无上权势。

虽然皇帝年幼,不会对杨坚的擅权有所异议,但是其他的宇文氏皇族成员却决不愿意大权旁落外姓人,特别是宇文泰所生的十三子中的其他诸子,即北周孝闵帝、明帝、武帝三个皇帝的弟兄们。他们各自封王,地位尊崇,势力不弱,在朝臣和民众之中都有很大的影响力。赵王宇文招为人聪明,在诸王中最具号召力,因此也就成为杨坚必欲清除的障碍。杨坚"建议"静帝册封赵王的女儿为千金公主,让她和亲突厥,便是加害赵王的阴招之一。宇文招虽然极度不愿,却也毫无借口予以推辞,只能表示同意。

579 年的二月,北周与突厥达成"和亲"协议,将千金公主嫁给佗钵可汗。北周提出一个附加条件,要求突厥把投奔他们的北齐高绍义逮捕归案；但是遭到佗钵可汗的拒绝，北周只能作罢。翌年的六月，北周派遣汝南公宇文神庆、司卫上士长孙晟护送千金公主，与突厥派来的接亲使团一起前赴突厥。千金公主则从此开始了她的"悲情和亲"生活。

北周仍未放弃要求突厥执送高绍义的条件，只是这次除了降嫁千金公主之外，更派出特使建威侯贺若谊，带着大量财物，专门贿赂突厥可汗。佗钵可汗经不住巨大的物质诱惑，终于答应帮忙。580年七月的某一天，佗钵可汗假称要与高绍义在南境狩猎，遂把高绍义骗入贺若谊早就设下的埋伏圈内，使之束手受擒。这当是千金公主"被和亲"后换来的第一件"政治礼物"。

接着发生的事件，犹如五雷轰顶般地打击了千金公主：她的父亲赵王宇文招被杨坚所杀。事情是这样的：580年五月，已经退位的"天元皇帝"宇文赟因病去世，年仅二十二岁。年幼的静帝宇文阐更得完全听从外祖父杨坚的摆布。杨坚虽然已经总持朝政，但是若要取皇帝而代之，还是不无忌惮的。主要的顾忌即是在各地为"王"的宇文氏皇族成员，尤其是北周奠基者宇文泰的几个儿子。所以，杨坚以需要与诸王共同处理宇文赟丧事，商议国事和扶持幼君为借口，征召诸王进京，旨在加强对他们的监管。

诸王倒也希望进京，以便获得更多机会，直接从肉体上清除杨坚。当年六月，赵王宇文招、陈王宇文纯、越王宇文盛、代王宇文达、滕王宇文逌五王相继抵达京师长安，积极筹划翦除杨坚的计划。当年七月中的一天，赵王邀请杨坚来自己府第做客，并以"关系亲密"为说辞而邀至内堂宴饮，暗中却埋伏了许多武士。杨坚起初并未觉察，后来大将军元胄却发现情况有异，及时提醒杨坚，硬拉着他离开了酒席。元胄让杨坚在前面夺路而走，自己则挡在门口，不让赵王等人追出来，直等杨坚抵达安全区域，他才转身离开赵王府。宇文招懊悔自己没有尽早动手，气得用手指猛击桌子，连血都敲了出来。

杨坚惊险地幸免于难，脱身之后，回到府中就拟就"圣旨"，翌日立即发遣兵将，擒获赵王宇文招和越王宇文盛，声称他们通同谋反，迅即处死了二人。于是，千金公主和亲突厥不过一个月，却已经变成了实际上的"反属",她在北周朝廷中的政治地位一落千丈。

　　然而,千金公主的灾难并未至此结束,因为翌年(581年)二月,杨坚正式接受了年幼外孙宇文阐的"禅位",开创了新的王朝,成为史称的"隋文帝"。这样,千金公主与隋文帝杨坚不仅有着"杀父"之仇,如今更增添了"灭国"之仇。这样深重的"家仇国恨"使得身在突厥的千金公主发出了与中原隋王朝势不两立的誓言;相应地,逐步稳定政权的隋朝廷对于突厥和千金公主也越来越猜疑,顾忌,必欲除之而后快。最终,这样的"私人关系"竟成为突厥与隋朝之政治关系发生变化的重要因素。图19为唐代阎立本所画的隋文帝像。

5.2　"远交近攻,离强合弱"的理论与实践

　　581年,杨坚"受禅",创建隋王朝;同年,突厥的佗钵可汗因病去世。如前文所言,佗钵为报答哥哥木杆可汗未将汗位传给儿子,而是传给自己的恩情,临终要求儿子庵罗不要继承汗位,而是让木杆可汗的儿子大逻便继位。但是,后来由于乙息记可汗之子摄图的坚决反对,庵罗只得自己当了可汗,稍后则又把汗位让给了同样强势的摄图。于是,摄图成为新的首领,号称沙钵略可汗。按照突厥的惯例,最初嫁给佗钵可汗的千金公主也就"移交"给了新可汗沙钵略。千金公主恨透了隋帝杨坚,便不时地向沙钵略哭诉,要他为自己报杀父和灭国之仇。

　　沙钵略本来对隋王朝颇感不满,因为它不像北周、北齐那样讨好突厥,所以在听了千金公主的哭诉之后,更觉有必要给予中原王朝一点"教训"。他貌似慷慨地说道:"我是宇文氏周朝的亲戚,如果听任隋帝灭了周朝而没有任何作为,那是太对不起我的妻子千金公主了! 所以,我必定会采取行动。"随后,沙钵略便与原北齐的营州刺史高宝宁结成联盟,一起寇侵隋境,兵马多达四十万。隋朝屯守乙弗泊的上柱国冯昱,据守临洮的兰州总管叱李长叉、驻守幽州的上柱国李崇,以及镇守周槃的达奚长儒全被突厥击败。突厥人纵兵大肆劫掠武威、天水、安定、金城、上郡、弘化、延安等地,牲畜几乎被掠一空。

　　隋文帝旋即派遣河间王杨弘,上柱国豆卢勣、窦荣定,左仆射高颎,右仆射虞庆则等人各为元帅,分道出塞,予以反击;沙钵略战败后仓皇遁逃。虽然取得了暂时的胜利,但是隋文帝对于突厥造成的边患问题依然相当忧虑,于是召集文武大臣,商议对策。众朝臣纷纷发表意见,但是奉车都尉长孙晟的言论最为中肯和实用。隋文帝大为欣赏,爽快地采纳了。

　　长孙晟源出游牧的鲜卑人,骑射之技非常出色;他又好学不辍,博览群书,因此成为文武双全的年轻人。千金公主降嫁突厥时,长孙晟伴随前往。他有意与突厥统治者搞好关系,故在突厥逗留的一年时间里,尽窥其地理、经济、政治和军事形势;他并暗中与沙钵略的弟弟处罗侯(号称突利设)结成心腹之交,在弟兄两人之间打入了一个"楔子"。长孙晟上书帝君,精辟地分析了突厥目前的国内形势,然后贡献了一条"离间计"。

　　他说道,首先,达头可汗是室点密的儿子,亦即今突厥大可汗沙钵略的堂叔,其辈分高,资历深,实力强,却只是"西面可汗",地位在沙钵略可汗之下,所以他心中常怀不满。这使得隋廷可以挑拨达头与沙钵略的关系,怂恿二人相互争斗。其次,沙钵略可汗的弟弟处罗侯颇得民众的拥戴,却遭到沙钵略的妒忌和排挤,因此内心很是不服。这个矛盾也可以为隋廷所利用。最后,木杆可汗的儿子大逻便(阿波可汗)认为本该属于自己的大可汗位被沙钵略抢了去,更是极度不满。因此,阿波与沙钵略的紧张关系包含了极大的冲突因素,同样可被隋廷利用。

　　"有鉴于此,大隋只要采取远交近攻、离强合弱之法,通好达头可汗,拉拢阿波可汗,便能迫使沙钵略抽调兵力,防备西部地区。若再联络处罗侯以及奚、契丹等东胡部落,与之建立亲善关系,则必然能使沙钵略分兵防备东部地区。那么,整个突厥在这种相互猜忌,首尾难顾,腹心阻隔的情况下,一定会迅速削弱。于是,十年之后,大隋与突厥的实力对比就会发生逆转,变成我强敌弱,则我们奋力出击,必能一举讨平突厥。"

　　隋文帝看完长孙晟的表文,大为欣赏,立即召他面谈,进一步探讨此事。长孙晟又当着帝君之面，口头解释了突厥的内情和他对此的见解，同时随手画出突厥的山川地形之图，指出其军力的分布和强弱，娓娓道来，如数家珍。隋文帝深为赞叹，对他的建议全部采纳。

在这以后，隋廷派遣太仆元晖从伊吾道赴西部突厥的汗庭，会见达头可汗，赐给他狼头纛，以示荣宠，同时还赠送了价值不菲的财物。不久后，达头可汗遣使隋廷，正逢沙钵略可汗的使者也在场。文帝故意让达头的使者居于沙钵略使者的上首，以诱发沙钵略对达头的不满。另一方面，则派遣长孙晟为车骑将军，从黄龙道出境，赴奚、霫、契丹等东胡政权，赠送大量财帛，表示"睦邻"意向。并且，由他们作为向导和内应，再带领隋使抵达处罗侯的牙帐，与之做进一步的深谈，诱惑他归附隋廷。

长孙晟还鼓动阿波可汗的属下道："如今达头可汗已与大隋结盟，沙钵略对他无可奈何，完全丧失了制约能力。那么，如果阿波可汗也连和大隋，岂不是同样强势，可以不再受沙钵略的欺压和凌辱了吗？"阿波闻得此言，觉得不无道理，于是派遣使者，随同出使在彼的长孙晟一起赴隋廷"朝贡"了。这类离间计不断施行，果然取得了预期的效果。

沙钵略可汗与阿波可汗本来就因大可汗之位的继承问题发生过冲突，后来又因阿波不击隋军，反而与之私下结盟，导致自己被隋军击败，遂决定报复阿波。583 年的五月，沙钵略袭击了阿波的牙帐，杀其母亲，占领其根据地。阿波只得西奔达头。达头支持阿波与沙钵略相攻，迫使沙钵略处于下风。沙钵略实力大为削弱，只得放下架子，寻求隋廷的庇护；甚至，他还委托妻子千金公主，向隋文帝上书，乞求"开恩"，允许沙钵略可汗以隋文帝之儿辈的身份通好隋朝。

584 年，沙钵略遣使上书隋文帝道："大隋皇帝，您是我妻子的父亲，那么，我也是您的儿辈。虽然突厥生活在荒漠和草原之地，大隋统辖着肥沃的农田与繁荣的城市，环境迥异，但是情义却是一样的。我们早就和亲，往来频繁，今后生儿育女，子孙延绵不绝，至于万世，全是血缘之亲，依然和睦相处。突厥的牛羊、马匹，都是您的牲畜；大隋的丝绸财物，也如同突厥的家产。但愿皇帝接受我的善意，让突厥、大隋永远

·欧·亚·历·史·文·化·文·库·

通好。"

隋文帝见突厥可汗卑躬屈膝地求和,也就顺水推舟,回报了一定的善意。他的复书道:"收到可汗的上书,知道你有通好之意、向善之心,因此,我也就将你的妻子千金公主视作女儿,将你视作女婿或儿子了。两国既有旧亲,又新通好,那我就派遣特别大使虞庆则等,前来探望我的女儿、女婿,希望你好生接待。"

沙钵略虽然蒙隋文帝承认了隋与突厥的"翁婿关系",但是毕竟对这"低人一等"的地位颇感委屈。所以,当隋朝使团抵达,要求突厥可汗跪拜接旨时,沙钵略却声称有病,只能躺着,无法起身接旨。虞庆则强之再三,沙钵略恼怒起来,坦白地说道:"我突厥的祖传规矩,从不向人下跪!"千金公主见事情要闹僵,遂私下劝虞庆则道:"是否就免了这个跪拜形式吧?突厥人多是畜生之性,与他过分争执,会兽性大发,干出伤人之事的。"结果,幸得同往的长孙晟熟知突厥风俗,了解突厥人的性格,于是对沙钵略好言相劝,软硬兼施,才使得他勉强举行了接旨的仪式,跪下叩头,双手高举,接受玺书,高于头顶。但是,仪式过后,沙钵略又为自己的"臣仆地位"感到委屈,遂与部下一起抱头痛哭。

隋帝不仅因为沙钵略委曲求全的态度,更因为不愿意放任达头－阿波联盟真的坐大,以至打破了突厥的平衡,才对沙钵略施以援手。所以,隋文帝在沙钵略遭到达头和契丹西、东两方合击而走投无路时,允许他暂居漠南的白道川内。嗣后,585 年的七月,又支持沙钵略,击破了阿波可汗的军队。沙钵略因此感恩戴德,立即上表隋帝,恭维文帝为"真皇帝",主动表示突厥愿意"屈膝稽颡,永为藩附"。

隋文帝见此表文,十分得意于"远交近攻,离强合弱"之策的巨大成功,居然仅历数年就见奇效。他旋即颁诏道:"沙钵略可汗统治突厥,称雄漠北,已有多年。以往,大隋与突厥虽然也曾通好,但是毕竟分属两国。如今以君臣相称,那就融为一体了,情谊深厚,更胜从前。朕非常满意,故命有司先上告祖先,再宣示天下,令此喜讯,广为人知。"另一方面,文帝又为沙钵略可汗之妻,原姓宇文的北周千金公主改了姓,赐大隋皇族之"杨"姓,列入杨氏族籍。原来的"千金公主"封号也改为"大义公主",意谓"深明大义",颇含褒奖之意。

　　沙钵略获隋廷的如此"优待",倒也颇为满足,此后便每年都对隋"朝贡"。千金公主(大义公主)则也经历了一段比较轻松的日子,缓解了此前的家仇国恨。然而,一年多之后,即587年正月,沙钵略因病去世,这样,随着突厥汗位的更迭,千金/大义公主又开始了不平凡的经历。

　　先是,沙钵略可汗的儿子雍虞间执意要将汗位让给叔父处罗侯(沙钵略之弟),因为沙钵略曾有遗嘱,认为雍虞间性格软弱,不适宜当可汗。但是,处罗侯很是谦虚,不肯接受汗位。双方反复推让之后,处罗侯才答应继承汗位,称"莫何可汗"。但是,莫何可汗在不到两年之后就中流矢而死了(588年十一月),于是汗位又交还了雍虞间,称"都蓝可汗"。显然,按照突厥的风俗,公主又得改嫁都蓝可汗,这对于千金/大义公主来说,难免窘迫之感。

　　不过,真正的灾难还在后头。589年的二月,隋朝最终击灭了与之对峙八年的南朝陈政权,后主陈叔宝与满朝文武均归降隋廷。隋文帝建此伟业,得意非凡,或许是想炫耀自己的丰功伟绩,他把陈后主的一面精致屏风赐给了大义公主。但是,大义公主的心境与隋文帝却迥然不同。她与杨坚本来就有杀父、灭国之仇,如今见到陈叔宝的屏风,不由得生了猜疑之心——难道是隋文帝故意用同样遭受灭国之灾的陈朝君主的遗物来刺激她?公主越想越悲,越思越怨,情绪十分激动,竟在屏风上题了一首怀念前朝,自叹身世,怨恨和亲的诗:"盛衰等朝暮,世道若浮萍。荣华实难守,池台终自平。富贵今何在?空事写丹青。杯酒恒无乐,弦歌讵有声!余本皇家子,飘流入虏庭。一朝睹成败,怀抱忽纵横。古来共如此,非我独申名。唯有《明君曲》,偏伤远嫁情。"

　　这诗却是惹了祸事:诗的内容显然对大隋的当今皇上大为不敬,埋怨他灭了宇文氏的北周政权,又让金枝玉叶的千金公主远嫁突厥,受苦受难。而隋廷安插在突厥的细作迅速向朝廷报告了此事。文帝当然不能容忍这类"反诗",当下勃然大怒,要立即处置公主。虽然经朝臣相劝,最终没有采取过激行动,但是隋廷对于大义公主的态度却较此前冷

·欧·亚·历·史·文·化·文·库·

淡多了。

正在此时,又有一个偶然事件加剧了事态的恶化。被流放边地的罪徒杨钦,伺机脱逃,投奔了突厥。为了讨好突厥,杨钦竟然编造了一通弥天大谎,声称如今身任隋朝庆州总管的刘昶,曾在北周时期娶了皇族宇文氏的公主,现在为了恢复被杨坚夺走的政权,决定起兵反隋。刘昶特意派遣杨钦前来突厥,请同样源出宇文氏的大义公主密切配合,劝说都蓝可汗发兵骚扰隋朝边境,以完成宇文氏的"复国大业"云云。这番鬼话居然使得都蓝可汗与大义公主颇为心动,于是,都蓝可汗不再向隋廷朝贡,并且还不时地骚扰隋朝边境地区。

隋廷发现突厥的情况有异,便再派车骑将军长孙晟出使突厥,以探究实情。大义公主正对隋廷满怀敌意,且杨钦的一番谎言又给她壮了胆,所以对长孙晟并未稍假辞色,言语之间颇多得罪之处。长孙晟却探知了有关杨钦的言论和行动;并且还听说了名叫安遂迦的粟特商人与大义公主关系颇为"密切"的流言。于是,他旋即将这一切奏禀了隋文帝。

隋廷决定采取行动:长孙晟再赴突厥,直截了当地向都蓝可汗索取"大隋的逃犯杨钦"。都蓝可汗闻言虽然大惊,却矢口否认自己知道此事。长孙晟则不动声色地暗中贿赂了突厥的相关官员,获知了杨钦的藏身之所,突然发难,将其擒获,然后押着杨钦来见都蓝可汗。可汗大窘,只得认错。长孙晟不再责备可汗,却反而装作关心的样子,向他透露了一个"消息":听说大义公主与胡商安遂迦有奸情。都蓝可汗醋意大发,遂与公主反目。长孙晟就这样轻而易举地摧毁了突厥可汗对付隋朝的"夫妻同盟",带着"胜利品"而归了。

鉴于还有情报称,大义公主正与西部阿波系突厥政权秘密联系,旨在共同对付中原王朝,故隋文帝决定以大义公主与胡人私通的罪名,废黜她的公主名号,以示儆戒。不过,时任内史侍郎的裴矩却提出了一个更绝的建议:说动都蓝可汗,杀死大义公主,乘势挑起突厥内乱,进一步降服和控制突厥!于是,又一个对付突厥的离间计正在形成。

都蓝可汗的前任处罗侯(莫何可汗,亦即他的叔父)有个儿子,名叫染干,号突利可汗,其领地位于突厥汗国的北部。突利可汗为了扩张自己的势力,迫切希望也能与隋廷结成姻亲关系。于是,裴矩奉文帝之命,对突利说道:"你要与隋和亲,不是没有可能。但是,今都蓝的妻子大义公主却竭力反对,因为她怕你会分散了她的权势。所以,你只有设法鼓动都蓝可汗,杀了大义公主,才能顺利地与我大隋联姻。"突利可汗利令智昏,居然真的在都蓝可汗面前不断诋毁公主,更用公主"不贞"的流言刺激可汗。都蓝终于难以遏制妒火,在 593 年杀了大义公主。

都蓝可汗随后希望再娶一位隋朝公主,哪知朝廷另有想法。长孙晟分析当前的突厥形势道:"以我之见,都蓝可汗为人软弱,没有定见,往往偏听偏信,反复无常。此前,他由于和西面的达头可汗有矛盾,才比较驯顺地归降了我大隋。如今,我朝若与之结姻,他必然声威大震,那么达头、突利就都会受他控制。这样强大的力量,会加速他的反叛,届时再要约束他,就十分困难了。另一方面,处罗侯的儿子突利可汗倒很诚心,父子两代都与我大隋通好。日前他来求婚,我们曾答应他,处死大义公主后就可以联姻。那么,不如许婚于突利,让他将部落南迁。一方面可以牵制都蓝可汗,保障我朝北境的安全;另一方面,突利的兵力不强,我朝也容易控制,为我所用。"文帝听罢,认为有理,于是下旨,派遣长孙晟去慰谕突利可汗,商议和亲事宜。这样,隋王朝在突厥的都蓝可汗与突利可汗之间,又打入了一个楔子。

5.3　启民可汗愿"为大隋典羊马"

隋廷在对突厥不断进行"离间"和"离强合弱"的过程中,实际上同时也在不断地寻觅合适的"傀儡",以便既可用"合法"的名义帮助本朝控制整个突厥,又能省却隋朝的许多人力、物力。最后,这个目标逐步锁定到染干,即突利可汗的身上,而笼络突利的重要手段之一即是"和亲"。

597 年的七月,突利可汗带着庞大的使团前来隋廷,正式迎娶安义公主。当然,安义公主并非帝君的真正直系亲人,而只是杨氏皇族的宗室之女;即使如此,对于突利可汗来说,这也是极为荣宠的待遇了。隋廷在仪式方面确实没有亏待突利,他们隆重地接待了突利可汗一行,并给予丰厚的赏赐。为了显示隋廷对于这件婚事的重视,文帝还特意下令将突厥使团安置在太常寺下榻,以方便地学习有关皇家婚事的一切礼仪和规矩,如纳彩、问名、纳吉、纳征、请期、亲迎这样的"六礼"。为了令都蓝可汗相形见绌,达到离间突厥的目的,隋廷还特意给予安义公主异常丰厚的嫁妆,并相继派遣太常卿牛弘、纳言苏威、民部尚书斛律孝卿等人率团前赴突利可汗所领之部。突利也频繁遣使赴隋,前后来隋的使者将近四百人。双方往来频繁,向外界展示了非常亲密的关系。

突利部落原来的居地偏北,如今与隋廷联姻之后,长孙晟便向突利建议,希望他率部南迁至于都斤山的原沙钵略据地,以便与大隋"建立更加密切的关系"。突利可汗当然满口答应,遂南迁至度斤旧镇;而隋廷也给予了十分丰厚的物质赏赐。不出所料,隋朝与突利部如此密切的关系,引发了都蓝可汗的妒意和怒火,他骂道:"我是突厥的大可汗,待遇倒反而不及突利! 那干吗还与隋朝通好!"他旋即断绝了与中原王朝的往来,还不时骚扰隋境的居民。不过,由于突利部落已经南迁,往往能够预先得知都蓝军队的动向,通报隋廷,所以隋军通常都能预做准备,迫使都蓝的军队无功而返。

599年的二月,突利侦知都蓝可汗正在积极制作攻城器具,打算攻击大同城,马上通报了隋廷。隋廷迅速派遣尚书左仆射高颎、右仆射杨素、上柱国燕荣等数路大军分别从朔州道、灵州道和幽州道出塞,迎击都蓝。都蓝可汗攻城失败,对突利可汗恨之入骨,遂联结当时势力正盛的西部突厥的达头可汗,合兵奔袭突利,大战于长城附近。突利猝不及防,且敌我兵力悬殊,竟导致惨败,其兄弟子侄都被杀殆尽,部落亡散。只有五名亲卫保护着突利可汗,趁着夜色,与当时正在突厥的长孙晟一起向南逃亡。天明时分,在距离战场百里之所,突利才又聚集到数百名突厥骑兵。

此前,长孙晟本来是建议突利可汗南奔入塞,寻求隋朝庇护的。但是,突利可汗眼见自己目前几乎已成"光杆司令",便担心隋廷不再会重视他,因此与其归降隋朝,还不如投靠西面的达头可汗。"虽然达头这次与都蓝联兵袭击了我,但是恐怕是受了都蓝之骗,因为我与他从来都没有冤仇呀!他与我们毕竟都是突厥人,有着亲谊关系,达头应该会帮助我的。"突利可汗这样对其属下解释道。然而,这番话却被长孙晟探知,他决定设法逼迫突利投奔隋廷。

长孙晟秘密派遣一人,火速前赴南方的伏远镇,要他们立即燃起烽火。突利可汗正想辞别长孙晟,西向投奔达头可汗时,忽然看见南方的四个烽火台都燃起了浓烟,不禁惊奇地问长孙晟,这是什么意思?长孙晟骗他道:"点燃烽烟是警告有外敌来犯。按照我朝的边防法规,如果来犯之敌人数不多,就点燃两个烽火台;若来敌较多,点燃三个烽火台;如果敌人大举来犯,且已经逼近,则将点燃四个烽火台。烽火台的瞭望者站得高,望得远,肯定是已经发现紧急敌情,所以才点燃了四个烽火台吧?"突利闻言,大为惊恐,立即带领部下,跟着长孙晟,匆匆地逃进伏远镇避难了。图20所示,为古代烽火台遗址。

长孙晟立即安顿了突利一行人,将其属下数百骑兵交给隋朝官员统领之后,就伴同突利可汗,一起前赴京城了。当年四月,他们抵达长安。文帝见长孙晟圆满地完成了"离间"任务,诱得突利来归,龙心大悦,一面封赏长孙晟为左勋卫骠骑将军,持节护突厥,另一方面,则在稍后(当年十月)封突利可汗为"意利珍豆启民可汗"(简称"启民可汗"),意思是"意智健"。启民可汗立即上表谢恩:"微臣既蒙圣上恩宠,维持了对突厥部落的治理权,又蒙新设官号,真是万分感谢,没齿不忘。从今以后,我会彻底消除夷狄的野心,一定奉公守法,忠心耿耿地侍奉圣上,永无异心!"

启民可汗安定后,陆续有突厥民众前来归附,很快地就超过万人。于是,文帝命长孙晟在朔州(今山西朔县一带)为启民可汗专门建造了一座"大利城",供他与五六万部落人居住。此外,由于安义公主刚刚去世,文帝就又以宗室女为"义成公主",嫁给启民可汗。启民蒙此"浩荡皇恩",从此更加死心塌地地为隋王朝守卫北方边区。

601年,隋廷认为全面操控突厥的时机已趋成熟,于是以杨素为行军元帅,长孙晟为受降使者,率领大军,护送启民可汗大举北伐。启民可汗以突厥最高领袖的名义,分遣使者前赴大漠南北,招抚各个部落。在随后的一二年间,铁勒、思结、伏利具、浑、斛萨、阿拔、仆骨等十几个部落相继来归,致使与隋王朝为敌的突厥达头可汗一败涂地。启民可汗随即吸纳了达头的残部,基本上继承了蒙古高原地区的突厥领地,亦即此前数任突厥可汗的势力范围。

启民可汗对于隋帝数度出兵,帮助自己击退达头可汗等强敌,并"送"给自己大片领土的恩典,确是感激涕零,难以名状。他一时之间无以为报,便上表隋帝,描述无限感恩的心情:"大隋皇帝,历来悲天悯人,尤其是对于微臣及其臣民,更是关怀备至,费心尽力。我突厥诸部,对此感恩戴德,全都愿意投靠圣上,侍候圣上。如今,我们或者南入长城,或者寄居白道,人口繁多,羊马遍野,都是依赖圣上洪福,方才有此美满生活。我自己也犹如枯木逢春,白骨再生,因此愿意千载万世,长为大隋牧羊放马,永做您的忠顺奴仆。"启民倒也无言行不一,嗣后,他以漠南为根据地,始终与隋政权保持着"友好关系"。

607年的六月,继位刚满三年的隋炀帝巡游北方诸地,抵达榆林。他一心想当"雄主",耀武异域,决定出塞赴突厥之地,遂命武卫将军长孙晟先赴突厥,通报此事。启民闻讯,立即召集诸部及属国的酋长数十人,准备隆重迎接炀帝。长孙晟见突厥牙帐前的地上颇有杂草,便心生一计,借机为大隋立威。他指着那些草,对启民可汗说道:"可汗啊,这些草真香呀!"启民乍闻此言,并未领会其讽刺的口吻,却信以为真,立即伏到地上,去嗅杂草。他嗅了一会儿后,不解地说道:"怎么我闻不出香味呢?"长孙晟却脸色一正,严肃地说道:"大隋天子所到之处,各方诸侯都要亲自洒扫,以示恭敬。如今这些杂草还在,所以我认为是可汗你因它们芳香而特意留下的!"启民可汗这才醒悟,忙不迭地谢罪:"奴才不该,实是有罪!只是我久居边鄙之地,不知大隋法规。今幸亏将军好意提醒,我一定不负浩荡皇恩!"当下拔出佩刀,亲自割草、除根。其他酋长和高官见状,也纷纷仿效。于是,突厥动员大量人力、物力,筑成从榆林北境,经过突厥牙帐,直达蓟州的长达三千里宽百步的"御道",供炀帝巡游时使用。炀帝得知长孙晟的"立威"之法后,大为高兴,称赞不已。图21为唐代阎立本所画的隋炀帝像。

数日之后,启民可汗偕同妻子义成公主来到炀帝的行宫,拜谒大隋皇帝。启民可汗为了表示对隋廷的忠诚,上书皇帝,请求改成华夏服饰。表文道:"当初,先皇文帝可怜微臣,赐予安义公主,并有诸多财物。我的兄弟因妒生恨,要想杀死我。微臣走投无路之时,幸得先帝收留、庇护,乃至封为大可汗,安抚突厥民众。如今,皇上也如先帝,庇护突厥人民,赐予种种财物。微臣感谢浩荡皇恩,实在难以言表。我今已经不是以前的突厥可汗,而是陛下的驯良臣民,因此愿意让所有的突厥人都改作华夏服饰,以示世代忠诚。"炀帝见突厥可汗如此驯服,当然十分得意,不过权衡了"变服"的利弊得失后,最终没有采纳此议。七月,炀帝赐给启民可汗玺书,声称:"近来漠北仍有战事,尚需可汗逐一抚平,因此若换汉人服饰,恐怕不便骑射之术。再者,只要突厥心存恭顺,那又何必改变外表的衣饰。"

炀帝"北巡"的主要目的之一,即是向域外诸族展示隋王朝的富庶和自己的"伟业",所以,他在城东的宽广之处设置了一座大帐,款待突厥启民可汗及各部落酋长。这座硕大无朋的穹帐是由时任工部尚书的建筑大师宇文恺奉旨特制的,可容数千人入座。炀帝升座后,仪仗华贵,鼓乐齐鸣。诸多"夷狄"何曾见过如此宽大的穹帐和如此隆重的场面,都是又惊又喜,争相献上牛羊驼马和各色土产。炀帝为了嘉奖突厥可汗的"忠心",赐给启民丝绸二万段,并有路车乘马、鼓吹幡旗;其他酋长也都获得不同的赏赐。众人高呼"万岁",令炀帝顿时笑逐颜开。

八月,炀帝由五十万甲士簇拥着,延绵数十里,浩浩荡荡地从榆林出发,经云中、金河等地,直往突厥据地。启民可汗则早早地准备了庐帐,在道口恭候大隋皇帝车驾的到来。三天过后,炀帝驾临启民可汗的牙帐。启民万分恭敬地跪伏于地,双手捧着酒杯,高举过顶,向炀帝献酒。他属下的贵人、达官则也都按照中原汉人传统的敬老礼节,在帐前袒露着右臂割切牺肉,一副恭恭敬敬和诚惶诚恐的样子。

炀帝得意非凡,一时兴起,当场赋诗一首,自吹自擂一番:"鹿塞鸿旗驻,龙庭翠辇回。毡车望风举,穹庐向日开。呼韩顿颡至,屠耆接踵来。索辫擎膻肉,韦韝献酒杯。何如汉天子,空上单于台。"言辞之间,竟自命为古今最能征服夷狄的第一帝君!为示"恩宠",炀帝还让皇后前往义成公主的穹帐做客,并赐给启民和公主每人一个金瓮,以及衣服、锦綵等物。启民可汗获此"隆恩",就更加一心一意地效忠于隋王朝了。所以,在启民可汗治下,突厥基本上成了中原隋政权的"驯服工具"。早年长孙晟的"远交近攻,离强合弱"之策收到了预期的效果。

6 始毕的嚣张与颉利的败亡

6.1 李渊卑辞求助突厥

启民可汗卒于 609 年,隋廷因此失去了一个得心应手的傀儡,深感遗憾,因此为他举行了隆重的悼念仪式,并且停止朝会三天,礼遇不亚于皇族显贵。嗣后,炀帝册立启民可汗的儿子咄吉为可汗,称始毕可汗。始毕可汗刚即汗位之时,根基尚未巩固,希望能如父亲一样,也借助中原王朝的声望和威势,遂上表要求隋廷允许他娶启民可汗的妻子义成公主为妻。炀帝遵从突厥的风俗,爽快地答应了,认为始毕可汗也会像启民一样,俯首帖耳地听从中原王朝的号令。

然而,大形势骤然改变,炀帝所期望的"好日子"永远不会重现了。因为隋末中原地区的战乱导致了突厥实力和威望的陡然增强,使之与中原王朝的对比几乎完全颠倒了过来!大致情况是这样的:隋炀帝极端腐败的朝政导致了他在位后期的社会大动乱,有些人被逼无奈而起兵造反,有些人则是野心勃勃,试图趁乱夺取政权。不管怎样,当时全国各地,特别是北方地区,武装暴动此起彼伏,不时有人称王称帝。较为著名的,如窦建德、李密、王世充等。窦建德在 617 年的正月在河间郡乐寿(今河北献县)自立为长乐王,并在翌年更建夏国,号称夏王;历时整整三年。李密在 613 年就参加了杨玄感的反隋武装;至 616 年则参加了更大规模的瓦岗军队伍,并在翌年初称魏公,成为多路反隋武装的盟主。王世充,祖籍西域之胡人,他在隋末虽然形式上帮助隋廷镇压民间的武装暴动,但是暗中却乘机扩张自己的实力。在炀帝被杀之后,他以拥戴杨侗为帝的名义,专擅朝政;619 年,更是直接取而代之,建郑国,自称帝。

·欧·亚·历·史·文·化·文·库·

群雄纷起争霸,一方面大大削弱了中原政权的实力,另一方面,许多武装的首领联合或者投靠突厥的做法,则更加剧了隋与突厥此消彼长的形势。例如,原为金城校尉的薛举在隋末造反,自称"西秦霸王",数日间尽得陇西之地,兵众达十三万,从而在617年的三月称帝。为了实现更大的"雄心壮志",薛举用大量钱财买通突厥,邀其派遣骑兵,共同夺取隋朝的都城。又如,隋末任鹰扬府司马的武威人李轨,几乎在薛举起事的同时,与曹珍等聚众造反,率诸胡人深夜擒缚郡丞等人,建元置官,自称"河西大凉王"。接着便与突厥联兵,突厥曷娑那可汗率两千多骑兵前来配合。至618年冬天,李轨更是僭称帝号,攻陷张掖、敦煌等城池,拥有河西五郡之地。

再如,夏州的豪族,出任隋朝鹰扬郎将的梁师都,勾结党徒数十人,杀了郡丞唐宗,据郡造反。随后,联结北方的突厥,自称"大丞相",接连夺得弘化、延安等郡。未几,梁师都又建梁国,称皇帝,并接受突厥始毕可汗的封号,称"大度毗伽可汗",让突厥人进据河南之地。至于曾为马邑鹰扬府校尉的刘武周,也是在617年杀死马邑太守而举兵起事的。他随后自称太守,并立即遣使突厥,表达依附之意,从而获得突厥之助,大败隋军。于是,突厥册立刘武周为"定杨可汗",赐以狼头纛。刘武周因此势力大盛,亦自称帝。

正是在隋末这样纷乱的形势下,本来长期受到隋廷压抑和控制的突厥,骤然变成了足以傲视隋廷的强大政权,几乎成了北方暴动诸雄争相奉承和依附的"香饽饽",势力陡增。同时,这一局面又形成"良性循环":中央欧亚的其他游牧或绿洲政权,鉴于突厥的强大,也多纷纷归附,如东方的契丹、室韦,西方的吐谷浑、高昌等国均臣属之。因此,当时的突厥号称"控弦百余万",甚至令后世的史家有"北狄之盛,未之有也"的慨叹!

而在稍后创建历时三百年的唐王朝的李渊,当时亦如其他的"争霸英雄"一样,低声下气地借助突厥的军事威力和声势,比较顺利地夺取了杨氏的隋政权。图22所示,为唐高祖李渊的画像。

李渊祖籍陇西成纪(今甘肃秦安附近),在七岁时就继承了世袭封爵"唐国公",至隋大业十三年（617年）时,任太原的留守。当时已经天下大乱,群雄并起,隋政权处于风雨飘摇之中。李渊的部下和儿子们都主张他也举兵造反,趁乱问鼎中原。于是,李渊命亲信们悄悄地招募兵勇。但是,作为副手的郡丞王威和武牙郎将高君雅却察觉到了若干动静,为防止李渊生变,假意请李渊前往晋祠祈雨,企图突出伏兵而擒获之。不过,这一阴谋却被晋阳的乡长刘世龙探知,他就偷偷地通报了李渊。李渊表面上假装一无所知,实际上则打算率先下手。五月的甲子日（十五日）,他邀请王威和高君雅前来衙门商议公事。王、高二人不知就里,竟然落入圈套中,被李渊以"私通北蕃,引突厥南寇"的罪名抓捕,监于狱中。

凑巧的是,两天之后,真的有数万突厥骑兵开赴太原而来。李渊大惊之下,只能采用"空城计":一方面分配属下有限的兵力,秘密地守卫在几个紧要之处,不到万不得已,不与突厥发生冲突,甚至避免与之直接见面;另一方面则大开城门,绝不阻止突厥人入城。因为他很清楚,凭着自己的这些兵力,根本无法阻挡剽悍的突厥骑兵。但是,突厥人对此情形却惊疑不定,他们搞不清李渊究竟在搞什么阴谋诡计,犹豫再三之后,突厥人终于因惧怕对方的精锐伏兵而未敢进入太原城内,就此匆匆离去。这样一来,不仅李渊的文武官员们庆幸躲过了一劫,太原的众多军民也真的认为王威、高君雅确有"私通突厥"之事,因此,王、高二人随后被杀,也就无人质疑了。

借此机会,李渊公开举起了"义旗",声称,当前生灵涂炭,他欲尽自己所能,救济众生,还天下以和平安宁。但是,李渊目前的武装力量远远无法帮助他实现这一"宏图"。于是,他像其他许多造反者一样,也试图从突厥人那里获得军事支持。他写了一封致突厥始毕可汗的亲笔信:"日前,可汗的大军不知为什么要来太原,转眼间却又为何匆匆离去? 一来一去,不明所以,或许是上天的意志使然吧? 不管怎样,我顺从天意,故也并不派兵追击。那么,可汗是否与我一样,也应该顺应天意而行呢? 目前,隋朝的国运已衰,社会动乱,百姓穷困。面对这种局势,如果我们不出手援救,最终肯定会遭天谴。我现在决定响应天

·欧·亚·历·史·文·化·文·库·

意,大举义兵,拯救众生于苦难之中,恢复天下的和平与安宁。希望可汗能与我共同进退,拥立新的隋朝帝君,维护社稷安泰。我们保证仍如以前一样,与突厥和亲,世代友好。可汗如果能够接受我的建议,一起进兵中原,那么,一旦功成,可汗可以获得大量美女、宝物。如果可汗顾虑兵马劳顿,不愿深入南方腹地,那也无妨,你只要为我提供若干壮健军马,与我后方和平相处,则也能坐享其成,获取无数钱财、物品。有何想法,敬请裁定!"

李渊写好此信之后,郑重地装入信封,落款却是"李渊启"!这一"启"字令属下大有异议,因为按照惯例,它是位卑者对位尊者讲话时才使用的;所以,李渊对突厥可汗使用"启"字,岂非自己主动承认是突厥的臣属了吗?部下因此建议李渊改"启"为"书",反正突厥文化落后,不懂汉字的微妙区别;他们贪财,只要多给些钱财就行了。

李渊却十分认真地解释道:"唉,你们真是不通道理呀。你们想过没有,自从隋土动乱之后,有多少汉族儒生逃奔域外避祸呀?他们可都是知书达理之辈,将中国的礼仪带到了蛮夷人中。因此,现在的突厥人未必看不懂我们的书信哪。突厥等异类,本就多疑,我若真正敬重他们,他们尚且还可能不太相信我;我如果确实有轻视他们的表现,岂不是更会招致猜忌和敌意了?古语云'屈于一人之下,伸于万人之上',意谓略受暂时的小委屈,可获长远的大利益。你们难道连这个普通的道理都不懂吗?再说,'启'不过是区区一个字,总不值千两黄金吧?我如今贿赂突厥的何止千两黄金,那又何必再吝惜一个字呢?"

就这样,未来的唐朝开国君主李渊向突厥称臣而乞求军事援助的信,由大将军府司马刘文静作为使臣带给了突厥可汗始毕。此信不但引起了当时的李渊部下的反感,多年后继他为帝的儿子唐太宗提到此事时也仍然感到"痛心疾首",引为奇耻大辱。但是,无论是当年的李渊还是后来的李世民,都认为即使如此"屈辱",也还是必须做的,因为毕竟这是"政治",不得不用最现实的方式处理它。

突厥的始毕可汗接到此信后,见身为"唐国公"的李渊如此谦卑和慷慨,不由得十分高兴,立即转告各文武大臣。突厥群臣却纷纷表达意见："我们知道唐公并非凡人，如今所干之事果然不同凡响。唐公目前拥有太原，日后必定能够拥有天下。我们确实应该追随他，那么今后就不愁没有美女、宝物和美味的酒食了。但是，唐公说要拥立隋帝，我们却不同意！我们不服隋帝，只服唐公。所以，只有唐公自己当皇帝，我们才会追随他，共患难，同享福！"

始毕可汗当即把群臣的这些意见写进了给李渊的复信中。太原的众官知道后，都欢呼雀跃，李渊却仍一再表白，自己不愿意"背叛"隋廷。实际上，这不过是李渊的一种表演罢了，他内心却早已乐开了花。他迅速复函突厥，同意他们的要求，并且要求购买突厥的战马。于是，始毕可汗很快就派遣以粟特人康鞘利为首的高级官员们带着一千匹良马，前来太原交易；同时，还答应派兵与李渊一起进军长安。

6.2　义成公主的"仇唐"情结

李渊以和亲、财物和谦卑的态度换得了突厥的军事援助，给他的中原争霸事业添加了一个不小的砝码。所以，李渊最终得以创建唐王朝，突厥之助应该是成功的因素之一。不过，这个借助外力的权宜之计显然也具有很大的弊病：始毕可汗从此以后就居功自傲起来，他的使者来到长安之后，往往态度倨傲，缺乏礼貌，提出的物质索求经常令唐朝廷难以接受。唐高祖李渊鉴于政权初建，军力单薄，只能尽量忍让，不敢与之认真计较，在礼遇和物质赐予上特别优待。如武德元年（618 年）始毕可汗派遣骨咄禄特勤来使时，太祖亲自在太极殿宴请突厥使团，奏《九部乐》，赏赐各人丰厚的钱财与丝绸。

然而，始毕可汗却不太领情，他在这不久后的翌年年初，就率军渡过黄河，侵犯夏州，与中原叛帅梁师都联兵，抄掠边区；同时，又遗五百骑兵协助刘武周，欲侵太原。突厥的这些举动令刚登帝位的唐高祖十分烦恼和尴尬：他不能长期对突厥人的无理和侵犯置若罔闻，但一时之间却又无力改变这种局面，陷入了进退维谷之境。好在始毕可汗旋即去世（619 年的二月），其儿子什钵苾年纪尚幼，不能继位，遂由其弟俟利弗失继位,称"处罗可汗"。突厥高层权力的更替稍稍缓解了对唐廷的压力。

新可汗处罗也依照突厥风俗,将义成公主转为自己的妻子。义成公主虽然是隋朝的皇族女子,但毕竟是"中国公主",故处罗可汗在形式上仍当征求唐廷的允诺。他遣使来唐,一是报丧,二是要求再尚义成公主。唐高祖当然乐见其成,于是,隋朝杨氏的义成公主在和亲突厥二十年后,第三次嫁给了又一位突厥可汗;不过,她这次是代表了李氏的唐王朝。

义成公主历经中原的隋、唐两个王朝,相继嫁给突厥的启民、始毕、处罗三任可汗,其地位之特殊和复杂,历来罕见。一方面,她是"中国"与突厥之间"友谊"的象征,维系着双方的"亲谊关系"。正因为如此,新王朝的唐帝李渊充分认可了这层和亲关系,非常优渥地对待突厥人,以尽量缓解唐廷与突厥之间的不友善气氛。例如,他给予这次前来报丧的突厥使臣以高规格的接待,为始毕可汗举哀,废朝三天,还下令百官都要到驿馆去问候突厥使臣,表达哀悼之意。此外,更特遣内史舍人郑德挺为使,前赴突厥,赐丝帛三万段,以为吊唁。处罗可汗得此好处,自然也以善意回报——此后更加勤于遣使"朝贡"。当然,这实际上还是冲着唐廷的"回赐"之物而来的。不管怎样,这些现象都可以视作为因义成公主而产生的直接或间接的积极成果。

但是,义成公主的特殊身份却也导致了负面影响:她毕竟是前朝隋皇族的宗室女,其血缘的源流使之和亡于唐的隋朝皇室成员有着千丝万缕的联系;而突厥却有意无意地利用了这层关系。起初,隋炀帝在618年的三月被逆臣宇文化及杀死,宇文化及本人未几又被窦建德击败,炀帝幸存的家室成员便落入了窦建德的手中,其中包括炀帝的萧皇后以及他的孙子(齐王暕的儿子)杨政道。新立的突厥处罗可汗则在620年的二月从窦建德处迎来了萧皇后和杨政道,册立杨政道为"隋主",建都定襄城(在今山西省,属忻州市);凡是隋末逃亡突厥的隋廷"遗老遗少"全都归属于这位"君主",设立百官,一切典章制度则都依照前隋。

66

处罗可汗扶植这个傀儡隋政权,可以说是为了慰抚妻子义成公主,聊解她的亡国忧思;也可以说是为报隋帝之"恩"(他确实公开声称,他之所以扶助杨政道,是因为昔日隋帝帮助了他的父亲启民可汗复国),当然也可以视作是对新建唐政权的示威和挑衅,以"隋"来抗衡唐的势力扩张。无论如何,这对于初登帝位的唐高祖及整个唐政权来说,绝非一种善意,甚至是令其在政治和道义方面都颇为难堪的一种做法。但是,当时的唐政权对此却无可奈何,暂时只能装聋作哑,置若罔闻。

处罗可汗对唐的伤害不止于此,还有更直接的劫掠和军事攻击。例如,他虽然派遣兄弟步利设率两千骑兵协助秦王李世民击溃刘武周(620年的四月),却又放纵突厥军队在并州城内大掠三日,以至本来打算犒劳突厥"友军"的并州总管李仲文根本无力制止(620年六月)。令唐廷更不能容忍的是,他听从梁师都的建议,居然打算与梁师都联兵,从原州、延州、幽州等数道并入,大规模入侵唐境,效学当年的拓跋魏,占领中原。幸得大军尚未发动,他就猝然去世(620年的十一月)了,这才避免了一场巨大的战祸。

处罗可汗的突然去世,对于唐朝来说,当然是一件大好事;但是正因为出现了如此凑巧的"好事",才使得突厥人十分怀疑是唐人谋杀了可汗。原来,由于此前处罗可汗与刘武周勾结而侵唐,唐廷派遣太上卿郑元璹前去突厥劝说,处罗可汗则不接受。却不料未隔多天,他就暴卒了。突厥人因此怀疑是郑元璹毒死了可汗,遂把他拘禁起来。这使得双方的关系紧张起来。

义成公主由于已是突厥政坛的"三朝元老",故颇有了话语权。她废黜了处罗可汗的原定继承者,其子奥射设,因为他既软弱又丑陋,不足以担当可汗的大任;另立处罗可汗的兄弟,即启民可汗的第三子咄苾为可汗,称颉利可汗。而依据突厥惯例,义成公主再嫁给新可汗颉利,开始了她在突厥的第四次婚姻。随后,颉利可汗任命始毕可汗的儿子即自己的侄儿什钵苾为突利可汗,并作为使臣,前赴唐廷,报告处罗可汗去世的消息。尽管突厥仍然扣留着唐朝使臣郑元璹,但是唐高祖却并未立即以牙还牙,而是依然用高规格接待了突厥使团,为处罗的丧事

·欧·亚·历·史·文·化·文·库·

罢朝一日,并命百官都前往驿馆,向突厥使臣吊唁。

唐廷的善待突厥,却并没有改变颉利可汗的骄横态度。他从中原获得了无数财物和美食,却依然贪得无厌,并且言辞傲慢。据说,颉利可汗之所以有此傲度,与一个人的唆使颇有关系,此即义成公主的堂弟杨善经。隋政权灭亡之后,善经避祸,逃往堂姊义成公主处,见她对突厥可汗颇有影响力,也就逐渐胆大,敢于对可汗说些话了。到了后来,他甚至劝颉利可汗道:当初启民可汗之所以得以重掌突厥大权,并且给子孙们留下丰厚的遗产,全靠隋文帝的鼎力相助。但是,如今的唐皇却非杨隋之后,所以,突厥应该帮助隋主杨政道,夺回中原,以报昔日隋帝之恩。颉利可汗对这类话很听得进,再加上利益的驱使,遂不断地侵犯唐境。

唐高祖武德四年(621年)四月,突厥相继寇侵雁门、并州;五月,突厥又寇掠边境地区;八月,突厥寇侵代州;九月,又侵并州、代州。颉利可汗如此频繁地侵扰,令唐廷穷于应付,因此,朝廷不得不在翌年(622年)三月派遣特使前赴突厥,赠送诸多财物,并且允诺与之和亲通好,颉利可汗这才答应和解,并且交回自从处罗可汗去世一直被扣押的至少三批唐廷使臣。但是,未满半年,即当年八月,突厥又调发大军,相继寇侵珉州、雁门、并州、原州、廉州等地。当时的情况是:从介休到晋州,数百里地之间,漫山遍野地布满了突厥的精锐骑兵,多达数十万之众。

唐帝无奈,只能派遣曾经多次出使突厥,九死一生的太常卿郑元璹再赴突厥,好言相劝颉利可汗,诱之以利,声称突厥只要撤军,就能"无跋涉之劳而坐收金币",并且还能与唐和亲。简言之,唐廷仍然使用了李渊当初向突厥借兵时的方式,许以厚利,诱以美女,低声下气地乞求"和平"。最后,颉利可汗终于引兵而还,唐廷方始暂时缓了口气。

尽管如此,两年过后,即武德七年(624年)八月,颉利可汗与其侄儿突利可汗竟然又率领举国之兵,大肆入侵唐境,从原州(今宁夏南部,属固原市)进入,直趋南方。翌年七月,颉利可汗再率军十多万,大掠朔州(在今山西省西北部)、太原等地。唐廷方面派遣的御敌主将则都是唐高祖的次子,秦王李世民。幸赖秦王善于用兵,对颉利和突利分化瓦解,软硬兼施,才堪堪化解了这两次莫大危机。所以,综观唐高祖李渊起事和称帝的十年期间,中原政权相比突厥,都处于弱势的地位,依靠有限的抵抗和大量的财帛贿赂,才勉强维持了相对稳定的局面。直到李世民继承帝位(626年八月),经过三年的准备,才最终击灭了长期威胁中原政权北境安全的东突厥汗国。

6.3　唐太宗击灭东突厥

　　武德九年(626年)六月初四,唐政权的高层发生了可谓"宫廷政变"的大事,唐高祖李渊的三个儿子相互火拼,最终有两人被杀。其大致经过是:李渊的长子李建成早就被立为皇太子,次子李世民则极有能力,遭太子所忌,四子李元吉是太子的"同伙"。李世民得知李建成和李元吉要谋害自己,于是先下手为强,于六月初四伏兵于皇宫的北门玄武门,待到李建成等经过时,伏兵突出,诛杀了太子和李元吉。事成后,李世民奏报父皇,声称太子要造反,故已讨平之。李渊无可奈何地接受了既成事实,顺水推舟,旋即改立李世民为皇太子,并在两个月后把皇位也传给了他,自己则当了"太上皇"。图23所示为唐太宗画像。

　　这件震惊中外的大事不免使唐政权有所动荡,颉利可汗因此趁机大举兴兵,在唐太宗继位仅二十多天后,就率领十万大军挺进到首都长安城外的渭水便桥(今西渭桥,位于今咸阳市西南9公里处)之北。唐太宗只得亲自率领部队,隔着渭水与颉利可汗对话;颉利可汗鉴于唐军军容整齐,摸不透唐军的真实兵力,故在唐廷允诺大量财物之后,最终答应和解。唐太宗惊险地度过了这一关,但也痛感到必须彻底削弱突厥,才能避免日后再遭受此类风险和屈辱。于是,唐太宗开始了一系列彻底击灭突厥的准备工作。

　　大造舆论,是其准备工作之一。唐太宗经常对将士们说,古代诸帝君,若是善于用兵,将士能征惯战,就不至于屡遭外族侵凌而无可奈何。如今,我不准营造宫室,反对奢侈浪费,而是要求将士们勤习弓马,就是为了提高我方的战斗力,彻底打击突厥的嚣张气焰。

·欧·亚·历·史·文·化·文·库·

　　亲自教习将士战斗之术，是另一个准备工作。唐太宗每天亲自带领数百将士，在殿前操练射术和刀枪之法。有些文官谏道，兵刃本是凶器，不宜成天舞弄，帝君更不宜频繁地亲临亲为。但是，太宗对这类议论置若罔闻，依然与众将士不断地演习。皇帝的热情大大鼓舞了武将们的士气，因此，全军的武艺在短时期内突飞猛进，将士个个斗志昂扬，大有与突厥决一死战的气概。

　　太宗见军心、军力渐趋成熟，知道不久便可用兵了，于是更加积极地寻觅打击突厥的最佳时机。实际上，在贞观元年（627 年）就已出现一些战机：居于阴山以北的薛延陀、回纥、拔也古等游牧部落背叛突厥，迫使突厥的欲谷设败逃。颉利便派遣突利可汗前往讨伐，突利却遭败绩，只剩得轻骑逃归。颉利可汗勃然大怒，当即将突利拘禁十天，以示惩罚。突利因此产生怨恨，想与唐廷联军，打击颉利。当时，太宗否决了此议，其公开的理由虽然是堂而皇之的"不能背约"（去年渭水便桥的"白马歃盟"），真正原因却还是己方的人力、物力尚未完全准备充分。

　　但是，到贞观二年（628 年），太宗则开始采取主动的行动了。薛延陀因西突厥内乱，酋帅夷男率领七万余帐依附于东突厥颉利可汗。嗣后，颉利政治衰腐，夷男又反叛东突厥，大败颉利可汗。太宗获悉这一消息后，就派遣游击将军乔师望偷偷地从小道前赴薛延陀，册封夷男为"真珠毗伽可汗"，并赐以鼓纛。夷男大喜过望，立即遣使回访，进贡马匹等土产，愿与唐廷结好，共同对付突厥。

　　翌年（629 年）八月，薛延陀的新封毗伽可汗派遣其弟统特勤前来唐廷"朝贡"。唐太宗有意利用薛延陀来抗衡突厥，故不仅隆重接待了使团，并特赐薛延陀可汗一把宝刀和一条宝鞭，还解释道："可汗所率的各部，凡有大罪者，可用此宝刀斩之，犯小罪者，则用此宝鞭击之，犹如我大唐皇帝亲自动手一般！"这番话亦即表明，唐朝即是薛延陀的强大政治和军事后盾！此话旋即传到突厥颉利可汗耳中，他顿时惶恐异常，在与文武百官商议一番之后，立刻遣使唐廷，表示雌伏称臣，并希望能娶唐公主，愿执"女婿"之礼。

至此，唐太宗知道彻底击灭突厥的时机已经成熟，其他公卿大臣也多看清了这一形势。代州都督张公瑾的上书代表了大多数人的看法，他说道："臣以为，鉴于以下六点原因，我朝已经可以一举讨平突厥：第一，颉利可汗内政腐败，诛杀忠良，信宠奸臣；第二，原来依附突厥的薛延陀等部落，现在都已背叛突厥；第三，颉利自己的掌权亲人，如突利可汗、拓设、欲谷设等，也都被他得罪遍了，使之完全孤立；第四，近来，突厥境内发生严重的旱灾和霜灾，导致粮食匮乏；第五，颉利可汗重用粟特人，却疏远本族的突厥人，所以得不到突厥民众的支持；第六，突厥境内本有许多近年躲避战乱的中国人，因此我朝大军一到，他们必定会起而响应。"

　　太宗认为张公瑾归纳得很好，于是立即下令：鉴于突厥颉利可汗表面上向唐请求和亲，私下却协助梁师都反唐，两面三刀，不可信任，故应予击灭！遂任命兵部尚书李靖为行军总管，张公瑾为副，分兵多路，全面出击突厥：李靖和张公瑾从定襄道出，并州都督李勣、右武卫将军丘行恭出通汉道，左武卫大将军柴绍出金河道，卫孝节出恒安道，薛万彻出畅武道。这五路大军的出动，造成的声势极大，尤其是对突厥诸部来说，其威慑力更是巨大无比。所以，迄于当年的十二月，就相继有突厥的突利可汗、郁射设、荫奈特勤等率领本部前来归降唐廷。

　　当时，颉利可汗的牙帐设在定襄城。李靖分析形势后，决定采用偷袭的方式。他在贞观四年（630年）的正月，冒着风雪，亲率三千名骁勇骑兵，轻装出发，悄悄掩至定襄城南的恶阳岭。当天深夜，他们疾驰而下，破城而入，令颉利可汗惊惶失措。颉利惊呼道："若非唐国倾全部兵马前来，李靖怎敢冒险闯我牙帐？"一念及此，他再也不敢抵抗，立即带领少数人马，匆匆逃窜，到了碛口才安顿下来，重新设置牙帐。李靖则再接再厉，利用他早就安插在颉利队伍中的谍报人员，散布谣言，离间颉利与其部属。果然，本来效力于颉利的粟特商人康苏密，终于见利忘义，劫持了"隋主"杨政道以及炀帝的萧后，前来投奔唐军。

　　颉利可汗带着仅剩的数万兵马，逃入铁山，暂时避难。但是，他也明白，此非长久之计，唯有拖延时间，才能有东山再起的机会。于是，他

·欧·亚·历·史·文·化·文·库·

派遣心腹执失思力前往唐廷,痛哭流涕地表示"谢罪",卑躬屈膝,愿意"举国内附"。实际上,他企图等待开春后,草青马肥之时,伺机逃往漠北,再建旧业。唐太宗对于突厥的"归降"诚意,倒似乎并不怀疑,他随即派遣鸿胪卿唐俭、将军安修仁持节前赴突厥,安抚颉利可汗,并要李靖护送他一起进京。颉利可汗稍感心安,以为得计。

然而,前方的统帅李靖却并未被这表象所迷惑,他对李勣说道:"依我之见,颉利是不会心甘情愿地归降我朝的,因为他仍有一定的实力。如果他能够前往漠北,得到回纥九姓部落的支持,则仍能与大唐对峙。一旦形成此势,我军路途遥远,恐怕再也奈何他不得。因此,我们不如挑选一万精锐骑兵,只带二十日的粮草,趁颉利可汗接奉安抚之诏而放松警惕的时机,突然袭击,必能一举成功,不战而擒获颉利!"李勣赞成这个提议,于是他们向副帅张公谨通报了此事。但是,张公谨却有疑虑,他说道:"皇上已经颁下诏书,接受颉利的归降;我们若再进击,岂非有违旨之嫌?再说,唐俭等使臣还在突厥牙帐,我们若发动进攻,不就会使他们陷于险境吗?"李靖断然说道:"正因为受降的使臣还在突厥牙帐,颉利可汗才会放松戒备,让我们轻易取胜呀!再说,为了大局,即使牺牲几个使臣,也还是值得的!"

于是,贞观四年(630年)二月,李靖连夜发兵,李勣随后跟进。大军抵达阴山时,发现了千余帐的突厥人,遂一并擒获,随军再进。李靖派遣苏定方率领二百名骁骑作为先锋,趁着凌晨雾气的掩护,悄悄地逼近颉利可汗的牙帐。

至于颉利可汗,在见到唐廷遣来的安抚使臣后,确实轻松了不少,也就不再高度警惕唐军来袭。所以,直到苏定方的先锋部队相距颉利牙帐一里左右时,突厥人才有所察觉。唐军立即冲杀上去,颉利被唐军的冲锋声和突厥人的惊呼声吵醒,近日已成惊弓之鸟的他,再也不敢细辨敌我实力,匆匆地跃上自己的千里宝马,仓皇地脱逃了。所以,当李靖的主力部队抵达时,突厥阵营已经大乱,那些将士有的逃跑,有的被杀,却鲜有抵抗者。

这一战,除了颉利可汗暂时脱逃以外,唐军的胜利果实极为丰硕:

斩敌首级万余,俘获军人和百姓共十多万,此外并掠获牲畜数十万头。而"和亲"突厥三十年,相继当过四任可汗之妻的义成公主则被杀,其子叠罗施被擒,成就了又一个"和亲悲剧"。令李靖等松了口气的是,唐廷使臣唐俭等有惊无险,侥幸未受伤害。一个月后,逃往舅公苏尼失处的颉利可汗也被行军副总管张宝相生擒。图24为李靖画像。

　　至此,东突厥汗国彻底灭亡。唐太宗继位仅三年之后,就完成了前朝帝君数十年未能实现的"壮举",这实在是值得骄傲和高兴的,同时,这也使得李世民憋在心头多年的一股恶气得以舒坦地吐出。他接获前线的捷报后,高兴得哈哈大笑,遂对众大臣说道:"古语云:若君主有忧患,臣下必将受凌辱;若君主受凌辱,则臣下可能会丧命。而我朝在当初草创之际,太上皇为了百姓的安宁,不惜称臣于突厥,其所受凌辱不可谓不大。我等臣下无不痛心疾首,睡不好觉,吃不下饭,全都暗自发誓,日后一定要击灭突厥,雪此大耻。今天捷报传来,突厥果然败亡!大唐的国耻得以洗刷,真是大快人心哪!"当即下旨,大赦天下,全民宴饮五日。

7 西突厥的衰落与灭亡

7.1 西突厥的鼎盛与内乱

就辖地之广、影响之大和历时之长诸般因素而言,室点密系的突厥政权最有资格号称"西突厥"。当达头之孙射匮可汗在 7 世纪 10 年代将阿波系突厥的势力逐出西域,并在随后数年内征服铁勒之后,更是奠定了这一世系的西突厥汗国与以漠北为根据地的东突厥汗国分庭抗礼的局面。当时,西突厥的东疆已经推进到了天山东部地区;阿尔泰山以南至博格达山以北的广大地区,以及今南疆东部的伊吾、高昌、焉耆等绿洲政权也都被置于它的势力范围。继续为西突厥汗国开拓疆域和增强实力的,是射匮可汗的兄弟统叶护可汗。他约于 617 年或稍前继承汗位;西突厥的国势在统叶护可汗在位期间臻于鼎盛。

统叶护的业绩主要在于葱岭(帕米尔高原)以西地区的经营,他将汗庭再度西迁,置于伊塞湖以西的楚河流域,即是为了更好地控制伊犁河、楚河、锡尔河、阿姆河流域等地。最初,室点密和达头时代,西突厥的汗庭设在龟兹以北的天山谷地;后来,射匮可汗遭到阿波系突厥的迫逐,一度西迁到锡尔河一带;射匮东山再起后,向东扩张领土,其统治中心又回到了龟兹北的三弥山;统叶护则出于向西扩展的需要,把汗庭再西移到帕米尔高原以西。

著名高僧玄奘自贞观初开始西行求法,曾经在中亚会见过突厥的统叶护可汗,见识过他的汗庭,得到过他的帮助,还游历过他所控制的西域诸国。其亲身经历足以展示出西突厥汗国在鼎盛时期的"国威"。

高昌王赠送了玄奘大量钱物,足够他往返二十年之用;并又派遣殿中侍御史欢信(粟特人)一路护送他抵达统叶护可汗在葱岭以西的驻踔地。高昌国王与可汗是姻亲(高昌王的妹妹是统叶护可汗的儿媳),关系相当密切,故致函突厥可汗,要求他尽可能给予玄奘种种方便。

正在素叶城(亦作碎叶,在今吉尔吉斯斯坦的托克马克城西南)休闲、狩猎的统叶护可汗先是在狩猎场所会见了玄奘。他身穿绿色的丝袍,头发很长,用丝帛束缚着,垂在脑后。随行的公卿大臣为数甚多,达二百余人;他们也都穿着锦袍,长发结辫,簇拥着可汗。在他的身后不远处,更是分布着大批军将,持刀执弓,端坐马上,威武之极。可汗十分客气,对玄奘表达了敬崇和欢迎之辞后,带着歉意说道:"我正好有点事情要办,不能马上陪伴法师,所以只好请您先赴官邸休息。我在两三天后便会回来,届时再与法师欢聚,敬请法师谅解。"随后,便命一位名叫答摩支的官员护送玄奘前赴官邸。

三天过后,统叶护可汗邀请玄奘前来自己的牙帐做客。这座牙帐硕大无比,并且装饰豪华,帐内帐外都用金花点缀,光彩夺目。玄奘离大帐还有三十多步之处,可汗就走出帐来,恭敬地迎候了。帐内排着两列长筵,供突厥的文武百官侍坐,他们全都锦衣华服,展示了最高的礼节。公卿大臣们的背后则站立着手执兵杖的宫廷卫队,个个气宇轩昂。这种排场令玄奘叹为观止,推测统叶护当是游牧政权的酋帅中最为风光的可汗了。

按照突厥人的习俗,是不用木头制成椅、凳,坐在股下的,而是直接坐于铺在地面的蓐子上。但是,为了尊重中原汉人的生活习惯,他们特意为玄奘准备了一把铁制的宽大交椅,铺上柔软的兽皮,十分舒适。在阅过高昌国王的书函,接见过高昌国王的使臣,以及倾听了玄奘的西行求法宏愿后,统叶护可汗大加赞赏,表示一定会尽力帮助他完成这一伟大善业。盛宴上,觥筹交错,众人欢饮,同时伴有别有风味的西域乐舞,赏心悦目。可汗尊重玄奘戒荤戒酒的佛教信仰,特意为他烹制了精致的素斋,并以中原罕见的葡萄浆为饮料,食品则有饼饭、酥乳、石蜜和各类水果。宴饮之后,应可汗之邀,玄奘为众人说法,讲解《波罗蜜多经》等佛理,大家礼貌地表示信服。

在素叶城停留数日后,玄奘再度启程,前赴印度。临行之际,统叶

·欧·亚·历·史·文·化·文·库·

护可汗觅得一位通晓汉语和西域数国语言的青年,以"摩咄达官"的身份充任玄奘的翻译;同时带着突厥致南方各国的国书,要求他们好生接待玄奘。可汗又赠送玄奘绯绫法服一套、绢五十匹,并热情地与文武诸官恭送玄奘出城十余里,方始珍重道别。图25所示为玄奘西行图。

嗣后,玄奘所游历的许多城池和小国,仍然处于突厥的势力范围之内。他先是西行四百多里,抵达统叶护可汗的避暑胜地千泉;后又至稍西的呾逻斯城(今哈萨克斯坦的江布尔城附近);再向西南,经今塔什干地区(在乌兹别克斯坦境内),渡锡尔河,进入粟特的中心地区撒马尔罕、布哈拉等地;后则抵达险要的关塞铁门(今乌兹别克斯坦南端的铁尔梅兹),南渡阿姆河后,进入吐火罗国故地(在今阿富汗境内)。这一大片地区当时也被统叶护的西突厥所控制,因为统叶护的长子,亦即高昌国王的妹夫呾度设在此主宰着政局。

由此可知,在统叶护可汗的统治时期,西突厥汗国在南方的领域和影响力,实际上已经超过了其祖先室点密时期。因为室点密时与波斯是以阿姆河为界而划分势力范围的,但是统叶护时的突厥势力则已经进入了以南的吐火罗地区。

不过,好景不长,就在统叶护会见玄奘之后不久,西突厥汗国就爆发了内乱,并且从此衰落,直到彻底灭亡。628年,统叶护可汗的伯父杀害了他,篡位自立,号称莫贺咄侯屈利俟毗可汗。但是,莫贺咄的资历和能力并不足以服众,所以,许多突厥部落都不承认他的权威,弩失毕五部便推举其中一部的酋帅泥熟莫贺设为可汗。但是,泥熟认为自己也无资格继承西突厥的大可汗,遂坚决推辞。而当时,统叶护的儿子咥力特勤为了逃避莫贺咄的追杀,正托庇于粟特人;于是,泥熟便将他迎来,立为统叶护的合法继承者,号称乙毗钵罗肆叶护可汗。

肆叶护可汗遂与莫贺咄激烈交战,却是互有胜负。双方为了张大声势,都想争取唐廷的支持,于是频繁派遣使者赴唐,请求与之通婚。此时唐太宗初登帝位,国内外都有许多要事未了;对外方面,更需尽快解决的问题也是相当嚣张的东突厥颉利可汗,而非忙于内战的西突厥。所以,唐太宗只是说了些"你们自己打得不可开交,连谁是君谁是臣都尚未定夺,哪里谈得上与我大唐通婚？各方还是赶快和谈,让政局稳定之后再说吧"之类的敷衍话,却未给予任何一方以实质性的支持。

在此情况下,先前隶属于西突厥的诸部便纷纷独立,脱离了西突厥的控制。例如,原居金山一带,早在射匮时期就臣服于西突厥的薛延陀部,在乙失钵可汗之孙夷男的率领下,共七万余家脱离了西突厥,东迁漠北。再加上稍前就已叛反的葛逻禄部,西突厥汗国很快就失去了两支重要的力量,陷入迅速的衰落中。聊可安慰的是,由于肆叶护为一代雄主统叶护之儿子的这一"正统地位",得到了大部分西突厥部落的拥护,遂在政治上占有了优势,因此于贞观四年(630年)得以击败莫贺咄,暂时统一了西突厥各部,成为"大可汗"。

随后,肆叶护可汗不自量力,居然大规模地讨伐已经脱离西突厥控制的铁勒诸部,却遭到失败。此时,以北庭(可汗浮图城)为据地的阿波系西突厥的后裔阿史那社尔(为处罗可汗之子)则乘机西侵,占领了西突厥的大半领土。旋即,约在631年左右,此前拥立肆叶护的泥孰却与之发生了汗位之争,最后,肆叶护逃奔粟特,死于那里。唐廷遂在翌年(632年)正式册立泥孰为"吞阿娄拔奚利邲咄陆可汗"。西突厥遂在名义上归属于咄陆可汗。

咄陆可汗在两年后去世(634年的十月),由其弟同俄设继立为"沙钵罗咥利失可汗"。这一统治权尽管得到了"皇帝天可汗"唐太宗的认可,但是由于当时的唐廷在西域并未布置军事力量,故这一册封对于咥利失可汗并未产生很大的支持作用,他这个"大可汗"对于西突厥各部的控制力进一步下降。咥利失只能承认既成事实,将西突厥各部正式分成十部,每部的酋帅称"设",共为十设;又因每设拥有一箭作为权力的象征,故这十部又称"十箭"或"十姓(部落)"。十箭分为左厢和右厢:"左厢"是五个"咄六"部落,其酋帅称"啜";"右厢"则是五个弩失毕部落,酋帅称"俟斤"。五咄六部居于碎叶之东,五弩失毕部则居于碎叶以西。

咥利失继位后不久,西突厥又爆发了内战。咥利失遭到部下统吐屯的袭击,兵败东逃,与其弟共守焉耆。统吐屯与弩失毕诸部意欲拥戴欲谷设为大可汗,而将咥利失降为小可汗;但是,统吐屯却在内讧中被杀,欲谷设也交战失利。于是,咥利失乘机博取渔翁之利,收复了失地,令弩失毕、处月、处密等部落都归附了自己。不过,旋即,欲谷设也被拥立为"乙毗咄陆可汗";于是,西突厥再度分裂成两个对立的阵营,交战不息。原西突厥汗国的疆域,以伊犁河为界分成了两块:河以西之地属乙毗咄陆可汗,以东则属咥利失可汗。

贞观十三年(639年),咥利失惨败于乙毗咄陆可汗,逃奔费尔干纳之地,结果死在那里。其子继立,称"乙屈利失乙毗可汗",但是一年之后即去世了,于是再由咥利失的侄儿继位,称"乙毗沙钵罗叶护可汗"。不过,乙毗沙钵罗叶护可汗在位也不过一年,因为他在翌年(641年)的内战中即被乙毗咄陆可汗擒杀。于是,唐廷再应诸部之请,遣使册立乙屈利失乙毗可汗之子为"乙毗射匮可汗"(643年)。十分明显,唐太宗自632年册立泥熟为西突厥之大可汗开始,就始终支持泥熟系为西突厥的"正统"掌权者,目的即是希望通过非武力的方式,让唐廷直接或间接地控制一个比较统一和安宁的西域。

然而,泥熟系的诸可汗却并未满足唐廷的这种愿望,特别是新册立的乙毗射匮可汗,并不愿意让唐朝得到它所希望的龟兹等绿洲五国。这时,国内相当安定,国势大为强盛的唐王朝已经有足够的实力亲自操刀,来确立西域的统治秩序了。唐太宗遂在贞观二十二年(648年)进兵西域,攻克龟兹,开始了对西域的直接用兵,也预示了西突厥汗国的最终灭亡。

7.2 汗国覆亡和唐朝秩序的确立

乙毗咄陆可汗在641年将泥熟系的乙毗沙钵罗叶护可汗擒杀,取得大胜之后,乘势东进,夺取了泥熟系西突厥的大片领土,后者岌岌可危。在此情况下,唐廷也未放弃对泥熟系的支持,仍然册封乙毗射匮可汗为西突厥的"正统"君主(643年)。正是依赖了唐廷的声威和其他方面的支持,乙毗射匮可汗才得以反败为胜,在此后数年内,不仅收复了被夺的领土,还在 646 年攻克了乙毗咄陆可汗的最后据地白水胡城(位于锡尔河北,今哈萨克斯坦的奇姆肯特之东),迫使他逃往吐火罗。

乙毗射匮可汗依靠唐廷的强援,逆转形势,基本上又统一了西突厥汗国全境,按理应该对唐王朝感恩戴德才是。但是,出于政治利益的考虑,他却并未"以德报德",从而与唐王朝发生了利益冲突,乃至愈演愈烈,最终爆发了战争。大致经过是这样的:

乙毗射匮可汗在夺取白水胡城,迫走乙毗咄陆可汗的同一年(646年),就向唐廷提出了"赐婚"的请求。他在形式和口吻上虽然相当客气和尊敬,但是其目的却是想继续利用大唐王朝的声威,帮助他慑服其治下的各部。太宗当然不是专做善事的慈善家,他颁诏答道:突厥的请婚要求,大唐是完全可以考虑的。但是,皇家公主尊贵无比,岂能随便降嫁夷狄?故若欲成就此事,突厥当献上龟兹、于阗、疏勒、朱俱波、葱岭五国作为聘礼,以示诚意。

唐廷的目的很清楚:多年来支持泥熟系可汗统领西突厥,无非就是希望培养一个听话的傀儡,代表唐廷的利益治理西域。而唐廷目前的最大利益是,由唐朝直接控制易于屯兵镇守的西域绿洲农耕区(位于今新疆南部),乙毗射匮则统治以游牧为主的地区(今北疆即属于此类地区),对诸部保持"羁縻"统治。乙毗射匮可汗原来只是想用形式上的臣服于唐来换取重要的政治、经济甚至军事利益,却根本不愿意把已经纳入自己治下的大片领土拱手送出,所以毫不犹豫地否定了这一交易。不过,他慑于唐廷的强大威力,也不敢公然表示反对,而只是不再提起请婚之事,因此当然也不再理会西域五国隶属关系的更改了。

当然,唐廷决不会就此罢手,听任乙毗射匮可汗对自己不理不睬。它决定采取实际和有力的军事行动,而军事行动的前线指挥者,即是源自乙毗射匮可汗之最大仇敌乙毗咄陆可汗阵营的阿史那贺鲁。

阿史那贺鲁是西突厥政权奠基者室点密的五世孙,是"根正苗红"的室点密系酋帅;其父亲是曳步利设射匮特勤劫越。阿史那贺鲁先是在乙毗咄陆可汗麾下,被委以在天山北部统率处月、处密、姑苏、歌逻禄、弩失毕等五部的重任,但是当乙毗咄陆可汗被乙毗射匮击破而逃奔吐火罗之后,阿史那贺鲁就也遭到乙毗射匮的不断追杀,部落离散,居无定处,处境十分狼狈,因此对乙毗射匮充满了刻骨的仇恨。

唐廷正是利用了这点,招降了阿史那贺鲁,要他参加在648年年初发动的所谓"昆兵道行军"战役。当时,该战役的大总管是前东突厥的首领阿史那社尔,主要目标是夺取龟兹等位于天山南部的绿洲诸国。一年之后,唐廷实现预期目标,龟兹等绿洲诸国全都落入唐王朝的掌控之中。"昆丘道行军"战役的第一阶段胜利结束。但是,阿史那贺鲁的重任则刚刚开始,因为太宗在平定龟兹的次日(649年1月20日)即向阿史那贺鲁下达了平定天山北部诸地的要求,亦即征服尚在乙毗射匮可汗控制之下的弩失毕诸部。这亦即"昆丘道行军"战役的第二阶段。

唐太宗为了保证战役的顺利展开,对阿史那贺鲁表示了极大的恩宠。他先是委任阿史那贺鲁为新的昆丘道行军总管,并有左骁卫将军称衔,再册封他为泥伏沙钵罗叶护,赐以象征大唐权威的鼓纛,并且在诏令中明确地宣称,他的任务即是"招讨西突厥之未服者",其夺取乙毗射匮可汗之全部疆土的目标十分清楚。不仅如此,在临行之前,唐太宗还在嘉寿殿亲自为阿史那贺鲁饯行,给予丰厚的赏赐,甚至脱下自己的衣袍,给阿史那贺鲁披上,以示关心和荣宠。这种"殊荣"令阿史那贺鲁感激涕零,发誓效忠大唐,永远不负圣恩!

唐军在攻克龟兹之后,西域就大为震动,许多政权不是被征服,就是慑于大唐的威势,主动称臣。故当阿史那贺鲁展开第二阶段战役时,西突厥诸部的阻力已经不是很大,再加上乙毗射匮可汗已经逃亡,阿史那贺鲁几无需要再进行许多艰苦的战事了。他的主要任务大体上只是接受归降,抚慰诸部,所以在仅隔两个多月之后,唐王朝便在西域建立起了"瑶池都督府",以阿史那贺鲁为瑶池都督,隶属于西域都护府。构成原西突厥汗国的主体部落,如"十箭"诸部都纳入了瑶池都督府的管辖范围内。阿史那贺鲁圆满地完成了唐廷委托给他的统治原西突厥诸地的重任,因此在同年,太宗去世(649年7月10日)、高宗继位后,仍然担任着瑶池都督。

然而,为唐廷立下这赫赫战功的阿史那贺鲁未几就起兵叛唐,从而引发了唐高宗在位初期长达七年的西域战争。阿史那贺鲁之所以造反，很可能是其权力欲不能得到满足，因为唐廷委任他为"瑶池都督"，只不过是唐朝的一个官号，后来进封的"左骁卫大将军"，也不过是正三品的阶位。而自从他被任为瑶池都督后，则连最初所封的"泥伏沙钵罗叶护"称号也取消了。亦即是说，他此后只是纯粹的唐朝官员，不像其他归唐的突厥首领兼有"可汗"之号，甚至连地位稍次的"叶护"称号也没有了。这对于十分崇尚虚荣，极端追求权力的阿史那贺鲁来说，是无论如何也不能忍受的。于是，他在650年末或651年初起事，自号"沙钵罗可汗"。

阿史那贺鲁首先入侵庭州，攻破了金岭城和蒲类县，杀死了数千人。这使得唐廷感受到了很大的威胁，遂在651年的七月以梁建方、契苾何力为弓月道行军总管，调动三万汉军、五万回纥骑兵，开始了讨伐阿史那贺鲁的第一次战役。大军抵达西域后，贺鲁闻讯后先行向西遁逃，由其盟友，处月部酋帅朱邪孤注在牢山（今新疆阿拉沟）阻挡唐军。但是，牢山在652年的正月被攻克，朱邪孤注被擒杀，五千多军人遭杀，一万多人被掳。唐军虽然有此战绩，但是未能与贺鲁的主力部队交战，仍未真正解决问题。

永徽六年（655年），高宗以程知节为葱山道行军大总管，启动了讨伐阿史那贺鲁的第二次战役。这一次，唐军先后击败了贺鲁所属的葛逻禄、处月、突骑施等部，攻克了怛笃城和咽面城，损敌数千。但是，阿史那贺鲁的主力部队依旧得以脱逃，从而导致唐朝行军总管程知节遭到免职的处罚。

唐廷的第三次讨伐战役始于显庆二年（657年）的闰正月，苏定方出任伊丽道行军大总管。这一次，唐军采用了南北并进、剿抚兼施的方略。由同样源自突厥的阿史那弥射和阿史那步真任"流沙道安抚大使"，从南道进军，其主要目的是用怀柔方式招抚并不坚定反唐的西突厥诸部，结果颇有成效。苏定方则亲率精锐步、骑，从北道进军至曳咥河（今额尔齐斯河）以西，击破处木昆部后，与阿史那贺鲁的主力直接面对。时在当年的十二月。

·欧·亚·历·史·文·化·文·库·

当时,突厥有十万骑兵,而唐军则只有一万多兵力,因此竟然被敌军团团包围。阿史那贺鲁很是得意,认为如此悬殊的兵力,己方肯定能够大获全胜。然而,苏定方却并不慌张,他下令步兵据守在地势较高的山丘上,组成弓箭和长矛的坚固圆阵,坚定固守,不要冲击。他自己则率领骑兵,列阵于北方。贺鲁先是挥军冲击山丘上步兵阵营,哪知冲击了三次,除了己方的大量兵将因对方的长矛和利箭回击而伤亡外,一无所获,众军士不免有些气馁。而就在此时,苏定方的精锐骑兵却突然发动了攻击。他们从山上向下俯冲,势不可挡,利刃所向,杀伤力极大。阿史那贺鲁的军队猝不及防,顿时乱了方寸,乃至转身遁逃,却反而导致自己人互相践踏。就这样,唐军追逐数十里,竟俘虏和斩杀了三万敌军,大小酋帅被杀的达二百人。贺鲁全军溃散,几乎完全失去了战斗力。

苏定方趁着胜势,穷追猛打,五弩失毕部相继投降。五咄六部得知阿史那贺鲁惨败的消息后,也都先后投降了南道的"流沙安抚大使"阿史那步真等。唐军的形势一片大好。但是,阿史那贺鲁仍然在逃,所以唐军还不能收军班师。当时,正逢天降大雪,一些将军认为,雪路难行,将士疲劳,不如稍做休整,待天晴之后再启程。苏定方却持反对意见,他分析道:"目前寒风凛冽,大雪纷飞,确实是不利于行军的天气。不过,我们这样认为,敌军也会认为我们不可能立即追踪而去。正因为如此,我军才要出其不意,攻其无备,反而兼程而进!这才是真正的上上之策。"

于是,唐军昼夜急驰,及时地赶到双河,与阿史那弥射、阿史那步真会师;那里距阿史那贺鲁的牙帐只有二百里了。士气高涨的唐军做好充分的战斗准备后,抵达金牙山,突袭阿史那贺鲁的牙帐,俘获了数万人,并有大批辎重器具。贺鲁越过伊犁河,向南逃亡。唐军则一路追赶,相继收服了处月、处密等部。苏定方一直追击阿史那贺鲁到楚河,将其残部逐一歼灭。最后,贺鲁与其儿子咥运逃入石国(在今哈萨克斯坦南部的塔什干地区)的苏咄城避难,却被城主执送国王,从而转交到唐军手中,时在高宗显庆二年(657年)的岁末。至此,阿史那贺鲁的叛乱基本平定,西突厥汗国的复国势力也最后扫清。

随着阿史那贺鲁叛乱的平定,唐廷开始加强西域政权的建设。原先设在高昌的西域都护府的首府转移到了龟兹,正式设立安西四镇(龟兹、焉耆、于阗、疏勒四大军镇),增强了唐廷在西域的军事力量。同时,在今新疆和中亚的其他地区内设立了大批羁縻府州。于是,唐廷在西域形成了以伊州、西州、庭州为核心,以安西都护府为保障,以羁縻府州为依托的多层次的统治架构,标志着唐王朝在西域统治秩序的最终确立。

唐王朝在西域的羁縻府州,除了涵盖今新疆全境之外,还包括今哈萨克斯坦、吉尔吉斯斯坦、乌兹别克斯坦、塔吉克斯坦、土库曼斯坦和阿富汗等国的全部或部分领土。虽然羁縻府州多是实际上的独立政权,但是正因为它们在形式上都是唐王朝的附庸之国,故与唐朝本土的关系远比以前密切,其间的往来交流也远比以前频繁,从而使中原王朝的政治和文化影响远播域外;相应地,遥远的域外文明也源源不断地流入中土。

·欧·亚·历·史·文·化·文·库·

8 突厥复兴,再建强大汗国

8.1 漠南地区的叛乱风波

唐太宗最终击灭东方的突厥汗国,是在630年;唐高宗彻底击垮西域的突厥反唐势力,是在657年。然而,仅在数十年——最长也不过五十年——之后,蒙古高原上漠南地区的突厥人再度掀起叛唐风潮,乃至不久后再建突厥汗国,成为中原唐王朝在长达半个世纪中的主要外患。

当初,唐廷击灭东突厥汗国之后,高层对于如何处置降附突厥人的问题,有过不少争论,尽管每种意见都利弊相参,但毕竟采取了不少措施,也有一定的成效。至高宗永徽元年(650年),在行政设置方面有一个很大的运作,即设置单于、瀚海两个都护府,分别安置突厥降户。单于都护府治下设狼山、云中、桑乾三个都督府,共领苏农等二十四州;瀚海都护府治下则有瀚海、金微等七个都督府,辖仙萼等八州。在这些地区,主要的聚居者为突厥人,并且,突厥部落原先的从属关系也几乎并未更动,各部酋帅仍然多享受着世袭的爵位,他们对于民众的影响力依旧存在。这种体制的优点是,只要首领安分守己,整个辖地就和平安宁;反之,则很可能在短时间内爆发骚乱。不幸的是,后一种情况终于出现!

高宗调露元年(679年)的十月,单于都护府发生了大规模的叛乱,其始作俑者是突厥豪族阿史德族的两名酋帅,一为阿史德温傅,一为阿史德奉职。他们起事之后,就拥戴阿史那泥熟匐为可汗,而单于都护府所辖的二十州的酋长居然同时响应,致使叛军的实力瞬间达到数十万之众,声势浩荡,令朝廷大为震惊。

于是,朝廷立即命鸿胪卿、单于大都护府长史萧嗣业,以及右领军卫将军花大智和右千牛卫将军李景嘉等人率领大军平定叛乱。萧嗣业等起初与突厥交战，倒是屡战屡捷，战果颇丰，遂不免心生轻敌之意，放松了戒备。又正逢严冬，大雪纷飞，寒气袭人，将士难以在户外长时间停留，所以，常规的巡逻人员也大多撤回了大营。而突厥人正是利用了这样的恶劣天气，趁着夜色，用轻骑兵袭击了萧嗣业的中军大帐。萧嗣业想不到突厥精骑会在这时降临，猝不及防，慌忙下令收缩兵力固守，但是为时已晚。突厥骑兵左冲右突，使得几不设防的唐军号令不通，手足无措，迅速陷入极度混乱之中，最终被杀者竟达一万多人。好在花大智和李景嘉的步兵还能一战，遂一面御战，一面撤退，最后退入单于都护府的府治（在今内蒙古呼和浩特南），虽然元气大伤，总算还保存了主力。萧嗣业因为此战之败，被处以流放的刑罚；另外两个副帅花大智和李景嘉也被削职为民。

面对这样的局势，唐廷不敢怠慢，于是又任命礼部尚书裴行俭为定襄道行军大总管，率领太仆少卿李思文、营州都督周道务等，部署兵力十八万；再加上西军程务挺、东军李文暕等人的部队，共计三十余万兵力。各路人马都归裴行俭总体调度，分道进击突厥叛军，范围广及数千里地，号称自唐建国以来从未有过的讨伐大军。

裴行俭打算用一场大胜来鼓舞士气，因此设下一条诱敌之计。他命人伪装了三百辆粮车，每车内暗藏着五个武功高强的勇士，各执强弩、利刃，伺机而动；装扮成运粮的士兵，却只是几百个老弱残兵。另一方面，则在险要之处埋伏了大量精兵，静候突厥人落入陷阱。突厥人果然上当，驱军突袭，冲向粮车；赶车的唐军见状，发一声喊，四散逃开。突厥人掳获了三百"粮车"，认为已经断了唐军的给养，将能使之迅速陷入饥寒交迫的境地，所以也就松懈下来，驱赶了这批"战利品"，来到山泉边，解鞍卸甲，打算先休整一会。

哪知就在此时，暗藏在车中的勇士就发动了攻击。随着密集的弩箭和一千五百勇士手中利刃的挥动，毫无戒备的突厥将士纷纷倒下，转瞬间伤亡便达万人。在此同时，裴行俭的大批伏兵也已杀到，突厥的余众更是惊慌，完全丧失了斗志，只想尽快逃离绝境。最后，这支劫袭粮

·欧·亚·历·史·文·化·文·库·

车的突厥骑兵几乎全军覆没,仅有数百人得以生还。

裴行俭旗开得胜,获得了这场酣畅淋漓的大胜之后,唐军士气大振,一路浩浩荡荡,直奔单于都护府之北,在山谷中扎下大营。将近傍晚,扎营诸事即将结束,同时开始准备晚餐。哪知就在此时传来大帅裴行俭的号令:全军立即拔营,迅速转移到地势较高的山岗上。将士们经过长途行军以及方才的安营扎寨,已经十分疲劳,这时听说又要移营,十分不愿,纷纷请求大帅取消此令。但是裴行俭不仅坚持原令,并更催促各部加速执行军令。全军无奈,只得奉命而行。而就在当天半夜,忽然天降暴雨,山涧水流急剧积聚,唐军原先扎营的山谷,顷刻间被水淹漫,深达丈余!将士们这才明白,原来大帅早已预测到这场暴雨,才会有那"不通情理"的移营命令;若非如此,唐军的损失可想而知!于是赞叹、佩服不已。

此后,唐军与突厥叛军交战于黑山等地,屡战屡胜,击杀的突厥人为数极多。最后,新可汗泥熟匐的一个部下见势不妙,竟趁可汗不备之际将他杀害,割下他的头颅,投奔唐军邀功。对此意外收获,裴行俭当然欣然"笑纳",他并利用突厥叛军内部的分裂,奇兵突袭,生擒了其大首领阿史德奉职。突厥残部则逃奔狼山,继续顽抗。

裴行俭鉴于唐军已经取得很大战果,并且长期暴师在外,也非明智之举,于是暂时撤军,返回了唐境。不过,以阿史德温傅为首的突厥余部又拥立了阿史那伏念为可汗,再度与唐为敌。于是,唐廷在 681 年再遣裴行俭率领诸军,讨伐突厥。不久之后,唐军的主力屯驻在代州的陉口(雁门的陉岭关口)。

这一次,裴行俭更多地使用了计谋。他先是派遣间谍潜入突厥阵营,在阿史那伏念的亲信中散布流言,称阿史德温傅自恃"拥戴"之功,颇有凌驾于可汗之上的趋向;而在阿史德温傅的部属中则散布流言道,阿史那伏念忌惮阿史德温傅"功高震主",故正在设法削弱他的实力。这些流言当然以最快的速度传到了阿史那伏念和阿史德温傅的耳中,双方虽然都只是将信将疑,但是正因为如此,却都不敢与对方当面质询,从而导致猜疑日重,关系越来越疏远。相应地,突厥的战斗力也大为减弱。

裴行俭的第二个计谋便是诱使阿史那伏念离开根据地金牙山。他命曹怀舜故意示弱，让阿史那伏念误认为是偷袭唐军的一个极好机会。阿史那伏念果然中计，他亲率两千轻骑兵，驰驱五百里，旨在一举歼灭曹怀舜所部唐军。不料到达目的地后，却发现突厥反而陷入数倍于己的唐军包围之中。阿史那伏念正欲拼死一搏，突围而去，曹怀舜却遣使前来议和。唐军声称，阿史德温傅才是这次的罪魁祸首，所以，只要阿史那伏念允诺擒缚阿史德温傅来归，那么，他不但可以免罪，还有可能获得唐廷的封赏。阿史那伏念本来就对阿史德温傅心存不满，再加上目前又急于安然脱身，故立即爽快地答应了曹怀舜的"议和"条件。

但是，当阿史那伏念庆幸未曾损兵折将，悠悠然回到牙帐时，却发现留在这里的妻子、儿女和辎重、财物都被掳掠一空了！原来，裴行俭早就安排裨将何迦密、副总管程务挺分兵两路，趁着阿史那伏念奔袭曹怀舜的时机，突然攻入金牙山，击溃了突厥守军，劫走了可汗的妻小和装备物资。阿史那伏念失去了根据地的人马和装备，再也无法长居在此，遂带着疲惫的余部，向北前赴细沙地区。裴行俭则命副总管刘敬同、程务挺等人率领单于都护府的军队紧紧地追踪而去。

阿史那伏念会合了阿史德温傅所率的部属，实力较前有所壮大，又逐渐进入北方的纵深地带，认为已经摆脱唐军，可以稍做休整了，因而也就放松了戒备。另一方面，他也不愿意再实践诺言，主动抓捕阿史德温傅，去向唐军请功。哪知就在当天夜里，刘敬同等人所率的大军突然杀到，阿史那伏念根本来不及指挥突厥军队抵御，只来得及与阿史德温傅等少数将领带着残部逃离险境。

这时的阿史那伏念已无斗志，他只想如何保全自己，不被唐军追杀。于是，他对丝毫没有防备的阿史德温傅下了手，将他生擒后献给唐廷。随后，阿史那伏念带着残部和被捆缚的阿史德温傅，直接前往唐军大帅裴行俭的大营投降。裴行俭接受了阿史那伏念的归降，也答应了他的"免罪"请求。然而，阿史那伏念对于阿史德温傅并不光彩的出卖，却并未换来他自己的性命，更遑论荣华富贵了。

原来,裴行俭二次讨伐突厥,完全平定叛乱之后,自然劳苦功高,深得圣上赏识,仕途一片光明。但是因此引起了不少同僚的忌妒,侍中裴炎即是试图诋毁裴行俭的朝臣之一。他否定裴行俭对阿史那伏念的免罪要求道:"阿史那伏念只是被唐军自南向北逼,被回纥自北向南逼,无奈之下才擒缚阿史德温傅而投降我朝的。所以,他绝无裴行俭所谓的'主动投诚'之功,还是应该作为叛军首领而处死!"高宗居然听信了裴炎的话,在当年十月将阿史那伏念、阿史德温傅等五十四名突厥酋帅斩首于都市。

裴行俭对于此事,唯有浩然长叹:"杀死阿史那伏念,使我失信于人,没有颜面,没有功劳,这还在其次。最主要的是,违背诺言,处死归降者,则实在令人寒心;日后恐怕再也没人敢归降我朝了!"伤心之余,裴行俭从此称病在家,不再过问朝政。

8.2 骨咄禄创建突厥第二汗国

确实,唐廷尽管处斩了阿史那伏念和阿史德温傅等突厥酋帅,却仍然无法扑灭漠南之地的突厥叛反之火,因为就在翌年(682年),名为骨咄禄的突厥酋帅又举事了。阿史那骨咄禄本是东突厥汗国最后一任可汗颉利的族人,虽然不是颉利可汗的嫡系子孙,但是他们的血缘关系还是比较接近的。所以,骨咄禄以阿史那氏的后人而感到骄傲,也俨然以突厥可汗的王族自居。他的父亲本是单于都护府所属云中都督府之都督舍利元英麾下的一名部落酋帅,世袭"吐屯啜"的职位,故骨咄禄显然也是一位吐屯啜。

当681年阿史那伏念被击溃而投降唐廷后,骨咄禄便招集逃散的突厥人,一起入居总材山(当在今内蒙古白云鄂博周近),起初以劫掠为生,不久就发展到五千多人。有了这不弱的武装力量,骨咄禄更有恃无恐,经常摽掠其他部落,获得大量牲口,因此愈益强盛。至此,骨咄禄便自立为可汗,封兄弟默啜为"设",咄悉匐为"叶护"。他们经常活动于所谓的"六胡州"地区,即贞观初所设的鲁州、丽州、含州、塞州、依州和契州,大体在今河套之地。图26为"六胡州"的大致地域。

当时,有一位非常熟悉中国内地习俗的突厥酋帅阿史德元珍,在单于都护府担任检校降户部落的职务,由于一个并不严重的过错而被单于都护府长史王本立拘禁起来。恰逢骨咄禄叛反,寇侵唐廷的领地,形势比较紧张。于是,阿史德元珍请求长史,让他官复原职,以帮助朝廷共同应付困境。王立本鉴于元珍比较能干,当前又缺乏人手,遂同意了这一请求。哪知阿史德元珍一旦获得自由,权柄在手,就立即伺机脱逃,投奔了骨咄禄。骨咄禄见状大喜,因为他早就听闻阿史德元珍的大名,知道他具有杰出的才能。所以旋即封阿史德元珍为"阿波大达干",委任他专门管理兵马大事。阿史德元珍自然十分感谢骨咄禄对自己的"知遇之恩",于是尽心地为他出谋划策,他立下的第一件大功,便是入寇并州和单于都护府的北境,杀死了唐廷的岚州刺史王德茂。

683年的五月,骨咄禄又侵入蔚州,斩杀了蔚州刺史李思俭。丰州的都督崔智辩率军出战,与突厥人交仗于朝那山之北,结果兵败,被突厥人生擒活捉。突厥人的一连串胜利,闹得唐廷人心惶惶,以至有人提出,不如放弃丰州(今内蒙古鄂尔多斯右翼之地),把居民迁移到灵州和夏州,以避突厥的锋芒。此议虽然最终未获通过,但也足见当时突厥对于唐朝边境安全的威胁之大。

684年的七月,骨咄禄寇侵朔州(在今山西省西北部的桑干河上游),杀死了不少官吏和百姓。翌年(685年),是武则天执政的垂拱元年,骨咄禄不止一次地侵扰唐朝边境,朝廷遂任命左玉钤卫中郎将淳于处平为阳曲道行军总管,抗击突厥。不过,效果不大。当年四月,突厥寇掠代州(在今山西省东北部的代县地区),当地军民求援,淳于处平便率军赴援,哪知抵达忻州时,却遭突厥截杀,唐军不敌,死者达五千余人。

不过,骨咄禄也并不能每战辄胜,在当年九月的一次交战中,突厥就吃了不小的亏:突厥骑兵三千多人入寇唐境,行进到两井之地。当时,唐军的左鹰扬卫大将军黑齿常之正好带领二百名骑兵巡逻到此。突厥一见唐军如此之少,竟然生出了"猫戏老鼠"的捉弄之心,并不急于击杀之,却下马步行,悠悠然地围了上去,好像要活捉他们的样子。正当突厥人怀着"瓮中捉鳖"的心态,慢慢地走近唐军时,不料黑齿常之却突然发动了反击,两百骑士挥着利刃朝着一个方向猛冲。突厥人尚未来得及还击抵抗,已被唐军冲开一个豁口,死伤了不少人,却连一个唐军也没有截下来。当天晚上,突厥又有许多援兵到来,本欲冲击唐军的大营,却发现除了军营中有火光外,营外的东南方和西北方也都有火光闪烁。这令突厥怀疑唐军也有大批援军前来,遂不敢再行进犯,却趁着夜色,悄悄地撤退了。

黑齿常之似乎成了骨咄禄的"克星":垂拱三年(687年)二月,骨咄禄寇侵昌平,被黑齿常之击退。当年八月的一仗,更是令突厥元气大伤。这一次,骨咄禄与其重要臂助阿史德元珍一起率领大军,寇侵朔州。唐廷则任命黑齿常之为燕然道行军大总管,左鹰扬大将军李多祚为副手。两军在黄花堆(在朔州附近的神武川)进行了一场决战,结果是突厥大败,被唐军紧紧追杀了四十多里路,众军向各方溃散后,才稍稍缓解了压力。最终,大部分突厥人都逃到了漠北,才逐步地重新聚集起来。

黑齿常之的这次大胜和巨大战功,一方面令突厥在日后相当一段时间里,一提起"黑齿常之"的名字,就脸色顿异,现出心有余悸的样子。另一方面,也令唐朝的不少官员,特别是武将,对他羡慕得要命,亟希自己也有机会如此这般地一展身手;右监门卫中郎将爨宝璧即是这样的人物之一。他在黑齿常之的黄花堆一战后,旋即上表朝廷,声称自己可以穷追突厥余寇,彻底歼灭之,永远杜绝后患。武则天虽然同意了此议,但是仍颁诏命令爨宝璧与黑齿常之共同协商,互为配合,以圆满完成这一使命。

但是,爨宝璧却对圣旨阳奉阴违,因为他认为自己有充分的把握把业已溃散的突厥人全部扫荡干净,何必把这样一件"天大功劳"与黑齿常之分享。于是,他在687年的十月,不与黑齿常之沟通,约定进军的确切日期和路线,而是独自率领一万三千名精兵,贸然出塞,急速推进二千余里,企图袭击突厥人的主要居地,一举歼灭其军事主力。这本来不是不可行之事,可是令人啼笑皆非的是,爨宝璧竟然没有对这次行动严加保密,而是在出发前向全体将士做了"总动员",宣布了这次行动的目标和方式。所以,早有突厥的细作飞马驰返,向骨咄禄报告了这一军情;骨咄禄与阿史德元珍遂做了精心的安排,等待着唐军自行前来钻入突厥布置的圈套。

果然,爨宝璧的一万三千精兵,轻而易举地陷入了五万突厥兵的埋伏圈。在敌方密集的箭雨攻击下,唐军转瞬间就伤亡过半;接着再遭到层层骁骑的轮番冲杀,不过几个时辰,唐军就全军覆没了!最终,爨宝璧在亲卫的死命掩护下,仅以数骑逃得性命。当然,在国内等待他的是最严厉的惩罚——处以死刑。唐军的这次大败,令武则天震怒不已,她杀了爨宝璧后还不解气,又下令将"骨咄禄"的名字改成"不卒禄",用这个不吉利的名字来诅咒使她大失颜面的突厥可汗!

骨咄禄可汗在693年病逝。综观他的业绩,尽管复兴了阿史那氏突厥的汗国,尽管曾经斩杀过唐朝的几个刺史,曾令爨宝璧的一万三千精兵全军覆没,但是也曾被唐军击败过,以至溃逃于漠北。所以,他的真正功绩只是为突厥的再度强盛奠定了基础,而并非大规模的开疆拓土。复兴的突厥汗国的真正强盛,是在骨咄禄的兄弟默啜可汗及儿子毗伽可汗的治下。

·欧·亚·历·史·文·化·文·库·

9　汗国的鼎盛与衰亡

9.1　默啜可汗的"东征"战功

　　早在十年之前,默啜就被重建突厥汗国的哥哥,称为"可汗"的骨咄禄封为高官"设",掌控了突厥政权的大权,参与对唐朝的寇侵和周旋。所以,在骨咄禄可汗去世,两个儿子又年幼的情况下,默啜继承汗位,发扬光大骨咄禄的未竟之业,也就成为顺理成章,甚至是当仁不让的事情了。于是,在突厥各大部酋的普遍支持之下,默啜意气风发地开始了使得突厥汗国再度强盛的征程。

　　默啜在继位当年(693年)的腊月,就侵入了灵州(今宁夏的中卫、中宁以北地区),导致当地居民的生命财产遭受了很大损失。此时距武则天正式建立"大周"政权不过三年;武则天作为一个新王朝的帝君,当然不甘于这样地任凭"夷狄"欺凌,因此在翌年初就任命僧怀义为代北道行军大总管,以李昭德为长史,苏味道为司马,统率契苾明、曹仁师、沙吒忠义等十八位将军,准备大举讨伐突厥。但是,默啜在唐朝的边境地区骚扰一阵之后,却主动撤军,迅速遁入突厥境内了。这使得庞大的唐军尚未开拔就失去了目标,于是这次讨伐行动只得暂缓。

　　不过,武则天并未完全停止军事行动,她在695年的正月又任命王孝杰为朔方道行军总管,摆出严厉打击突厥的态势。不知是中原政权的武力威慑策略产生了作用,还是默啜可汗改变了方式方法,他居然在当年的十月派遣使团,前来中原"朝贡"。这对武则天来说是正中下怀的大好事,她顿感脸上有光,大为高兴,遂立即赐赠默啜可汗为"左卫大将军",并封"归国公";回赐的礼品除了五千匹上佳丝绸外,还有许多钱财和食物。

突厥与中原政权的这次和解,启发了默啜可汗的一个新思路:他完全可以通过和平的方式,对南方大国展示某种"善意",从而获取大量经济利益,甚至政治和领土利益。而半年之后契丹的反叛,正好为默啜可汗的这一思路提供了最佳契机。

武则天万岁通天元年(696 年)五月,营州的契丹松漠都督李尽忠,及其妻子的兄长归诚州刺史孙万荣举兵造反。他们的反叛并非全无理由:营州都督赵文翙刚愎自用,傲慢无礼,特别歧视当地的土著居民契丹人和奚人。甚至,当契丹发生饥荒,民不聊生时,他非但拒绝赈灾,还辱骂前来请愿的契丹酋帅李尽忠等。所以,李尽忠和孙万荣的举兵造反,不无"官逼民反"的含义在内。

朝廷做出了迅速的反应,在契丹叛反十余天后,就派遣了左鹰扬卫将军曹仁师、右金吾卫大将军张玄遇、左威卫大将军李多祚、司农少卿麻仁节等二十八名将军帅军讨伐。在七月,又任命春官尚书、梁王武三思为榆关道安抚大使,姚璹为副,以戒备契丹攻入本朝的内地。武则天对契丹的造反极是恼怒,故除了遣兵讨伐之外,还故伎重施,诏令改李尽忠之名为"李尽灭",孙万荣之名为"孙万斩";貌似诅咒敌人,实际上倒反而惹人耻笑自己的狭窄心胸和黔驴技穷的窘态。

不管怎样,契丹叛军迅速扩大战果,在短期内就取得了辉煌的战绩。李尽忠自号"无上可汗",任孙万荣为大将,充作前锋。其将士勇猛异常,在最初的十多天里几乎攻无不克,所以实力迅速扩张,兵众很快就增至数万。他们攻陷了营州治所,将掌控范围扩展到今天的辽宁大凌河、小凌河流域,以及六股河流域与女儿河流域一带。攻陷崇州后,还生擒了讨击副使许钦寂。

八月,契丹人与唐军交战于硖石谷,竟令唐军遭到惨败。事情的经过是这样的:此前,契丹人在攻陷营州后,曾经俘获了数百名唐廷的官吏和将士,于是将他们囚禁在地牢中。当武则天的"平叛大军"逐步临近时,李尽忠故意让地牢的监守者对俘虏们说道:"我们也不过一介平民,一向贫寒,只是为了自己和家庭的生存,才不得不参加叛军。但是我们打算,一待官军到来,就都归降天朝,再做守法良民。所以,今天就

·欧·亚·历·史·文·化·文·库·

把你们偷偷放了,因为我们没有余粮供养你们,若杀了你们,又于心不忍。你们自己逃生去吧!"一番话说得颇合情理,那些俘虏都点头称是,一再道谢之后,逃归时在幽州的唐军。

唐军诸将听说契丹已经缺衣乏食,军心涣散,立即大受鼓舞,人人争先恐后,都想先赴前线,捞取这唾手可得的"大功"。所以,他们很快地抵达了位于西硖石的黄獐谷。这时,前来投降的契丹军人,都是些老弱之人,路旁和田野里见到的牲畜,也多是老牛、瘦马。这些现象使得唐军确信契丹已经衰弱不堪,所以放心大胆地留下步兵慢慢推进,而让少量骑兵先去"歼灭敌军主力";却不知道自己已经完全落入了契丹人精心布置的圈套之中。

贪功冒进的唐军将帅们在一个十分狭窄的山谷通道中,遭到了大量契丹伏兵的袭击,数千将士在密集的箭雨中丧生,作为统帅的张玄遇、麻仁节则被生擒。契丹人将这批先锋部队完全消灭之后,又强迫张玄遇等签署军令,要求总管燕匪石、宗怀昌等迅速赶来,以配合已经取得大胜的唐军作战,一鼓作气地全歼敌军。这一"军令"还特别强调,由于契丹人正在逃窜,故必须抓紧时机,在他们返回营州根据地之前予以围歼,故后方的唐军一定得全速前进,若因迟缓而被敌军脱逃,则将帅都要斩首问罪!

余下的唐军当然不敢违抗军令,于是昼夜兼程,废寝忘食地急行军,乃至人困马乏,毫不设防。契丹精兵则在半途中以逸待劳,以众击寡,以有备攻无备。没有任何悬念,这一仗的胜负完全呈一面倒之势,契丹人轻而易举地获得大胜,唐军惨遭灭顶之灾,被全部歼灭!

唐军的这次"完败",令中原朝廷既震怒又震惊,因为从契丹人举事叛唐到这次全军覆没的三四个月间,朝廷屡战屡败,几乎没有过胜绩;而经过最近的硖石谷之败后,朝廷更是穷于应付,因为即使再战,兵源也已发生问题了。所以,武则天在九月颁发制文,要求招募天下奴仆中的壮健者,由官方向他们的主人付钱赎身,以让他们参军,抵御契丹。此时,武则天政权捉襟见肘的窘态显而易见。

很有政治智慧,且身旁不乏远见卓识谋士(如阿史德元珍)的默啜可汗,当然十分清楚这种形势,也意识到这是突厥扩张势力的良机。于是,默啜可汗在十月向中原王朝派出了一个像模像样的"求婚"使团。他首先谦卑地表示,自己愿意为皇帝武则天之"子";另一方面,愿意把自己的女儿嫁给天朝的皇族。最迎合武则天心意的,是默啜主动提出,突厥愿意协助朝廷,征服目前不可一世的契丹叛军。不过,突厥的这些付出,也要求有个"小小的回报",这即是要求朝廷归还高宗时期安置在河西地区(丰州、胜州、灵州、夏州、朔州、代州等地)的全部突厥降户,并将单于都护府之地(辖境相当于今内蒙古阴山、河套一带)让给突厥。

显然,突厥"降户"的归还以及单于都护府所辖的大片地域对于复兴不久的突厥汗国有着十分重大的意义,而绝不是无足轻重。对于这点,武则天也心知肚明,但是,突厥允诺出兵打击契丹的条件却也极其诱人,并且对唐而言还相当迫切。于是,武则天同意与突厥联合,特意派遣豹韬卫大将军阎知微、左卫郎将摄司宾卿田归道前赴突厥,册封默啜为"迁善可汗"。

默啜可汗在与武则天政权联合之后未隔多天,就以实际行动证明了突厥人的"诚信":他趁李尽忠去世,孙万荣代为统帅,契丹内部稍见忙乱而放松戒备的时机,亲率精骑,长途奔袭契丹的松漠都督府。当时,孙万荣和契丹军队的主力恰巧都不在都督府,因此突厥的偷袭没遇到多大阻力就取得了成功。他们劫持了李尽忠和孙万荣的家眷,抢掠了若干财物,匆匆地撤走了。契丹人顾忌于酋帅的家人,嗣后也不敢派遣大军过分地追迫,只得承受了这一不小的打击。反观突厥的默啜可汗,则因为这件大功而获得了武则天的嘉奖,被晋封为"颉跌利施大单于""立功报国可汗",颇为春风得意。图27为山西文水的武则天庙。

不过,契丹并未一蹶不振。孙万荣嗣后聚集余众,加强战备,军势复盛。契丹人攻陷了冀州(在今河北省冀州),斩杀刺史陆宝积,并及吏民数千人。此后,又攻瀛州(在今河北省沧州地区),导致周近大片地区人心惶惶,难以安生度日。

然而,唐军遭受的最惨烈的一次打击,是神功元年(697年)三月在

·欧·亚·历·史·文·化·文·库·

东硖石谷的一战。当时,朝廷为了对付气势滔天的契丹,任命很有才干的王孝杰为清边道行军总管,统兵十八万,与之配合的后军总管是苏宏晖。

王孝杰进军到东硖石谷时,与契丹大军遭遇。王孝杰本该催动大军,展开全方位的进击,但是,前进的道路却很狭隘,不容许大队人马同时行进。无奈之下,王孝杰只得亲率少量的精锐骑兵,先行快速进击,让苏宏晖率领大部队作为后援,随即赶赴前线。于是,王孝杰的先锋部队与全力阻击的契丹人浴血奋战,且战且进,等到走出狭道,来到开阔地之时,其部队已经遭受了不小的伤亡。契丹人虽然也伤亡很多,但是此时的全军数量却大大超过了唐军的先锋部队。王孝杰只得结成防御性的方阵,暂取守势,等待后援大军的到来。

然而,苏宏晖却是贪生怕死之辈,他非但不敢率军深入敌人腹地,还擅自离开大营,逃往后方的"安全地区"了!大军群龙无首,一时不知所措;而前线的王孝杰则始终等不到援军前来,遂被大批契丹精骑轮番冲击,终致阵营溃散,各以寡敌众,将士们不是战死,就是被契丹的军马践踏而死,还有许多人和王孝杰一样,被敌军逼到悬崖边,最终坠崖而亡。经此一战,唐军损失惨重,被杀者至少数万,并且还导致契丹乘着胜势,随后又寇侵幽州,攻陷城池,杀掠吏民。朝廷不得不在四月与五月相继任命武懿宗为神兵道行军大总管,娄师德为清边道副大总管,沙吒忠义为前军总管,率军二十万,征讨契丹。

正当契丹与唐军打得不可开交之时,默啜可汗为了突厥的利益也在与唐廷激烈争论。默啜认为突厥既然已经帮助唐廷打击了契丹,并且唐廷此前也已经答应,那么就应该兑现归还突厥降户及割让单于都护府领地的承诺了。但是,武则天却有反悔之意,迟迟不见落实。默啜因此大怒,不免颇有埋怨,甚至谩骂的言辞,对武则天甚是不敬。武则天相当恼怒,打算听从秘书少监李峤的劝告,不再"资盗粮",而是加强兵备,对付突厥这个"盗寇"。但是姚璹、杨再思则很现实地告诫皇帝,目前,契丹的叛乱尚未平定,若再得罪突厥,则后果不堪设想,不如答应突厥的要求,先安抚了他们再说。

于是,默啜可汗最终得到了他所需要的东西:朝廷将六州的降户数千帐都还给了突厥;同时赠送了谷种四万斛、杂采五万段、农器三千件、铁四万斤。对于突厥提出的通婚之事,也同意了。这样,默啜治下的突厥不仅增强了经济实力,更因与中原王朝的关系加强而大大提升了在"夷狄"诸部中的声誉和威望。

随后,默啜投桃报李,协助唐廷彻底地解决了"契丹问题"。时在697年的六月,契丹孙万荣派遣了五名特使前赴突厥,通报默啜可汗道,契丹已经大败王孝杰,令中原王朝的军队闻风丧胆。因此,契丹将乘胜袭取幽州。为了与突厥建立长远的友谊,特此通报这一军情,让突厥同时出兵,以便用微小的代价换取巨大的胜利果实。契丹人的话虽然说得非常动听,其设想也颇诱人,但是默啜可汗却不相信。他不相信契丹人会有如此的善意和慷慨,竟肯主动地与突厥分享几乎是唾手可得的胜利成果。于是,他立即换以凶神恶煞的态度,甚至用死刑来恐吓契丹使者,要他们说出此举的真实意图。

使者们被逼无奈,说出了实情。原来,孙万荣确实打算率领大量精兵袭击唐朝的幽州;不过,他由于几乎倾巢而出,后方空虚,只有妹夫乙冤羽留守着老弱妇稚,害怕突厥乘虚而入,才企图把突厥主力引向幽州,解除后顾之忧。默啜可汗闻言,既恼怒孙万荣的奸狡,又深喜得到了一个获取大利的良机。他旋即部署精兵良将,等到契丹大军离开根据地后,就逼着那几个契丹使者充任向导,奔袭契丹的后方大本营而去。

此前,孙万荣在击败王孝杰之后,曾在柳城西北方四百里处建造了一座新城,作为契丹的新据点,因此其妻小家属以及辎重、财物都置于此地,守城者即其妹夫乙冤羽。突厥大军抵达契丹的新城之后,却也未能立即攻陷,因为该城的地势颇为险要,守城者的抵抗也十分顽强。默啜可汗猛攻三天之后,才夺取了新城,于是将孙万荣的家眷和其他所有的官、民和财物劫掠一空,扬长而去。只是乙冤羽侥幸逃脱,火速前赴幽州,向孙万荣报告这一噩耗。

当时,孙万荣正处在与幽州的唐朝守军相持不下之际,陡然得此凶讯,不免有些慌张;而且雪上加霜的是,他没有及时地封锁这一消息,从而顷刻之间便闹得全军皆知了。契丹兵顿时人心惶惶,再也无心恋战。最为糟糕的是,原先追随孙万荣参战的奚族酋帅突然叛变,与唐军定下夹击之计。于是,正当唐军的神兵道总管杨玄基的大军在正面与契丹人交战,打得不可开交之时,奚人却在契丹军队的后方发起了突然袭击。孙万荣全线溃败,只来得及带着数千名骑兵向东逃窜而去。

但是,孙万荣的东归之路已经被唐廷的前军总管张九节截断。他与少量属下逃到潞水之东时,已知自己前景不妙,难逃生天了。他在一片树林中稍事休息,喟然叹道:"唉,我与李尽忠一起举事以来,大小战事,不下百次,但是这次的失败是最为惨重了。现在,我若归降唐廷,由于反叛大罪,显然难逃一死;如果投奔突厥,以默啜可汗的阴狠性格,大概也不会纵虎归山,让我逃生;即使投靠新罗国,这小小的国家恐怕也不敢与大唐为敌,我最终还是难逃一死!唉,真是走投无路了!"

他的这番感慨,令在场的几个属下更加心灰意懒,遂不免动了歹念。他们在一番密商之后,竟然合力斩杀了孙万荣,砍下他的头颅,投奔唐军,以此来"将功赎罪"。武则天获此意外厚礼,当然非常高兴,立即下令,将孙万荣的首级悬挂在四方馆(接待域外诸国人士的官邸)大门口,以警示"夷狄"诸部,要以孙万荣等为鉴,不得再有叛唐之心。

至此,唐廷获得的利益是"平定叛乱",而获得最大实际利益的则是突厥,因为契丹人的余部以及此前隶属于契丹的奚、霫诸部也都转而归突厥所有了,这为突厥日后长期控制契丹、奚等东方部族奠定了坚实的基础。在这以后,突厥第二汗国的形势是:它以蒙古高原为中心,东方的领土包括了契丹、奚、霫诸部的居地(相当于今中国的东北地区),西方延伸到传统的"西域"(大体指今新疆地区),东西相距一万多里,军队人数则达四十万。后世史家评论道,默啜可汗的汗国是唐初颉利可汗以来最为强盛的突厥政权。

不管突厥或唐廷各得了多少利益,在形式上,唐廷确是得突厥之助,才顺利地平定了契丹人的这场大反叛。所以,唐廷也不得不对突厥表示某种"善意",以作为回报;与突厥通婚之事,就这样付诸实施了。

圣历元年（698年）六月，武则天下令淮阳王武延秀纳突厥默啜可汗的女儿为妃；而武延秀则是武则天侄儿武承嗣之子，亦即武则天的侄孙，算得上高贵的"皇族"了。但是，凤阁舍人张柬之认为，以高贵的皇族成员去娶一个"夷狄之女"，是极大的屈尊，十分有损天朝的颜面，因此千万不可行。武则天哪里容得下臣下忤旨，遂贬张柬之为合州刺史，与突厥通婚之事则仍按原议。于是，由豹韬卫大将军阎知微摄春官尚书，右武卫郎将杨齐庄摄司宾卿，带着数以万计的金银、丝帛，率领使团前赴突厥；武延秀也随团而行，含有议亲和迎亲的意思。

八月，使团抵达突厥设在黑沙的南部都城。大大出乎武则天意料的是，此时的默啜可汗已今非昔比，他在"东征"中取得巨大胜利，将契丹等部族收归突厥后，国力大增，政治野心随之急剧膨胀，一心想南下扩张，从中原王朝那里夺取更多利益。因此，他改变了原有的策略，采取了寻觅机会与唐朝一战，以掠取土地与财物的思路。武则天"和亲"使团的到来，恰巧为他提供了一个很好的借口。

默啜可汗故意对使团的丰厚礼品和阎知微卑躬屈膝的讨好姿态视而不见，却反而声色俱厉地责问道："我的女儿是要嫁给大唐天子之子孙的，因为我大突厥的前辈可汗都与历代的大唐李姓皇帝交好。而今天，你们竟把姓武的小辈送来充数，这算什么意思?! 他又不是皇帝的子孙，你们是想侮辱我大突厥吗？真是岂有此理！我很清楚，大唐李氏皇帝还有两个儿子健在，那么，我不如发兵帮助他们，让他们夺回被篡的皇位。这倒是我对唐皇的报答呢！"

这番"高论"劈头盖脸地说出来，令使团成员震惊不已，人人目瞪口呆，一时答不出话来。默啜可汗也不容他们再有所辩驳，当即下令，把武延秀拘禁起来；而对于阎知微，则因他性好谄媚，贪生怕死，遂逼迫他为突厥的"南面可汗"，日后管理突厥辖境内的汉族居民。随后，默啜便率领十多万大军，浩浩荡荡地杀奔唐朝边境，分别攻击静难军、平狄军和清夷军。静难军使慕容玄崱御敌无方，在遭受并不很大的挫折后，就带着五千属下一起投降了突厥人。默啜可汗因此气焰更加嚣张，立即再进击妫州、檀州等地。

武则天得知默啜可汗肆无忌惮地侮辱自己的"大周"政权和武氏家族后,恨得咬牙切齿。不过,她的第一个"反击"却并非发兵讨伐突厥,而是将此前默啜赐给唐廷使节们的三品、五品官服都取消和销毁;显然只是发泄私愤,于实际大事却毫无助益。但是,这却给了突厥以更多的口实。

默啜可汗致书朝廷道:"中原朝廷有五大罪状:第一,你们给突厥的谷种都是蒸熟的,根本长不出庄稼来!第二,你们赠送的金器、银器,都是质量低劣的假货。第三,你们送来的丝帛也都是粗制滥造的劣质品。第四,我赐给使团成员的官服,你们居然敢于剥夺,则是对我的莫大侮辱。第五,我突厥大可汗的女儿应当嫁给大唐天子的子孙,但是你们却用低贱的武氏之子来假冒、充数,这是尤其不可容忍的!因此之故,我要发兵报复,夺取你们的河北之地。"默啜可汗就用这套似是而非的"理由"发动了对唐境的大规模寇侵。

武则天这时才急忙部署兵力,抗击突厥。她任命司属卿武重规为天兵中道大总管,右武威卫将军沙吒忠义为天兵西道前军总管,幽州都督张仁愿为天兵东道总管,总共统兵三十万。此外,还任命右羽林卫大将军阎敬容为天兵西道后军总管,帅军十五万,作为后援。显然,调用的总兵力多达四十五万,恐怕是唐朝立国以来,在对付突厥时所调用的最庞大兵力了。

此后,突厥频繁地与唐军交战,胜多负少,气势甚嚣尘上。698年的八月,默啜先是从恒岳道出,寇侵蔚州,攻陷飞狐县。两天过后,又进攻定州,斩杀刺史孙彦高,焚烧百姓房舍,掳掠男女,杀人无数。对于突厥人的猖狂破坏,唐军却没有大的作为。作为一国之君的武则天,也只是在盛怒之下,悬重赏(封王)斩杀默啜可汗;以及改"默啜"之号为"斩啜",显得十分无奈和幼稚。

突厥人则继续肆无忌惮地寇侵。九月,默啜大军包围赵州(今河北省石家庄市的赵县),长史唐般若竟然打开城门,接应突厥人。刺史高睿与其妻子秦氏一起被擒,默啜可汗试图劝降,于是拿出金狮子带和紫色官袍,对高睿说道:"你如肯归降我突厥,就封你为高官,享受荣华富贵;你若坚持不降,那么唯有死路一条!"高睿看看妻子,意思是要她表态,其妻秦氏则昂然答道:"官人常言要报国恩,那么今天正有这个机会!"高睿会意,于是夫妻俩不再言语,闭目等死。默啜可汗还不死心,又把他们禁闭了两天;高睿夫妻却不吃不喝,只求一死。默啜知道,自己的劝降已经失败,遂处死了二人。

　　武则天见此前的军队统帅均无有效的办法对付突厥人,只得任命刚被立为皇太子的李显为河北道行军大元帅,以狄仁杰为河北道行军副元帅,右丞宋元爽为长史,右台中丞崔献为司马,左台中丞吉顼为监军使,试图用更有威望和更有才干的将帅来扭转不利的战局。但是,与这一任命仅隔六天,大军还未发动,默啜可汗就大肆抄掠赵州、定州等地,杀了一万多人,掳掠了八九万民众,以及大批的牲畜和财物、丝绸,从代郡广昌县东南的五回道返回漠南的突厥根据地。狄仁杰率军十万,前往追击,却为时已晚,无果而返。

　　至此,突厥第二汗国的"伟业"虽然尚未到达顶峰,但是突厥人在东方的势力扩张已经趋于鼎盛,尤其是默啜可汗对中原王朝的侵扰,已经成为武则天政权的最大外患,终"大周"之世,突厥人的威胁是武则天的一块心病。

9.2　毗伽弟兄的"西伐"伟业

　　默啜可汗成功地进行了"东征",大大拓展疆土后,为了治理上的方便,在武则天圣历二年(699年)设立了一些副帅,分管广大的区域。他将兄弟咄悉匐立为左厢察(主管东方);将其兄,前可汗骨咄禄的儿子默矩(亦称默棘连)立为右厢察(主管西方)。各自领兵两万多。但是,在他们两人之上,还有一个号称"小可汗"的人,此即默啜自己的儿子匐俱;他统帅的是早先西突厥汗国"十姓"部落的军队,共四万。由于其管领的地域在西方,故也称"拓西可汗"。

　　可以想见,默啜可汗任命其儿子为职位仅次于自己的"拓西可汗",是旨在把拓展西方疆域的主要任务交给儿子匐俱,而自己则主要

·欧·亚·历·史·文·化·文·库·

经营汗国的东部。不过,由于骨咄禄可汗的两个儿子(默啜可汗的侄儿)十分能干,智勇双全,故突厥汗国向西扩张的主要业绩似乎都来自于他们,而并非有名无实的"小可汗"。突厥征讨西域诸部的最大和持久的一场战事发生在睿宗时期和玄宗初年,其主要统帅是骨咄禄的两个儿子和老谋深算的宰辅暾欲谷。

骨咄禄可汗的两个儿子自幼就具有很好的素质,长大后则骁勇善战,足智多谋。长子名叫默矩(或默棘连),生于 683 年,所以当 699 年默啜可汗任命他为"察"(亦作"杀""设",是突厥汗国中握有兵权的高官)时,他只有十六岁。他在十七年后(716 年)继承汗位,号称毗伽可汗("毗伽"意为"贤明的""英明的"),故后世史家习惯称他为"毗伽可汗"。为了便于辨识,本书自此以降,也就从俗地称他为"毗伽可汗"了。至于骨咄禄可汗的次子,则生于 684 年;由于其官位为"特勤"(突厥的高官称号,含义略如汉语的"王子""亲王"之类),且有"阙"(意为"伟大的""荣耀的"等)的赞美号,故世称"阙特勤"。本书此后也就通称"阙特勤"了。图 28 所示,为毗伽可汗与阙特勤的纪功碑。

突厥第二汗国"西征"武功的第三个重要角色,则是三朝元老阿史德元珍或暾欲谷。阿史德元珍早在骨咄禄起事之初就投奔于他,并被委以"专统兵马"的重任,位至"阿波达干"。他嗣后又是默啜可汗的重要宰辅,并由于将女儿嫁给了毗伽可汗,遂与毗伽可汗弟兄俩的关系十分密切,不但与他们一起参加了"西征"中的重要战役,还协助嗣后登上汗位的毗伽可汗治理政事。他"深沉有谋,老而益智",乃至被后世史家列为可与唐初名臣李靖、徐勣相媲美的人物。突厥语称其名为Tonyukuk;ton 意为"第一",yukuk 意为"珍惜""收藏"等,故汉名音译可为"暾欲谷",意译可为"元珍"("阿史德"是其姓氏)。本书自此以降便统一称之为"暾欲谷"。

突厥默啜可汗在 699 年任命儿子为"小可汗"或"拓西可汗",以及侄儿默矩为主管西方的"右厢察",确实是有意在西方扩张势力。但是他并未马上采取实际行动,原因是这几年,突厥正忙于东方的战事,无暇西顾。所以,直到唐中宗的景龙元年末或景龙二年(708 年)初,突厥才对突骑施发动了一次进攻。大致的经过是这样的：

神龙二年（706 年）冬天，突骑施首领乌质勒因为与唐朝安西大都护郭元振在大风雪中议事的时间过长而患病，乃至不治而亡。嗣后，由乌质勒之子娑葛继承其位。但是，乌质勒的资深部属阿史那忠节却不服娑葛的管辖，于是导致二人不断地相互攻击，突骑施的国力也就大为削弱。与之相比，突厥方面却正在春风得意之际：就在乌质勒去世的同时，默啜可汗寇侵灵州境内的鸣沙地区，击败灵武军大总管沙吒忠义，杀唐军数万，大获全胜；突厥还乘胜进击原州、会州等地，劫得陇右的牧马一万多匹。

随后，默啜可汗派遣了大军开赴西部前线，企图抓住这一大好机会，一举征服突骑施；而统帅这支西征大军的，则是毗伽可汗弟兄和暾欲谷，当然，在形式上，他们之上还有一个"小可汗"。不过，这次"西征"并未取得预期中的战果，原因有两个：一是唐廷在东方的牵制，使得突厥不敢冒双线作战、腹背受敌之险；二是突骑施内部的形势发生了变化，由严重分裂回归到比较平稳的局面，从而不再予敌国以"乘虚而入"的机会。

唐廷在沙吒忠义惨败于突厥之后，换之以御史大夫张仁愿统帅边军。张仁愿不负所望，取得了对突厥的初步胜利；随后，他一再上书朝廷，建议夺取突厥在黄河北岸的部分漠南领地，筑造三座首尾相应的要塞，以断绝突厥的南寇之路。最后，此议得到皇帝的支持，遂在景龙二年（708 年）的三月竣工三座"受降城"，占领了原属突厥的三百多里地，对数百里外的突厥黑沙南庭形成了不小的威胁。这使得默啜可汗不敢再让西征部队对突骑施主动开战了。

另一方面，突骑施内部的分裂形势最终得以改善：桀骜不驯的阿史那忠节势力衰落，经唐廷的金山道行军总管郭元振出面调解，表示愿意"入朝宿卫"。但是，他后来又轻信人言，贿赂唐朝宰相宗楚客，遣发安西都护府的驻军，再借吐蕃等部之军共击娑葛。不料娑葛先发制人，用突袭的方式生擒了阿史那忠节，并击杀唐廷的御史中丞冯嘉宾，终于使突骑施的政权复归于一人手中，政局渐趋稳定。于是，突厥在这历时一

·欧·亚·历·史·文·化·大·库·

年的过程中,不敢再对突骑施采取大的军事行动。

娑葛在 708 年的十一月擒杀冯嘉宾后,气焰比较嚣张,一度与唐廷的关系十分紧张;而唐廷也确实打算出兵讨伐突骑施。不过,娑葛毕竟不敢与中原王朝真正地进行军事对抗,故致书郭元振,语气缓和地解释了一番。嗣后,郭元振多次为他向朝廷申诉,最终娑葛被赦罪,并册封为"十四姓可汗"。其时已在 709 年的上半年。不久,娑葛又被唐廷册封为"归化可汗",并赐名"守忠"。突骑施与唐的友好关系得到进一步的巩固,突厥的"西征"事宜也就得更加小心谨慎了。然而,突骑施随后的新一波内斗又给予了突厥开战的大好机会。

原来,娑葛在与唐廷重归于好,再度掌控突骑施的大权之后,他的兄弟遮弩提出了分享胜利果实的要求。娑葛无法拒绝这位"有功之臣"的要求,于是分了一部分部落给他。但是,这远未满足遮弩的欲望,他在争取无果的情况下,竟怨念骤生,于 709 年的秋天叛入突厥,表示愿意充任向导,帮助突厥讨伐突骑施。这对于突厥来说,无疑是天赐良机,于是立即积极备战。

促使突厥决定主动出击的另一个重要原因是,他们获悉,唐王朝与突骑施、黠戛斯正在暗中联合,打算合击突厥。黠戛斯的方位偏突厥之北,突骑施偏于西侧,唐王朝则在突厥的南方。如果这三股力量同时发动,则突厥势必会面临极度不利的局面。所以,以暾欲谷为主力的西征军,几乎没有耽搁时间,在 709 年的冬天或翌年初春突然袭击了黠戛斯的根据地。

突厥的西征军发自漠北的传统根据地于都斤山,而于都斤山则位于今杭爱山脉东南端的鄂尔浑河上游流域和塔米尔河流域。黠戛斯在于都斤山的西北方,所以,突厥军队首先渡过乌哈 – 乔卢托伊山脉南麓(杭爱山东南端的北侧分支)的北塔米尔河,然后横贯哈内河谷,沿着台尔希河上溯,直抵塔尔巴加泰山脚下。这几百公里的路都是比较平坦的雪地。作为杭爱山北侧分支的塔尔巴加泰山脉十分高峻,其南麓又极为陡峭,再加上隆冬的深厚积雪,令突厥军队非常艰苦地翻越了此山,经伊第尔河上游后取道北上,抵达唐努乌拉山脉的南麓。但是,由于高大的唐努乌拉山被大雪所封,故突厥人只得沿着其南麓向西行走一二千里后,在乌布沙泊西北方的萨克利亚河源处越过唐努乌拉山的西端,再趋向于北偏西方,在苏尔山口越过西萨彦岭,抵达阿尼河的上游地区。

突厥西征军经过这样的长途跋涉之后,稍事休整,便算准时间,顺着阿尼河直奔下游,在深夜时分攻入了位于阿巴根河流域等地的黠戛斯人的大本营。黠戛斯人从睡梦中惊醒,仓促之间,难以应战,遂被突厥的精锐骑兵冲得七零八落,短时间内出现大批伤亡。等到可汗好不容易集结起残部,却又在正面交战中被突厥所败。最终,黠戛斯的可汗被斩杀,群龙无首,黠戛斯遂投降突厥。

突厥长途奔袭,击灭了黠戛斯,对于此前唐朝、突骑施、黠戛斯三方合击突厥的计划当然是个沉重的打击,不过,远未达到粉碎三方联盟的程度。因为当突厥人刚刚班师,东返突厥境内时,获悉了一个凶信:突骑施和唐王朝已经下令合击突厥。唐廷任命吕休璟为金山道行军大总管,郭虔瓘、安处哲等为副大总管,率领瀚海、北庭、碎叶等地的汉军五万;此外,尚有朔方道行军大总管张仁亶的十五万人马、凉州都督司马逸客的七万人马、灵州都督甄粲的六万人马,以及临洮军使甄亶的二万人马。至于突骑施方面,则由其酋帅娑葛亲率各部落的二十五万骑兵。这样,两军合在一起,有六十万之众;而突厥倾全国兵力,恐怕也不到此数。此时,正当景云元年(710年)的夏天或秋天。

面对如此严峻的形势,突厥的高层却产生了分歧。默啜可汗胆怯了,他没有勇气直接面对这样的强敌,因此借口要为自己刚去世的妻子举行葬礼而欲返回汗庭。另一方面,他则把一线作战的任务交给了暾欲谷和毗伽可汗,要他们驻扎在金山,灵活机动地对付敌军。默啜可汗虽然在表面上全权委托暾欲谷自由调度军队的进退,可是私下却对称为"阿波达干"的一位心腹说道:"暾欲谷肯定会积极主张主动出击,但是你千万不要同意呀!"

平心而论,默啜可汗匆匆地返回汗庭,也并不是完全出于胆怯和推卸责任,还有一种可能,是他希望通过对唐廷表达"臣服"之意的方式,来换取唐军的撤销军事行动，或者，至少缓解军事压力。默啜可汗的"求婚"使团于景云二年（711年）的正月抵达唐廷，一反常态，谦卑地提出了和亲通好的请求。唐帝并未拒绝这一要求，并还派遣和逢尧回访突厥。和逢尧不无调侃地向默啜建议道："你与大唐通婚后，西域诸部肯定都会惧怕突厥的声势而归附你了。那么，你不如索性换上大唐的衣冠，就更能使他们臣服了。"默啜二话没说，在第二天就更换成唐朝的冠服，向唐使下拜，自称"微臣"。

尽管不少唐朝大臣都认为默啜可汗的这些"臣服"表现，乃是缓兵之计，不可相信。但是，唐皇却对突厥回报了相当的"善意"：一是答应了默啜的求婚请求，二是暂停了讨伐大军的行动。后者对于突厥来说，更是天大的"福音"，这使得尚在阿尔泰山前线的突厥西征大军大大地松了口气。当然，唐廷的这一转变实际上并非真的对突厥有什么"善意"，而是试图让突骑施与突厥充作相争的鹬蚌，自己则躲在幕后，坐收渔翁之利。

果然，突厥与突骑施在相持一年之后终于出手了。决定对突骑施开战的关键性角色，是西征军高层统帅中的强势人物暾欲谷。至少有三个原因促使暾欲谷做出了这个决定。第一，他本来对南方的汉人及其文化存在着很深的成见，认为一向以游牧为生的突厥人一旦被汉人的定居文化所同化，就会变得衰弱，是灭亡之道。所以，他十分反感默啜可汗最近对唐的过分"臣服"；而出兵攻击唐朝的盟友突骑施，则是破坏默啜臣服于唐，导致突厥汉化的有效办法。

第二，目前是击溃敌方的最佳时机：与突骑施已经相持了一年，对方的戒备难免有所松懈，而当前又正逢隆冬时节，突骑施很可能想不到突厥会在这种恶劣的天气条件下采取军事行动。另一方面，默啜可汗与唐廷的"和解"多少减轻了唐朝的军事压力，至少暂时不会对突厥进行大举讨伐，故突厥可以集中精力，先解决突骑施的问题。

第三，也是非常现实的一个原因是，前可汗骨咄禄的儿子默矩（亦即后来的毗伽可汗）与其弟阙特勤也是这支"西征军"的统帅之一；暾欲谷很想帮助自己的这位女婿建立战功，扩大影响，以便日后有足够的实力与默啜的儿子争夺默啜留下的汗位。显然,这场"西征"战事是一个很好的立功机会,一旦取胜,无论是毗伽可汗还是他暾欲谷本人,都将获得巨大的政治和经济利益。

于是,景云二年(711 年)的冬天,突厥发动了对突骑施的征战。暾欲谷率领的突厥军队越过阿尔泰山,渡过曳咥河(今额尔齐斯河),连夜进军,在黎明时分抵达了博勒济,袭击了驻扎在那里的突骑施人。不过,在雅里斯平原上驻扎着十万突骑施军队,他们闻讯后,立即前来驰援,从而与五万突厥远征军进行了激烈的正面交战。由于突厥人的斗志高昂,战术运用得当,因此最终竟俘虏了突骑施可汗娑葛,杀死了多名高官。突骑施的大军溃散,纷纷逃窜;而其逃窜的前方,却正有另一支突厥西征军在等着他们。

这即是以毗伽可汗、阙特勤为首的突厥军队。他们与暾欲谷协同作战:暾欲谷翻越阿尔泰山,直接打击突骑施;毗伽可汗与阙特勤则向北打击两年前曾受重创,此后又重整旗鼓的黠戛斯。他们击溃黠戛斯后,又南下接应暾欲谷,从而与正在逃亡的黑姓突骑施人遭遇。黑姓突骑施的可汗被杀,只得臣服于突厥,被安置在塔巴尔地区。不过,旋即又有突骑施部落叛反,所以,毗伽可汗与阙特勤的部队不得不继续留在锡尔河北,以扫荡突骑施残余势力。图 29 所示为突骑施的领地与钱币。

至于暾欲谷所率的突厥部队,则在先天元年(712 年)的春天南渡锡尔河,进入索格底亚那。这支突厥军队虽然并未取得特别辉煌的胜利,但是由于粟特地区的城邦诸国并无实力——或者无意于——抵抗突厥大军,故突厥人一度南抵铁门,亦即是说,差不多到达了室点密可汗时期或统叶护可汗时期西突厥政权的南界。所以,就形式上看,突厥第二汗国在中央亚欧地区的"声威"也算是相当不错了。

9.3 汗国的权争与崩溃

尽管暾欲谷和毗伽可汗等人在获得西征的巨大战功时,默啜可汗正在东方向唐王朝扮着笑脸"求婚",但是,这毕竟是整个突厥汗国的业绩,而作为大可汗的默啜当然为这汗国的空前强盛而深感骄傲。默啜可汗在得意之余,又恢复了对唐境的侵犯。

开元二年(714年)二月,默啜可汗派遣其儿子移涅可汗("小可汗"),还有妹夫火拔颉利发、同俄特勤等率领精锐骑兵,围困唐朝在西城的北庭都护府治所。守城的右骁卫将军郭虔瓘先是拼命固守,任凭突厥狂妄地挑战、辱骂,都决不主动出战。等到突厥攻城无果,锐气磨灭,稍有懈怠之际,郭虔瓘却突然打开城门,冲杀出来。最前线的同俄特勤猝不及防,竟被唐军生擒后斩杀,并将其首级挂在城头示众。于是,突厥畏惧,军心涣散,慌忙撤兵了。火拔颉利发兵败之后,害怕回国后遭受默啜可汗的严惩,便带着妻小一起投奔唐朝,结果被封为燕北郡王,任左卫大将军。

默啜可汗闻讯之后,勃然大怒,发誓要把叛将处死。然而,由于默啜可汗对诸部变得越来越傲慢,对属下越来越苛刻,背叛突厥的部落和将领也就越来越多了。例如,当年九月,葛逻禄、车鼻施等部落前赴凉州,表示愿意归降唐朝。开元三年(715年)的二月,又有原属西突厥的十姓部落及挟跌等部落相继率众归降唐朝,前后总数达一万余帐。此外,不久后连默啜可汗的女婿阿史德胡禄也投奔了唐廷。当年秋天,默啜可汗征讨九姓乌古斯,与阿布思所率之部战于漠北,虽然打得九姓乌古斯大败,却也导致阿布思残部归附了唐朝。默啜遂为突厥树立了越来越多的敌对势力。

翌年(716年)的六月,默啜可汗又率领大军征讨拔曳固,在独乐河(今土拉河)畔大败拔曳固。获此大胜后,默啜得意非凡,便不再严密戒备,乃至经过一处稠密的柳林时,竟被突然杀出的一个拔曳固散兵斩杀。这个"杀手"名叫颉质略,个人的武功很强,但因拔曳固大军被击溃,故随之逃散,恰巧在柳林中见到毫不设防的突厥可汗,遂迅速刺杀了他,割下默啜的首级,迅速逃遁了。当时,颉质略把默啜的首级献给了正好出使在突厥的唐朝大武军子将郝灵荃,并随他一起归唐领赏。唐廷获得这意外礼物之后,立即在首都悬首示众,宣扬突厥的衰败之势。于是,旋即有拔曳固、回纥、同罗、霤、仆固五个部落前来归降唐朝。

突厥内部则出现了高层权争导致的动荡。

先是，默啜的儿子"小可汗"子承父位，取得了突厥"大可汗"的名号与权位。但是，早就对父亲骨咄禄之汗位落入叔叔默啜之手不满，并且如今已经羽翼丰满的默棘连弟兄俩却不再愿意臣服于自己的堂弟了，他们决定夺回这本该属于自己的汗位，其中尤以弟弟阙特勤更为积极。他率领精锐，袭杀了新可汗，并且趁着对方还没有完全镇定下来之际，又快刀斩乱麻，将其诸子及亲信们逐一捕杀。旋即，阙特勤宣布拥立其兄默棘连为突厥的最高统治者，号称"毗伽可汗"。面对如此强势，并且居功至伟的兄弟，毗伽可汗也不敢直接坐享其成：他再三表示要让阙特勤出任"大可汗"之职，遭到对方坚拒后，才接受了汗位。时在 716 年的七月。

默啜可汗之死，以及随之而来的突厥内部的权争，给突厥带来了相当大的负面影响。此前隶属于突厥汗国的东方诸部族，如奚、契丹等，相继投靠了唐王朝；西部的突骑施的苏禄也自立为可汗，脱离了突厥的控制；至于突厥本身的诸多部落，也因派系纷争而失去或减小了凝聚力。面对这一尴尬的局面，刚当上可汗的毗伽有点束手无策。好在他的岳父，三朝元老暾欲谷为他出谋划策，解决了不少难题，终于使突厥的局势逐渐稳定下来。

由于突厥汗国的形势好转，原先降附唐王朝，居住在河套地区的突厥"降户"又起了异心，纷纷叛唐，再归突厥。毗伽可汗受这一新形势的鼓舞，不免雄心勃发，又欲南侵唐境，扩张突厥势力。然而，此议被老成持重的暾欲谷所否定，他劝告毗伽可汗道："现在的唐朝君主，极有才干、见识，稳稳掌控了朝政；而唐境又连年丰收，百姓生活安宁，军队强盛，几乎没有可乘之机。而反观我突厥，虽然目前的形势不错，但是毕竟新君刚立，内乱刚过，武装力量还远不及唐朝。所以，似乎应该再用数年积聚力量，然后再见机行事，伺机而动。"毗伽可汗听他说得有理，遂取消了南侵的打算。

又，毗伽可汗见过中原王朝的城池，建筑华丽，生活繁荣，而在御敌时又坚不可摧，因此十分羡慕，也想模仿其形制，在突厥境内筑造城池。

另一方面,来自西域和中原地区的许多佛僧,经常出入突厥境内,十分积极地传播佛教。这使得毗伽可汗颇受影响,竟欲为他们建立寺院,以供进一步"光大佛法"。暾欲谷则坚决地批评了这种想法,认为这与突厥的游牧文化和具体环境是绝不相容的。他分析道:

"可汗千万不能机械地模仿唐朝的这类做法,因为我们的具体环境、条件与中原地区完全不同。突厥的人口稀少,恐怕不过是唐朝的百分之一。以往,我们之所以能与中原王朝相匹敌,有时甚至战而胜之,是因为我们随逐水草,居无定处,并且人人习武,善于骑射,所以,机会良好时可以突然抄掠,攫取财物,形势不利时可以及时撤退,遁入山林。这样,对方即使兵多将广,也奈何我们不得。但是,假如我们改变旧俗,筑起城郭,聚集居住,那么,一旦被围,城池沦陷,就很可能全军覆没,几无生理。这可是犯了大忌呀!至于佛教之类,其要旨即是劝人逆来顺受,仁慈不杀,而这与我们突厥历来的以武争胜的传统大相径庭;故一旦突厥人都奉此道,我们不都成了任人宰割的羔羊吗?这又是万万不可行的呀!"毗伽可汗听后,惊得涔涔汗下,连忙表示接受暾欲谷的劝说,从此不再有筑城、建寺之想。

毗伽可汗听从暾欲谷的建议,暂时与唐联和,尽量避免与之正面对抗。于是,在开元六年(718年)的正月,遣使唐廷,意欲缔结和议。登基不久的强势唐皇玄宗虽然在形式上接受了突厥的求和,但是实际上却根本没有放弃彻底击溃突厥政权的战略方针。他在答诏中展示了居高临下,威胁加利诱的姿态:"你们的前可汗默啜曾经诈降求婚,我大唐宽宏大量,赏赐无数,他却旋即背信弃义,纵兵寇掠唐境。对此逆臣,我天朝只能诛杀,决不宽贷!如今,你们既有求和诚意,我当然还是欢迎,希望你们像汉朝的匈奴呼韩邪单于一样,真心诚意地归降天朝,那么,我可以保证你的荣华富贵。但是,如果口是心非,甚至心怀奸谋,效学默啜,那么,肯定是自取败亡,决无幸免!我想你毗伽可汗是个聪明人,不至于走后一条路吧!"试想,同样心高志傲的毗伽可汗接到这份通牒般的"国书"后,会做何感想呢?显然,突厥与唐的冲突是不可避免了。

关键更在于唐玄宗采取了主动打击突厥的政策。他在突厥求和的次月(二月),就开始规划讨伐突厥的远征军,其中的参与者除了唐军之外,还包括夷狄诸部,如九姓乌古斯、拔悉密、坚昆、契丹、奚,甚至突厥前可汗默啜的儿子墨特勤的部队等,总数达到三十万,由御史大夫,朔方道大总管王晙统领。整个形势显示,"蕃汉之兵"对突厥形成了合围之势,尽管此举并未立即付诸实施,但是对毗伽可汗形成的压力是空前强大的。

针对这种恶劣的形势,突厥人开始了反击,他们试图用打击某些部族的方式,粉碎这一"合围"计划。开元六年(718年)对乌古斯的讨伐便是这些军事行动之一,突厥人顺利地击溃了乌古斯,劫掠了许多财物和人、畜,乌古斯的一些残部逃入唐境避难。毗伽可汗随即在同年六月又东征了奚和契丹,同样取得了大胜。接着,葛逻禄人也遭到了突厥人的攻击。不过,毗伽可汗获得的最大胜利是对拔悉密的征服。

按照唐军原来的规划,是让拔悉密、奚、契丹分道从东、西两方袭击突厥的牙帐,唐军再予以配合,从而对突厥形成三面夹击的优势。然而,突厥人按暾欲谷的建议,先向东击败了奚和契丹,已经暂时消除了后顾之忧,如今,则剩下如何解决拔悉密和唐军的问题了。暾欲谷分析道:"奚和契丹地处东方,拔悉密则在西域的北庭,二者相距遥远,通讯不便,肯定难以协调;再说,奚和契丹刚被我们击溃,正在混乱之中,那么,东西两敌的联系和配合更难正常进行。至于唐军方面,我听说他们的两个高层统帅争权夺利,关系失和,则有可能不会及时出击我们。此外,即使唐军前来,我们可以提前主动撤退,北行三天路程暂避,待他们粮草耗尽后再返回。所以,我估计,由于拔悉密多为轻装骑兵,并且贪图我们的财物,将会率先抵达。那么,我们只要集中兵力,给予他们致命一击,就能缓解这次危机了。"

果然,正如暾欲谷所料,开元八年(720年)的冬天,拔悉密的军队最先逼近突厥位于稽落水(当今蒙古中部的喀尔喀河)的牙帐所在地,不过,他们却并没有等到预期中的唐军出现。这使得拔悉密胆怯起来,他们考虑再三之后就撤兵了。毗伽可汗见状,意欲立即堵截邀击,可是

欧·亚·历·史·文·化·文·库·

暾欲谷却说道:"目前,邀击的时机还不成熟,因为拔悉密既然主动撤兵,显然会采取措施,防止我军追击;并且,他们身处险地,必会高度戒备,拼尽全力一战,这样对于我军并无好处。所以,如今只要暗暗追蹑其后,等到敌军接近家乡时,就会放松警惕,那时我军突然一击,肯定能用最小的损失换取最大的胜利。"

于是,突厥的精锐大军始终悄悄地尾随着拔悉密撤退的骑兵。这是一次完完全全的"远征",因为突厥军队的始发之地是在漠北的喀尔喀河流域,朝着西南的总方向行进,首先遇到的大河是发源于杭爱山脉南麓,向南流经戈壁地区的翁金河;他们在抵达翁金河的西岸后,便在杭爱山南坡和阿尔泰山北支之间的狭长而干燥的谷地中行走了两千多里路,离北庭都护府治所(今新疆吉木萨尔城北附近)约二百里时,再兵分两路:一支通过捷径围困北庭城,另一支则袭击疲劳而松懈的拔悉密军队。

这一仗,突厥大获全胜,他们不但几乎全歼了拔悉密的"远征军",还在返途中寇侵唐境,大肆掳掠了一番。其行程大致是:在庭州附近击灭拔悉密之后,南越今博格达山脉中的金娑岭,进入吐鲁番盆地;再一路东去,挺进河西走廊,劫掠凉州(今甘肃中部),并与唐朝将领卢公利、元澄等人的军队交战于删丹(属甘州,东距凉州边界不远),大败之,歼敌一二万。最后,毗伽可汗带着大批战利品,从张掖的西北翻越合黎山,取道居延海,返回了漠北的根据地。

毗伽可汗经过这一系列的大小战役,声势大振,以前在默啜可汗全盛时期隶属于突厥的许多部落和领地再次被汗国掌控,在蒙古高原和整个西域地区,突厥成为最有实力的政权。然而,毗伽可汗仍然感到有一个很大的不足,即是未能与南方强大的唐王朝结成姻亲关系。突厥认为,与唐王朝的通婚,对于自己至少有三层重大意义。第一,按照自古以来的传统观念,联姻中原王朝是一件非常光彩的事情,是"正统权威"得到承认的象征。第二,也是更重要的一点是,突厥正好可以利用普遍流行于夷狄部族中的这一观念,名正言顺地号令诸族,从而牟取更大的政治、经济利益。第三,即使是与唐王朝在这种形式上的"亲谊",

也可大大减轻这个强大邻国对突厥的敌意,甚至还能不时获得财物方面的资助。

正是鉴于这一考虑,毗伽可汗在相继取得击溃奚、契丹、葛逻禄、拔悉密,乃至大败唐军的巨大胜利后,仍然向唐廷展示了和解的姿态,于翌年(721年)正月遣使求和,甚至不惜低声下气,愿意以"儿子"的身份对待唐皇。玄宗尽管接受了突厥的和解请求,却并未允诺通婚之事。原因很简单,因为他也深知,唐廷与突厥的通婚不啻是为虎添翼,那岂不是自树劲敌? 所以,不管突厥频繁地遣使前来求婚,玄宗却始终不予承诺。

唐廷拒婚突厥的借口五花八门,有的几乎是强词夺理,从而表明了当时的唐王朝其实对于突厥还是十分忌惮的。例如,开元十二年(724年)的七月,以哥解颉利发为首的突厥使团赴唐廷求婚,在礼节方面不能算不周到,却仍被唐廷以"使臣地位太低"为借口,拒绝了这次求婚。翌年(725年)四月,鸿胪卿袁振出使突厥时,毗伽可汗据理力争,认为连出身低贱的吐蕃、曾是突厥奴仆的奚和契丹,唐廷都能与之通婚,却为何单单拒绝与突厥通婚? 袁振却用一个连自己都难以相信的理由回答道:"可汗现在既然是大唐天子的儿子,那么,若然和亲,岂非兄妹通婚,乱伦了? 如何可行!"尽管他最终答应回国后向玄宗转达可汗的要求,并且,突厥也立即派遣了高级使团前赴唐廷,但是,玄宗只是答谢了丰厚的财物,却依然没有答应降嫁公主!

毗伽可汗对于唐廷的这一态度虽然很不满意,却也无可奈何,因为它的实力毕竟远远不如最为兴盛的开元时期的唐王朝;相反,它往往还得尽量避免与唐王朝处于敌对的立场。开元十五年(727年),吐蕃打算寇侵瓜州,为了保证这次行动取得完全的成功,遂遣使致书毗伽可汗,希望突厥届时也派兵参与,从另一方向劫掠唐境,使之首尾难顾。毗伽可汗却不敢造次,于是只佯装答应,暗中却立即派遣其大臣梅录啜前赴唐廷,将吐蕃的这一信函呈交玄宗,彻底地"出卖"了吐蕃。唐廷有了戒备,因此在随后与吐蕃的交战中大获全胜。

唐玄宗从而对毗伽可汗大生好感,便给予了许多物质奖励:下诏开放朔方的西受降城,作为与突厥互市的地点,使之可用很低廉的价格获

·欧·亚·历·史·文·化·文·库·

得大量优质丝绸,在欧亚大陆的中介贸易中赚取巨额利润。所谓的互市,主要是唐朝用丝绸换取突厥的马匹;唐廷每年花在这方面的丝绸达数十万匹。此外,唐廷还给予了突厥不小的"精神奖励",如开元十九年(731年)三月,毗伽可汗的兄弟,时任突厥汗国左贤王的阙特勤去世,唐玄宗大表善意,特意派遣金吾将军张去逸、都官郎中吕向奉皇帝玺书,前赴突厥吊唁;同时,他还为阙特勤墓前的纪念碑亲撰碑文,表彰毗伽可汗与阙特勤弟兄二人与大唐的"亲密友谊"。突厥汗国的领袖获得大唐皇帝如此隆重的礼遇,确实可说是不可多得的"殊荣"了。

在随后的数年间,突厥与唐廷的关系确实越来越好,以至唐玄宗决定不再拒绝毗伽可汗的通婚请求了。这使得毗伽可汗大有受宠若惊之感,赶快遣使赴唐"谢婚"。开元二十二年(734年)四月,毗伽可汗派遣可解粟必、他满达干为使臣,专程向玄宗的允婚叩谢。他在谢婚表中除了盛赞玄宗对于突厥的"恩德"外,还一再谦卑地声称"皇帝即是我的父亲,我就是你的儿子",感恩戴德之意溢于言表。使臣们还献上了四十匹良马和其他礼物。

然而,毗伽可汗好不容易盼到的"好事"却无法实现了,因为就在他遣使唐廷的当年,他一向十分重用的大臣梅录啜却生了异心,欲置毗伽可汗于死地。梅录啜使用了一种慢性毒药,让可汗在不知不觉间中毒,体力逐步衰竭,等到毗伽可汗最终发现梅录啜的阴谋时,为时已晚。虽然可汗在临终前的数天里,指挥亲信部队击杀了梅录啜,并灭其全族,但是仍然逃不过一死。毗伽可汗的死讯传到唐廷,玄宗也不免唏嘘,因为在毗伽可汗任内,突厥与唐朝的关系总的说来还算不错,突厥虽未真正地对唐廷言听计从,却也没有惹下多大的麻烦。所以,玄宗给予了他很高的礼遇:废朝三日,在东都的南门为之举哀,并命宗正李佺前往吊祭。

突厥方面,族人则推举毗伽可汗的儿子继位,称伊然可汗。伊然可汗继续维持着与唐的友好关系,他也对唐皇执"儿子"之礼。玄宗则始终考虑到"父子情谊"而给予突厥较好的物质待遇,如在双方互市,以丝绸换马的问题上,虽然突厥屡次以劣马充数,但是唐廷依旧比较容忍,以善言相劝,没有太过咄咄逼人。不过,伊然可汗的治政能力显然不及其父,他既无拓展疆域的伟大武功,也无励精图治的国内建设,只是大体上保持了六七年的和平,直到开元二十八年(740年)因病去世。

伊然可汗去世之后,由其兄弟继承汗位,称苾伽骨咄禄可汗,唐廷则册立他为"登利可汗"。登利可汗的生身母亲即是暾欲谷的女儿,名叫婆匐。婆匐颇受暾欲谷的先天遗传和后天影响,热衷政治,擅长机谋,因此当儿子出任突厥大可汗之后,不免有干预国政之举;而更令其他酋帅鄙视和不满的是,传闻她与其近臣饫斯达干有染。于是,突厥第二汗国步入了频繁权争的衰败时期。

登利可汗的两个堂叔父分别掌控着突厥在东方和西方的精锐军事力量,称为东设(或左设)和西设(或右设)。二人既掌重兵,如今又是可汗的长辈,因此新继位的登利可汗对他们十分忌惮,遂与母亲婆匐商议,意欲除去二人。结果,母子俩以"商议国事"为借口,骗得右设(西设)未曾戒备地来到大汗的牙帐腹地,从而被登利可汗一举击杀;其兵权也被登利所夺。东设(左设)判阙特勤(也称骨咄叶护)得到右设的凶讯后,自知早晚也难免落得同样下场,因此毅然起兵,与大可汗登利公然对抗。登利的声望和能力都远不及判阙特勤,故未几即战败被杀;其母婆匐则侥幸逃脱。时在开元二十九年(741年)的夏天。

不过,突厥内部的杀戮并未至此结束,因为判阙特勤杀死登利后,虽然拥立了毗伽可汗的另一个儿子为大可汗,却旋即发现自己并不能顺利地操控新可汗,于是杀死了他,再立可汗的一个年幼兄弟为可汗。不久后,判阙特勤还是不能满足自己的权力欲,遂索性又杀了新立的可汗,自己直接掌权,自号可汗。其时,突厥国内陷入大乱。

面对塞外如此纷乱的局面,唐玄宗便命左羽林将军孙老奴前赴葛逻禄、回纥和拔悉密等部"宣慰",意欲利用这些部落的力量来缓解突厥的动乱。他在诏书中自然对他们的"忠心"赞扬了一番,又用重赏高官来鼓励他们效忠于唐。这些部落随后确实对突厥采取了行动,只不过也是用武力为自己夺取更多的利益而已。天宝元年(742年)八月,原属突厥的拔悉密、回纥、葛逻禄三部击败了自称可汗的判阙特勤,并杀之。同时,推举拔悉密的酋帅为突厥大可汗,称"颉跌伊施可汗";回纥、葛逻禄的酋帅则被封为"左叶护"与"右叶护"。另一方面,判阙特勤的残部则拥戴他的儿子为新可汗,称"乌苏米施可汗",乌苏米施的儿子葛腊哆则为"西设"。

玄宗于是遣使乌苏米施,要他归降唐廷,但是乌苏米施却拒不接受。这样,朔方节度使王忠嗣就在碛口屯驻了大量军队,以此来威胁突厥。乌苏米施见状,心生恐惧,遂向唐廷表示愿意归降,但是在具体行动方面却迟迟不见动静,显然是想拖延时间。王忠嗣识破了他的心思,便让拔悉密、回纥和葛逻禄发兵攻击乌苏米施,吓得他慌忙逃窜,而王忠嗣则乘机发兵追击,降服了突厥的右厢地。

稍后的九月间,突厥西设的妻子家小、默啜可汗的孙子勃德支特勤、毗伽可汗的妻子和女儿大洛公主、伊然可汗的小妾余塞匐、登利可汗的女儿余烛公主,还有突厥西叶护阿布思及颉利发等酋帅都相继率众来归附唐朝。玄宗十分高兴,在花萼楼宴请了这些人,并给予了丰厚的赏赐。

两年之后,即天宝三年(744年)的秋天,拔悉密的军队斩杀了逃亡中的乌苏米施可汗,将其首级送到长安。但是,其残部仍未被完全镇服,他们又推举了乌苏米施的兄弟骨陇匐白眉特勤为可汗。朔方节度使王忠嗣再次发兵,直抵萨河内山,击溃白眉可汗在东方的阿波达干等十一部,但是对其西方的势力则未能撼动。在此同时,回纥与葛逻禄则联合起来,攻杀了他们此前推举的"突厥大可汗",拔悉密的颉跌伊施可汗。而回纥的酋帅骨力裴罗则自立为"骨咄禄毗伽阙可汗",并且遣使唐廷,要求中原王朝给予合法承认;玄宗随即册封他为"怀仁可汗"。

于是,回纥的怀仁可汗在翌年的正月击杀了突厥第二汗国最后一个名义上的大酋帅白眉可汗,传首京师;占据了突厥的故地,设牙帐于乌德犍山(于都斤山),并先后兼并了拔悉密、葛逻禄等部,正式结束了突厥复兴后的"第二汗国"的历史。这个突厥政权,从骨咄禄可汗在682年起事,到白眉可汗在745年被杀,总共历时63年,虽然也不乏东征西讨的伟业,但是与其祖先的"第一汗国"的强盛相比,则相差不止一筹了。

第二编　回纥雄霸蒙古高原

10 早期的传说和前期的历史

10.1 回纥源流的神话传说

上文谈到,当白眉可汗被回纥的骨力裴罗所杀,突厥第二汗国的政权就终止了,而这也可以视作另一个草原霸主回纥汗国的正式开始。在骨力裴罗治下,回纥部族逐步走向强盛。骨力裴罗在 742 年自称叶护,不久后又称骨咄禄毗伽阙可汗,并旋即被唐廷册封为怀仁可汗,从而在漠北和西域诸部中拥有了很高的权威,开始了回纥汗国的"伟大创业"征程。当然,这仅仅是回纥强盛时期的开端,而它的历史渊源则可以追溯到很久以前。

从广义上说,回纥是突厥民族中的一支,亦即是操突厥语的各族中的一支,与被它击灭的突厥政权之王族阿史那氏突厥人属于同一个大民族。但是,从狭义上说,它与汉文古籍所称的古代"突厥"则有区别;或者可以概括地说,回纥与阿史那氏突厥是同一大民族中的两个不同的部族群体。尽管汉文古籍多称回纥是匈奴的后裔,但是现代学者则多倾向于认为,回纥是北朝以降遍布于中央欧亚地区的总称"铁勒"的部族之一。由于号称属于"铁勒"的部落,东起蒙古高原,西抵东欧,大小不下于四五十个,不仅分布范围极广,并且族源五花八门,甚至相互间截然不同,有的肯定属于蒙古利亚人种,有的则明显是高加索人种,所以,回纥即使被说成是"铁勒"(也称"敕勒""高车")部落之一,也并不意味着它明确的人种归属,而只是指出它祖源的部落名号而已。

回纥是中央欧亚草原地区的游牧部落,又与突厥有着相当密切的渊源,所以,有关它的源流传说也与前者一样,有着类似的神奇色彩。例如,苍天、日月、狼也都是这些美丽传说中的重要因素。一份古回纥

·欧·亚·历·史·文·化·大·库·

文的文书描绘了回纥人的先祖"乌古斯可汗"的故事。乌古斯天生异禀,出生四十天后就长为成人,并且有着与众不同的相貌:青色的脸,红色的嘴和眼睛,浑身是毛;其双腿如公牛,腰似狼,肩如黑貂,胸如熊。不过,最令人们敬佩的是他的英雄行为,乌古斯为民除害,杀死了森林中一直残害人畜的独角兽。

乌古斯敬畏上天,崇拜日月。有一天,他在拜天之时,从天空中射来一道金光,比日月还要耀眼;光中端坐着一位美丽之极的姑娘。乌古斯立即深深地爱上了这位姑娘,于是向她求爱;而姑娘也十分爽快地同意了嫁给这位英雄。就这样,二人结婚后相继生下三个儿子,长子名叫太阳,次子名叫月亮,第三子名叫星星。数年之后,乌古斯在原始森林中的一棵古树窟窿中发现了一位美丽的姑娘,她的眼睛比天还蓝,发辫就像流水,牙齿就像珍珠。乌古斯也爱上了她,与她结婚后,生下三个儿子,名字分别叫青天、高山、大海。

乌古斯为百姓们做了许多好事,于是族人和普通民众都拥戴他为可汗。乌古斯可汗从此拥有了很大的实力和权威,不过,他还要为自己的汗国建立更大的业绩。他对全体臣民宣称道:"我是你们的可汗,请你们一定要听从我的号令。请战士们拿起弓箭,手执盾牌,随我一起征战。让族徽作为我们的幸运标志,让苍狼作为我们的战斗口号,让太阳作为我们的旗帜,让青天作为我们的穹帐!"

此后,乌古斯可汗就带领国人开始了南征北战,东讨西伐。东方的阿勒通汗慑于乌古斯汗的威势,表示愿意臣服,于是两国结成了同盟。但是,西方的罗马皇帝则率军抵抗,于是双方进行了激烈的交战,暂时未分胜负。两军正在相持之际,在一道天光之中出现了一只大苍狼,它对乌古斯可汗说:"我愿意为你引路,夺取胜利!"于是,乌古斯可汗的大军跟随着大苍狼一路推进,并在伏尔加河畔与罗马人打了决定性的一仗,大获全胜,导致罗马皇帝狼狈逃窜。

嗣后,乌古斯可汗又向东征服了女真,向南征服了印度,向西征服了叙利亚,其他许多政权,如唐古特、巴尔汗等,也相继向他称臣。乌古斯可汗也就成了回纥人的先祖,创造了强大的回纥政权。

这个故事的撰写年代,可能相当于元朝时期,即 13 和 14 世纪,距离回纥的真正起源时代其实已经十分遥远。所以,尽管故事的情节很动人,却除了敬天、崇狼等文化因素确实符合回纥的特征外,有关"征战"的描绘却与史实大相径庭了。相比之下,波斯史家志费尼的一些描述,包含了更多的历史真实:

　　回纥人的先世多年来一直居住在鄂尔浑河流域,而此河则发源于哈剌和林诸山中。有一天,人们忽然发现在土拉河与色楞格河交汇地的两棵古松之间生出一个小土丘,每天都在增大,并且上方有明亮的天光照耀着。土丘不时传出唱歌般的声音,十分动听。回纥人不知其中的奥妙,但全都怀着崇敬的心情顶礼膜拜。多日之后,增加到很大的土丘上突然出现了一扇门,里面有五个房间,具有帐幕似的穹顶。每室的穹顶上悬挂着银质的网,网内各有一个婴儿,口中吮吸着管道内的乳汁。

　　回纥人立即如奉神灵一样,请出诸婴儿,用人乳哺育。婴儿们稍长后,问及自己的父母,回纥便称是两棵松树。五儿遂对树礼拜,松树也作人言,教导诸子要努力地修身立业。五子长大后,最幼小的卜古(Buku)最为聪慧,最有才干,因此被回纥人奉为可汗。卜古可汗即位之后,全国兴旺发达,人口大增,国力强盛。

　　后来,一连三夜,都有一位少女状貌的神灵来到卜古可汗的卧帐中。可汗起初不敢与之交流,后来胆子渐大,便跟随她来到一座山中,与之谈话,直到天明。这样的情况维持了七年六个月又二十二天,最后,女神对卜古可汗说道:"自此以后,从东到西,全世界都将归你治理。你当认真完成你的使命,善待你的臣民。"于是,卜古可汗召集大军,命大哥率军三十万征服蒙古与黠戛斯,二哥率军十万征服唐古特,三哥率军十万征讨中国,四哥则留守本土。不久之后,东方之地尽为布古可汗所得。

　　此后,卜古可汗又得一梦,有一手持白色权杖的白衣男子,把一块美玉交给他,说道:"你当妥善保藏此玉,便能拥有西方的领土。"卜古可汗于是旋即挥军西进,在突厥斯坦一片水草肥美的平原上建立八拉

·欧·亚·历·史·文·化·文库·

沙衮城;再分兵各地,在十二年间,尽获西方之地。卜古可汗之后,回纥还曾按照神灵的引导,迁徙到一处,建筑了五座城池,号称别失八里(Besh balik,即"五城"之意;故城在今新疆吉木萨尔境内)。

有关回纥先祖诞生于树的神话传说,也见于汉文的记载,如元代的《高昌王世勋碑》声称,回纥原居和林山,该山发源出两条河:土拉河与色楞格河。最初,两河之间的一棵大树上有天光降临,结果生出树瘿,仿佛妇女怀孕一般。嗣后,不断有天光照射此树,经历九个月又十天后,树瘿裂开,竟有五个男婴。回纥人敬之如神,好生收养他们。他们长大以后,最小的兄弟卜古成为回纥人的君长。相继传位三十多位酋帅后,玉伦的斤继承汗位。当时已是唐朝,玉伦的斤与之曾有战争,后来议和通婚,唐朝的金莲公主降嫁可汗之子。自玉伦的斤开始,回纥逐渐衰落,最后迁居到吐鲁番地区,统治别失八里等地。

10.2　在与薛延陀的争斗中壮大

有关回纥先世和源流的传说,固然美丽动听,但是毕竟故事的成分居多,史实的成分很少,所以通常来说,只能作为参考和旁证之用。在此则根据古籍的记载和学界的一般看法,谈谈回纥的"真实历史"。

回纥开始形成较有实力的独立部落的阶段,大约始于酋帅时健俟斤的时期:隋王朝的炀帝大业年间(605—617年),突厥的处罗可汗攻击铁勒诸部,抢劫钱财,并屠戮了数百个酋帅。回纥作为铁勒部落之一,不愿再受突厥的欺压,于是联合同为铁勒诸部的仆骨、同罗、拔野古,形成了更为强大的联合体,号称"回纥",时健俟斤便被拥立为君长。

不过,在此同时,另一个铁勒部落也在强大起来,此即薛延陀。薛延陀的情况与回纥相仿,也是由于铁勒诸部叛反,有一部分部落推举薛延陀的酋帅乙失钵为野咥可汗,据守燕末山;不久后,薛延陀与另一个铁勒部落联盟契苾一起附隶于正在崛起的西突厥酋帅射匮可汗,而射匮可汗的主要据地则在较西的阿尔泰山地区。另一方面,回纥与拔野古、阿跌、同罗、仆骨等铁勒部落的联盟则以蒙古高原的郁督军（亦即"乌德犍""于都斤"）山地区为主要根据地，其主要的"后台"则是东突厥的始毕可汗。

所以，当时的形势是：在铁勒之乱中诞生的两个较为强大的部落联盟回纥与薛延陀分别活动在东部和西部，大体上并无利害冲突。但是，这一格局在十多年后就发生了变化：贞观二年（628年），西突厥的统叶护可汗在国内权争中被杀，战乱纷起。薛延陀酋帅乙失钵的孙子夷男便率领部属约七万帐归附了东突厥的颉利可汗。但是，颉利可汗旋即也受到内乱兼外患（唐廷的压力）的越来越严重的威胁，迅速趋于衰落。所以，夷男马上反戈一击，配合唐廷，攻击突厥颉利可汗，得到草原诸部的响应。此举极得唐太宗的欢心，于是派遣了游击将军乔师望带着诏书、鼓纛前赴薛延陀，册拜夷男为"真珠毗伽可汗"。夷男得此强大后援，立即声势大振，归附它的部落不断增加，遂率军东向，最终在游牧人的传统圣地，水草丰美的郁督军山设立了牙帐。这时的回纥与之相比，显然已经不在同一等级上，因此，只得乖乖地让出了漠北部落盟主的地位，对薛延陀表示臣服。此时，回纥的酋帅已由"菩萨"担任，他是时健俟斤的儿子。

菩萨十分能干，有勇有谋，自幼酷爱狩猎、骑射，战技极为高超，并且每次都是身先士卒，所以属下对他都是又敬又畏。他的这种能力和威望，连父亲时健都避忌三分。时健俟斤大概卒于隋末唐初，此后，部落的官民几乎一致地拥戴菩萨继位。而菩萨也不负众望，他不仅自己善理国事，就是其母亲乌罗浑，也是相当干练，擅长政务的一位女性。所以，回纥在菩萨治下时扩展得很快。

此前，唐廷由于十分需要薛延陀帮助它打击突厥人，故不惜高调支持薛延陀，并且给予它许多实际利益。但是，一旦东突厥灭亡，并且薛延陀乘势扩张自己的实力，乃至大有取突厥而代之之势时，唐廷对薛延陀的忌惮也就越来越厉害了。于是，唐太宗采取了一系列限制和削弱薛延陀的措施，甚至还包括了有损"大国声誉"的不光彩的手段。首先，太宗以十分优宠薛延陀的方式，册封夷男的两个儿子为小可汗。这表面上看来是张扬薛延陀的声威,实际上却是分散薛延陀高层的权力,从而削弱其军事能力。其次,唐太宗又让颉利可汗的族人阿史那思摩(李思摩)的部众移居漠南,显然是旨在用突厥势力来平衡薛延陀,以抑制它的进一步扩张。

然而,对薛延陀打击更大的,是唐太宗在与薛延陀的通婚问题上狠狠地"玩"了薛延陀一把:夷男在贞观十六年(642年)派遣叔父沙钵罗泥熟俟斤赴唐求婚,同时献马三千匹。当时,太宗曾征询群臣的意见:"历来,北狄都对中原王朝的安全构成威胁。如今,薛延陀逐渐强大,因此我们也得提早预防。我仔细地想过了,有两种办法可以使用:一是调发大军,一举击灭它,那么或可维持百年的安定。二是允许他们的求婚,与之和亲,那么凭借着亲谊和财物的赠送,或许也可保三十年太平。不知各位认为如何?"

司空房玄龄答道:"如今大乱刚过,战争创伤尚未恢复,不宜再动干戈,因此当取和亲之策。"其他诸臣也附和此说。于是,太宗顺水推舟地答道:"我既是天下苍生的父母,那么只要是有利于他们的,我都愿意去做。怎么会吝惜一个女儿呢?"就这样,唐廷确定让新兴公主降嫁夷男。太宗并要求夷男准备亲迎之礼,亲自前来灵州举行仪式,因为太宗本人将御驾护送公主,远赴灵州。夷男闻讯,感动得五体投地,说道:"我本是一个部落小帅,今大唐天子册立我为可汗,又亲自送公主降嫁于我。真是万分荣幸呀!"有部下劝夷男不要亲自去灵州,因为若万一被拘,将酿成大祸。但是夷男认为唐天子"圣德远被",怎么可能行此奸计? 遂坚持亲自往灵州迎亲。

然而,薛延陀的聘礼多为羊马等牲畜,散在各地,夷男调集既慢,距灵州又远,且沿途多为荒漠,缺乏水草,所以抵达灵州时,不但过了期限,牲畜也累死了一半。这一"事故"成了唐太宗大为震怒和打算绝婚的极好借口。虽然有些大臣谏劝太宗道:"陛下既然已经允诺将公主降嫁薛延陀,那就还是不要失信为宜,聘礼固然是少收了些,但可换得边境的安宁,故似乎还是值得的,建议陛下尽快完成此事为好。"太宗却断然拒绝此议,并说出了一番"大道理":

124

"你们的看法都错了！关键在于，你们只拘泥于古例，却不懂得今情。汉初时，是匈奴强而汉廷弱，所以中国只能将公主降嫁单于。可是，如今却是中国强而北狄弱，我们又何必迁就他们呢？薛延陀之所以求婚于我，是想借了大唐的声势威慑众多小部落。各小部落只是害怕大唐帮助薛延陀，才不敢攻击薛延陀。但是，我若不把公主嫁给夷男，就是宣告大唐已经放弃薛延陀这个附庸。因此，那些小部落就会立即动手了！"显而易见，唐太宗的"绝婚"是早就计拟好的，他之所以起初同意，而后拒绝，只是要最大限度地扩大唐廷"弃绝"薛延陀的影响，从而鼓励草原诸部攻击薛延陀。

太宗的这一阴谋果然得逞，因为以回纥为首的诸部开始采取实际行动了。回纥在此前遭到薛延陀的不断排挤，乃至剥削和压榨后，酋帅菩萨虽然勇武干练，但是因为并未完全了解唐廷的真实意向，故也不敢轻举妄动，而只能暂时忍声吞气，直到他在贞观十年（636年）左右去世，也未对薛延陀采取过大的敌对行动。继为回纥酋帅的是胡禄俟利发吐迷度。吐迷度似乎并非菩萨的子、侄之类，但肯定同是回纥王族药罗葛氏家族的成员。吐迷度在贞观二十年（646年）六月，趁着薛延陀国内人心不稳的机会，配合唐军，给予了薛延陀致命的一击。

当时，薛延陀的酋帅为多弥可汗。此人性格暴躁，相当偏激，却又寡情薄恩，性好猜忌，所以，他父亲在位时的旧臣，几乎全被他先后清除；而他自己选择的官吏，也往往在不久之后便遭弃用，乃至诛杀。这样，自从多弥执政之后，薛延陀的国内就搞得人心惶惶，多怀离弃之意。回纥的吐迷度正是利用了这一机会，联合仆骨和同罗，直扑多弥可汗的牙帐。多弥可汗仓促应战，却既缺良将，又无精兵，从而连遭败绩。

在此同时，唐廷也遣发了数路大军，分别从凉州、代州、营州等地出塞，进击薛延陀。江夏王李道宗、左卫大将军阿史那社尔为瀚海安抚大使；右领卫大将军执失思力率领突厥兵，右骁卫大将军契苾何力率领凉州兵和一部分夷狄兵，代州都督薛万彻、营州都督张俭等也都率领本部兵马，一起参加了此战，使得薛延陀更陷入四面楚歌之中。另一方面，校尉宇文法则率军前赴东北方的乌罗护与靺鞨，与薛延陀镇守东境的

·欧·亚·历·史·文·化·文·库·

阿波设交战,取得大胜,唐军便直入薛延陀的腹地。于是,薛延陀几乎全境都成为了敌军的攻击目标。多弥可汗闻风丧胆,已经无心恋战,仅仅带着数千骑兵,仓皇地逃奔漠南云中的阿史德时健之部(是为唐廷所安置的东突厥降户)。吐迷度则紧追不舍,大军跟入云中,击败了维护多弥的突厥人,一举全歼了多弥可汗的所有随从部队和他的族人。

此后,尽管薛延陀又拥立了夷男的侄儿咄摩支为"伊特勿失可汗",带着七万多人向西逃亡,但是,作为强大政权的薛延陀实际上已经崩溃;而回纥即是导致它崩溃的重要力量之一。嗣后,唐廷为了彻底消除后患,防止薛延陀卷土重来,遂派遣了李世勣前赴漠北,与回纥共同剿灭薛延陀的残余势力。不久,薛延陀在郁督军山的酋帅梯真达官率部归降。接着,穷途末路的咄摩支投降了李世勣的属下萧嗣业;而咄摩支尚未归降的余部,则被唐与回纥的联军重创,先后斩杀五千多,俘虏三万多。至于薛延陀东部的阿波达官的数万兵马也被击溃,薛延陀政权至此彻底灭亡。回纥在与薛延陀的争霸中取得了最后的胜利。

10.3 依附唐廷,继续发展

在薛延陀政权灭亡之后,回纥获得了很大的利益,原先属于薛延陀的领土,很大一部分转移到了回纥的手中,从而使回纥的势力范围延伸到了贺兰山之南。然而,在强大的唐王朝面前,回纥依然不敢有任何的张狂之态,它十分明白,自己还远远未到与唐朝分庭抗礼的地步。所以,当年岁末,回纥酋帅吐迷度与仆骨、多滥葛、拔野古、同罗、思结、浑、斛薛、奚结、阿跌、契苾、白霫等部落的酋长一样,也前赴唐廷,恭敬地向大唐"朝贡"。由于来朝的部落很多,颇有"万国来朝"之态。唐太宗大感荣耀,便在芳兰殿设宴招待群酋,并且五日一宴,连续多日;此外,太宗并赐予众人大量财帛,以褒奖这些有功之臣。

自从唐王朝建立以来,塞外广大地域的形势清楚地展示出,一旦形成某个强大的游牧政权,便很可能会威胁到南方中原王朝的安全。例如,唐初颉利可汗时期的突厥、嗣后击灭突厥"有功"的薛延陀。那么,如今击灭薛延陀的"功臣"回纥,是否在足够强大时也会威胁到中原王朝的安全呢?答案几乎是肯定的。唐太宗对此已有深刻的认识,所以,他为了避免再蹈覆辙,决定采用一个新的制度,此即"羁縻府州"的制度。亦即是说,将塞外的广大地域划分成多个羁縻府和羁縻州,名义上隶属大唐,实际上分别由夷狄诸部治理,具有较大的自治性。这样,既免除了中原王朝用于直接行政管理的大量人力、财力,也避免了某个夷狄部落过于强盛,独霸草原的局面。

于是,唐廷在薛延陀灭亡的翌年(647年)正月,就正式推行了这一制度。太宗下诏,以回纥部为瀚海都督府,仆骨部为金微府,多滥葛为燕然府,拔野古为幽陵府,同罗为龟林府,思结为卢山府。此外,浑部为皋兰州,斛薛部为高阙州,奚结部为鸡鹿州,阿跌部为鸡田州,契苾部为榆溪州,思结别部为蹛林州,白霫部为寘颜州。总共六个都督府,七个羁縻州。各部的酋帅兼任大唐各府的都督或者各州的刺史。另一方面,又在二月设立了燕然都护府,统管漠北的这"六府七州",并由唐廷直接任命扬州都督府司马李素立为都护。这样,回纥酋帅吐迷度理所当然地成了大唐的瀚海都督,获得了唐廷授予的正式官号——怀化大将军兼瀚海都督。从形式上看,吐迷度颇为"荣光"。

塞外诸部酋帅不仅获得了大唐钦定的官衔,并还获得了朝廷赏赐的金银珠宝、各色丝绸和衣物食品,个个显得激动万分,欢天喜地,乃至高呼万岁,歌舞连连。他们在高兴之余,也不忘向唐皇表达感恩之情,于是,集体奏禀道:"我等本是荒蛮之地的野民,如今承蒙陛下开恩,令我等成为大唐臣民,真是感恩戴德,没齿不忘。我们今后将像探望父母一样,经常来向至尊的陛下朝贡。所以,我们请求从回纥以南到突厥降户之北开辟一条大道,称为'参天可汗道';沿途设置六十八个驿站,提供丰富的马匹和饮食,以供过路使者使用。我们将每年进贡貂皮等塞外珍稀土产,作为税赋。以上设想,恭请恩准。"太宗闻言,大喜过望,立即爽快地同意了这个建议,因为一旦这条交通便利的"参天可汗道"筑成,将更加方便中原王朝对于塞外诸部的控制,也利于这些"夷狄"更快地接受中原的教化。

·欧·亚·历·史·文·化·文·库·

也许,诸部酋帅之中,唯有吐迷度并不真正欢迎唐廷的这一新制度,因为他的野心很大,即希望回纥能如早年的突厥一样雄霸草原,而不是臣服于任何政权。所以,当唐朝的大军从漠北撤退后,吐迷度就自称可汗,并且模仿突厥汗国的官制,设立各级文武官员,俨然有建立独立政权的趋向。唐太宗得知这一情况后,既未否定,也未认可,而只是采取了佯装不知的方式。不过,唐廷的表面宽容之后,则是对回纥的强盛和独立倾向暗暗地加强了戒备,并采取了若干具体措施。例如,唐廷在贞观二十二年(648年)二月将位于回纥西北,实力与之相差无几的结骨(黠戛斯)设为坚昆都督府,也隶属于燕然都护府,显然是旨在牵制回纥。同年,唐廷又将回纥的宿敌,原居阿尔泰山之北的突厥余部车鼻迁到郁督军山,设置狼山都督府,则是又一个牵制回纥的措施。

不管吐迷度是否愿意接受唐廷的"羁縻"制度,或者是否有办法使回纥脱离臣属于唐的地位,他都不再有机会了,因为就在648年的十月,他遭袭身亡。事情是这样的:吐迷度的侄儿乌纥是西突厥车鼻可汗的女婿,他与吐迷度的小妾有奸情。乌纥害怕日久后奸情暴露而遭酋帅的报复,因此与同为车鼻可汗女婿的达官俱罗勃合谋,趁夜率十多精骑偷袭吐迷度的卧帐,将他杀死后匆匆逃亡。当时,唐廷的燕然都护府副都护元礼臣为了平息回纥的内乱,即遣使对乌纥说,他愿意在当面了解情况后奏请朝廷,册封乌纥继承空缺的瀚海都督之位。乌纥信以为真,便毫无戒备地前来致谢,却被元礼臣命人拿下,当场处斩了。

唐廷怕回纥部落因战乱而离散,遂派遣兵部尚书崔敦礼前往回纥安抚,同时任命吐迷度的儿子婆闰为左骁卫大将军、大俟利发、瀚海都督。经过这场折腾,回纥虽然没有遭受巨大的灾难,但是国势毕竟有了一定的削弱,因为唐廷巧妙地利用了这场"事故",确认了新任回纥酋帅的头衔仅为大俟利发,而不是此前吐迷度自称的可汗。

婆闰十分听命于唐,很努力地为唐廷效劳。唐高宗永徽二年(651年)正月,西突厥的后裔,原任左骁卫将军、瑶池都督的阿史那贺鲁叛唐,图谋袭取西州、庭州,自号沙钵罗可汗,拥兵数十万,气焰十分嚣张。当年七月,沙钵罗可汗又寇侵庭州,攻陷金岭城和蒲类县,杀掠数千军民。唐廷遂任命左武侯大将军梁建方、右骁卫大将军契苾何力为弓月道行军总管,右骁卫将军高德逸,右武侯将军薛孤、吴仁为副,率领三万唐兵前往讨伐。而婆闰则亲率五万回纥精骑,也参加了这次军事行动。十二月,处月部落的酋帅朱邪孤注响应阿史那贺鲁,斩杀了唐廷的招慰使单道惠。于是,回纥骑兵与梁建方、契苾何力等密切配合,在翌年正月大破朱邪孤注于牢山。孤注趁着夜色遁逃,却被唐军的副总管高德逸追逐五百里后生擒。回纥为这场斩敌近万人的大胜立下了汗马功劳。

回纥在显庆二年(657 年)为唐廷立下了更大的战功。当年闰正月,唐廷任命苏定方为伊丽道行军大总管,开始了对阿史那贺鲁的第三次讨伐战役。十二月,苏定方在曳咥河(今额尔齐斯河)西岸与沙钵罗可汗(阿史那贺鲁)对阵,只是对方兵力多达十万,唐军方面却仅有一万多;唐军的主力则由回纥骑兵组成。在这人数对比悬殊的形势下,唐军方面硬是凭借着统帅苏定方的高明战术安排,以及回纥骑兵的高超战斗力和勇猛精神,大败沙钵罗可汗的突厥军队,追杀数十里,歼敌数万人。

在此之后,唐军分兵数路,继续扫清残敌。回纥骑兵则被苏定方委以追杀已经远遁的突厥酋帅沙钵罗可汗的重任,他们跟随着萧嗣业,一路往南追击。沙钵罗逃到锡尔河畔的石国境内时,已经人困马乏,再也无力进一步远走;再说,他认为这里距唐军已经足够遥远,应该比较安全了。所以,沙钵罗可汗放心地派遣部下带着珍宝进入苏咄城购买食品和马匹。苏咄城的城主伊沮达官得知突厥人逃到这里的消息后,立即带着众官出城迎接,热情地邀请沙钵罗可汗及其余众入城休息,享用丰盛的酒宴。突厥人不知是诈,毫无戒备地进入城内,却被大批骁勇武士困在城内,一举擒获,押往石国都城。未几,萧嗣业的唐军和婆闰的回纥骑兵追到石国,轻易地接受了石国人赠送的突厥俘虏。唐廷终于终结了历时多年的阿史那贺鲁的叛乱,而回纥骑兵在其中也起到了重要乃至关键的作用,所以在此役过后,唐廷论功行赏时,婆闰被晋升为"右卫大将军兼瀚海都督"。

·欧·亚·历·史·文·化·文·库·

　　婆闰助唐参战的业绩尚不止于此,因为当龙朔元年(661年)唐廷大动干戈,集合三十五路大军,水陆并进,差一点"御驾亲征"高丽时,回纥军队也参与了,并且追随大军,直抵平壤。只是婆闰的自然生命没有让他为大唐立下更多功勋:他在当年十月就去世了。

　　婆闰去世后,由其子比栗毒接任回纥酋帅之位。但是,比栗毒似乎不如其父那样对唐廷全心全意地效忠,因为他未几即与同罗、仆固等部落联合起来,同时寇侵唐王朝的北方辖境地区。这些寇侵的规模很大,所导致的损失和破坏也很大,以至于唐廷不得不组织专门的大军讨伐之。当时,左武卫大将军郑仁泰出任铁勒道行军大总管,燕然都护刘审礼、左武卫将军薛仁贵出任副总管;鸿胪卿萧嗣业则为仙萼道行军总管,右屯卫将军孙仁师为副。这场战事居然愈演愈烈,到后来演变成了唐军与回纥诸部的对抗,直到翌年(662年)的三月才最终结束。

　　三月,郑仁泰、薛仁贵的唐军与回纥诸部的十万联军对峙于天山,双方都没有贸然发动进攻,而是处于长久相持的状态。后来,诸部联军提出一个建议,双方各选若干名优秀弓箭手,相互对射,以杀敌多者为胜,败者立即撤军。诸部本来认为己方历来以骑射之术名闻天下,故自己对这一赌约稳操胜券。哪里知道,唐军方面的薛仁贵连发三箭即连杀三人,这令诸部联军大为惊恐,立即下马请降。唐军却违背承诺,把投降的将士全部杀害,并且乘势挥军进击对方,全军高唱"将军三箭定天山,壮士长歌入汉关",以壮军威。不过,嗣后却轻敌冒进,并且适遇强烈的暴风雪,在严重损兵折将后才被迫撤军。

　　唐军回国后,郑仁泰、薛仁贵的冒进举动遭到御史弹劾,结果功罪抵销,既未获得褒奖也未遭受惩罚。朝廷则另外委任右骁卫大将军契苾何力为铁勒道安抚使,左卫将军姜恪副之,原则是以安抚回纥诸部为主,尽量不要动武。所以,契苾何力只率领五百精骑进入九姓的腹地,向各部酋帅宣说朝廷的安抚之意,声称只追究与大唐为敌的少数魁首的罪行。于是,他轻易地收缚了二百多名高级官员,平定了包括回纥在内的铁勒诸部的武装暴动。

　　此时,唐朝方面已经由武则天实际掌控政权,她的对外政策犹如其对内政策一般,也倾向于苛刻、严厉,而非宽容。因此,龙朔三年(663年)的二月,唐廷将燕然都护府的府治从原来的漠南故单于台等到漠北的鄂尔浑河畔,亦即回纥的核心居地,并更名为瀚海都护府。显然,其目的是要加强唐廷对漠北回纥诸部的控制,抑制回纥的独立倾向。

到了总章二年(669年),鉴于漠北的薛延陀部暴动,唐廷发漠南的突厥兵镇压之,并旋即改瀚海都护府为安北都护府。这一名称的改换,隐隐展示了武则天改变太宗、高宗以来对塞外诸部的怀柔和宽容政策,而代之以武力威慑,从而激化了唐廷与游牧诸部的矛盾。所以,当大约670年代比栗毒去世,其子独解支继位之后,漠北和漠南便很快地陷入了新的大动荡之中。因为在679年,漠南单于都护府的突厥后裔叛乱,紧接着,骨咄禄在682年复兴突厥,建立突厥的"第二汗国",蒙古高原上游牧部落间的政治平衡遂被打破。特别是默啜可汗继位(693年)后,更是大为扩张,东征西讨,夺取铁勒的故地,因此,回纥与契苾、思结、浑等部被迫南度沙碛,迁往甘、凉之间的地区,进一步依附于唐王朝。

独解支的在位时间很长,直到开元三年(715年)才去世,由他的儿子伏帝匐继位。此时,默啜可汗正面临着众叛亲离,诸部与唐合击突厥的形势,而伏帝匐则也参加了围剿突厥的战争。回纥在716年协助唐军,打击突厥,终于导致默啜可汗最终被杀。伏帝匐卒于开元七年(719年),其子承宗出任回纥酋帅。

此后,却由于唐朝封疆大吏王君㚟的小心眼,导致了回纥的"异心":当初,在突厥默啜可汗强盛时期,回纥、契苾等四部曾避居于甘州、凉州之间,因此与当时仅任小官的王君㚟常有往来。王君㚟却认为这些酋帅很看不起自己,不免耿耿于怀。后来,他高升了河西节度使,便伺机报复,不时用些冠冕堂皇的借口处罚四部。四部不服,便遣使唐廷诉冤。王君㚟得知后,则变本加厉,竟诬蔑他们阴谋叛反。于是,回纥酋帅瀚海大都督承宗被流放瀼州,契苾、思结、浑部的酋帅也被分别流放其他地方;唐廷则以伏帝难继为瀚海大都督。时在开元十五年(727年)。

·欧·亚·历·史·文·化·文·库·

　　此事激起了回纥人的不满。承宗同族的一个后辈,担任瀚海都护府司马的护输决定为酋帅报仇。他聚集了一批人马,趁着王君㚟率领精骑袭击前赴突厥的吐蕃使者的机会,待他从肃州回来,经过甘州南巩笔驿时,突发伏兵,杀了王君㚟一个措手不及。王君㚟手下只有数十人,虽然武功不弱,但是毕竟人数太少,故只得苦苦地固守待援。其判官宋贞被杀,并被剖胸,取出心来,因为正是他最早提出诬陷回纥等酋帅的毒计。王君㚟及其部下支撑到傍晚,终于不敌回纥人,悉数被杀。护输杀了王君㚟后,带着他的尸体逃奔吐蕃人,后被唐朝的凉州援军追逼得紧,才弃了尸体而遁。唐廷鉴于此事的缘由在于王君㚟的不是,故嗣后并未深究,护输因此仍能在伏帝难去世后出任回纥的酋帅。

　　护输去世后,由其子骨力裴罗继位,回纥开始进入一个新时代。

11　初建汗国，助唐收复两京

11.1　骨力裴罗创建汗国

　　唐玄宗天宝三年(744年)的秋天，蒙古高原上诸游牧部落的形势极度纷乱。先是，拔悉密攻击濒临崩溃的突厥第二汗国，斩杀了其酋帅乌苏可汗；突厥则又立乌苏之弟为白眉可汗，继续维持突厥政权。接着，唐军乘机派遣朔方节度使王忠嗣发兵漠北，打击突厥。差不多在此同时，回纥却又联合葛逻禄，共击它们的前盟友拔悉密，杀死了拔悉密的颉跌伊施可汗，令原属铁勒的诸部的实力对比发生了巨大变化，于是，此消彼长，回纥的势力大盛。

　　在此形势下，骨力裴罗再接再厉，一方面自立为"骨咄禄毗伽阙可汗"，另一方面则向唐廷报告战功，表达善意，其真正目的则是希望唐廷予以声援，以进一步提升回纥在草原诸部中的威望。唐玄宗对于北方游牧部落中这股新兴的力量，似乎不无鼓励之意，故顺从其意，册封骨力裴罗为"骨咄禄毗伽阙怀仁可汗"，并且为他举行了隆重的册拜仪式。由中书令奉帝诏，在前殿授册回纥使者；使者则发自皇城外，经过多种仪仗、仪式后，才得以上殿接受这一册封。而这一系列的隆重礼节，令回纥的名声更振，夷狄诸部钦羡不已。

　　唐廷不仅赐予了回纥虚名，同时也给了它实利：允许回纥占据突厥故地，建牙在游牧部落的传统圣地乌德犍(于都斤)山。这样，回纥所统的部落，除了原属回纥核心的九姓诸部(药罗葛、胡咄葛、啒罗勿、貊歌息讫、阿勿嘀、葛萨、斛嗢素、药勿葛、奚邪勿等九部)外，又新增了拔悉密、葛逻禄两部，号称十一部，实力大增。这些部落都设置了"都督"之职，由骨力裴罗统一指挥和制约；而每次作战，通常都以新加盟的拔

·欧·亚·历·史·文·化·文·库·

悉密、葛逻禄两部充任先锋。

骨力裴罗获得唐廷如此有力的支持后,对于草原霸业的建立更具信心,他首先要做的大事,即是清除突厥的残余势力。因此,翌年(745年)的正月,骨力裴罗便进击突厥,斩杀了突厥第二汗国最后的君长白眉可汗,并旋即派遣顿啜罗达干前赴唐廷表功。由于回纥的最后一击,突厥势力瓦解,连其前雄主毗伽可汗的妻子婆匐可敦也率众来归,令唐玄宗大大地满足了一番虚荣心,以至在花萼楼上宴请群臣,赋诗赞美其事,并慷慨地册封婆匐可敦为"宾国夫人",每年赏赐的"脂粉钱"就达二十万之巨! 当然,玄宗也并未忘记回纥人的功劳,因此将回纥使臣顿啜罗达干也封为"左骁卫员外大将军"。

骨力裴罗借助着各种因缘际会,初步实现了创建回纥霸业的目标,然而可惜的是,天不假年,他在突厥第二汗国彻底灭亡后不久就去世了。继承回纥汗位的是骨力裴罗之子磨延啜,他被拥立后,号称葛勒可汗。葛勒可汗的能力不亚于其父,他不仅自身骁勇善战,更擅长用兵之道,因此继续扩展着回纥的势力和疆域。不过,他对唐廷则始终尽量维持着友好的关系,每年都派遣使者"入朝",不敢怠慢。这使得唐廷对回纥的态度比较宽容,只要不是直接损害中原王朝的利益,往往也就睁一眼闭一眼,从而导致回纥在不久之后就成为蒙古高原上的游牧强国,其疆土东起室韦(在契丹之北,约当今黑龙江和吉林省西部地区),西抵金山(阿尔泰山),南控大漠,几乎相当于古代匈奴强盛时的势力范围。图 31 为回纥的疆域示意。

唐廷与回纥比较和睦的关系,使得它在数年之后遭受"安史之乱"的大劫难时,获得了一根真正的"救命稻草"。

11.2 安史之乱,两京失守

所谓"安史之乱",是指唐玄宗在位末期,由"胡人"安禄山、史思明两股势力先后发动的叛乱,差一点推翻唐政权。安禄山的父亲是粟特人,来自粟特地区(Sogdiana)的安国(今布哈拉地区),其母亲则为突厥人,属于阿史德氏族的成员,而阿史德氏则是前、后两个突厥汗国的"王族"之一。由于安禄山的父母属于不同族的"胡人",故他被人鄙称为"杂种胡"。安禄山从小丧父,十分顽劣,成人后仍然不时有偷鸡摸狗的行为。后来因为相当骁勇,遂被幽州节度使张守珪收为养子。开元二十八年(740年),安禄山出任平卢兵马使。由于他为人狡猾,经常好言奉承同事,并且不惜厚贿上司,故先后升任营州都督、平卢军使、范阳节度使、河北道采访使等职。后来,甚至还以其恬不知耻的谄媚功夫,讨得唐玄宗和杨贵妃的欢心,被杨贵妃收为养子!

安禄山早就怀有异心,妄图谋反,所以,他在范阳城以北又建造了一座"雄武城",借口说是为了防御外敌入侵,实际上却在城内暗藏了大量兵器、粮食和战马,以备战争之需。杨贵妃的堂兄,宰相杨国忠虽然也非善类,但是因为权力之争,却与安禄山势同水火,他屡次向玄宗密奏,称安禄山正在图谋不轨。但是,玄宗派去调查安禄山的官员由于收受了巨额贿赂,却盛赞安禄山"忠贞不贰"。安禄山并且亲自在玄宗面前哭诉,说杨国忠是为了私仇而陷害自己。从此,凡是有人向玄宗汇报安禄山反状的,都被皇帝斥退,甚至遭到处罚。

直到天宝十四年(755年)十一月,安禄山假称奉旨进京讨伐反贼杨国忠,聚集十五万大军,在范阳正式举事六天之后,玄宗才相信此前从各地发来的警报是真实的。但是,玄宗却听信了杨国忠的夸夸其谈,认为安禄山成不了气候,将会迅速败亡,从而没有采取最为有效的应对措施。

唐廷高层的这种态度导致了事态的急剧恶化。首先,因为安禄山本身握有兵权,身兼河北道采访使,并且假传圣旨"讨反贼杨国忠",所以在他的辖境之内,普通百姓和下层官兵大多不会对安禄山的军事行动有所质疑;即使少数人产生异议,也完全不足以阻止此举。其次,至玄宗天宝末年,上距唐王朝的创建已将近一百四十年,亦即是说,中原王朝境内绝大部分地区的官、民已有数代人未见真正的战事了。所以,一旦安禄山的大军一到,那些州县的守城官军,不是大开城门出迎,就是弃城逃窜,或者稍有反抗者即遭杀戮,致使安禄山训练有素的叛军得

·欧·亚·历·史·文·化·文·库·

以一路高歌猛进,顺利推进。

唐玄宗在震惊之余,被迫仓促应战,先是委任封常清为范阳和平卢的节度使,赶赴东京洛阳,临时募得六万兵,守卫东都。另一方面,又以荣王李琬为元帅,右金吾大将军高仙芝为副元帅,统军东征;他们虽然在京师长安招募到十一万人,号称天武军,却绝大部分为普通民众,从未受过正规的军事训练,其战斗力之弱可想而知。

安禄山则在十二月初攻陷了灵昌郡,距东都洛阳仅五百多里;五天之后,又攻陷荥阳郡,距洛阳仅剩三百里都不到。于是,安禄山的声势更盛,他以大将田承嗣、安忠志、张孝忠为先锋,直逼洛阳。而洛阳守军封常清的主力,却只不过是临时招募来的未经专门培训的壮丁,他们先是屯驻在武牢关,旋即遭到安禄山铁骑的冲击,大败;封常清招集余部,与叛军再战于葵园,结果又遭败绩。于是,他只得退入洛阳城内,在上东门(上春门,在北面)内与叛军交战,再次溃败。

这样,安禄山从攻破荥阳到进入洛阳,仅隔五天!叛军入城后,纵兵抢掠、烧杀,百姓苦不堪言,封常清的官军却一败再败,最终弃城,落荒而逃。东都洛阳就这样轻而易举地失守了。图32为安禄山西进图。

封常清带着残兵败将西奔陕郡(郡治在今河南三门峡市西),原先的陕郡太守窦廷芝已经逃往河东,如今据守在此的是朝廷紧急派来的"东征"援军,元帅荣王李琬,副元帅高仙芝;但是,李琬未隔数天就暴毙身亡了,因此,目前的统帅是高仙芝。封常清是败军之将,并且是被叛军轻易击败的军事统帅,因此很想找些借口为自己的无能辩解。他故意把安禄山的叛军说得厉害异常,并且恫吓高仙芝道:"我连日来与叛军交战,虽然竭尽全力,可是仍然抵挡不住,因为叛军实在太厉害了,个个武功高强,配备的武器又极为精良,其势凶猛,真的难以阻挡。而当前的形势是,潼关几乎没有守军,如果被叛军占领,那么他们可以长驱直入,京师长安就危急了。所以,依我之见,我们不如合兵一处,放弃难敌叛军的陕郡,一起退守潼关,全力坚守,或者可保长安的稳固。"高仙芝受他蛊惑,竟然真的连夜放弃了陕郡,撤往潼关,致令当地百姓和官方大为震惊,纷纷指责这种不战而退的做法。

事实上,高仙芝、封常清不战而退地主动撤军,也不能避免己方的完全无损,因为安禄山的先锋部队追逼得很紧,官军在匆忙的撤退中秩序混乱,争先恐后,人马自相践踏的情况也屡见不鲜,从而死伤不少。当他们尚未抵达潼关时,叛军已经占领了陕郡。好在安禄山一心称帝,暂时留在洛阳,没有再乘胜追击,故高、封二人得以在潼关安顿下来,长安方面也暂时获得了喘息的机会。不过,安禄山命令崔乾祐驻扎在陕郡,迫使临汝、弘农、济阴、濮阳、云中等郡都归降了叛军,势焰益盛。

　　唐军方面,由于高仙芝的监军边令诚与之有权力之争,双方都不时寻觅机会打击对方,所以,这一次边令诚便乘机奏报朝廷,指责高、封不战而退,导致唐军遭受重大损失;同时还诬称高仙芝有克扣军粮之举。玄宗闻报大怒,立即命令边令诚奉圣旨前赴潼关,当场处斩高、封二人。封常清在失守洛阳后,已经自知罪责不轻,后来又与高仙芝撤退潼关,闹得朝野哗然,更觉难逃严惩。所以,当边令诚抵达潼关时,封常清已经写好向朝廷谢罪的遗表,服毒自尽了。至于高仙芝,则坦承不战而退,确有罪过,但是克扣军粮之说,却纯属诬陷。不过,边令诚哪里容得下高仙芝呼冤,当即下令数百刀斧手行刑,将他斩首。唐廷与安禄山叛军交锋的最初两位主要军事统帅,就这样并未战死,而是被唐廷自己的君臣诛杀了。

　　很快地,安禄山在翌年(756年)的正月称帝,自称“大燕皇帝”,年号圣武。他以达奚珣为侍中,张通儒为中书令,高尚、严庄为中书侍郎。安禄山称帝后,便一心想再度西进,彻底击灭唐王朝。但是,当时潼关的守将哥舒翰颇有作战经验,他坚守不出,致令叛军无可奈何,另一方面,其他战场上也是各有胜负,所以到当年六月,安禄山仍然未能攻陷战略要地潼关。不过,唐廷又一个十分弱智,也是致命性的决策帮助了安禄山,使之得遂心愿。事情的经过是这样的:

　　唐玄宗得到情报,声称据守陕郡的叛军不满四千人,并且多为病弱之辈,毫无戒备,故唐军可以乘虚袭取陕郡。于是他便遣使命令哥舒翰出兵,收复陕郡。哥舒翰则答复道:“安禄山奸狡得极,善于用兵,在这要害之地,不可能毫不设防。因此,这必然是诱敌之计,我军若深入其

137

地,正好落入他的圈套。再说,叛军远道而来,对于他们而言,只有速战速决才最有利;而对我军而言,却唯有据险坚守,才最为有利。所以,我们不如拖延时日,待敌军消耗殆尽时,再一举出击,必能取胜,目前则不宜急于轻易深入敌后。"其他名将如郭子仪、李光弼等也都持同样意见。然而,宰相杨国忠却怕哥舒翰建立大功,日后清算自己的种种不法罪行,故一再怂恿玄宗,声称目前是收复失地的最佳时机,务必敦促哥舒翰出关作战。玄宗竟然听信此言,不断地遣使前赴潼关,命令哥舒翰出战。哥舒翰万不得已,在与属下相顾恸哭之后,领兵出关,奔赴陕郡。

　　三天后,唐军与崔乾祐率领的叛军在灵宝西原遭遇。此时,倒是叛军处于据险固守的形势:他们的南侧依靠着山丘,北侧有河流作为阻隔,并且中间还有长达七十里的狭长小道。哥舒翰在河中观望形势,见叛军三三两两地散布着,并无严密的组合,总数也不过一万人,于是决定动用大军强攻。哥舒翰命令王思礼率五万精兵作为先锋,庞忠率领十万人马作为后续,他自己则亲率三万人马作为后备。甫一交战,叛军便现不敌之状,偃旗息鼓,似有逃遁之意。官军见状,更深信胜券在握,便不再做任何戒备,奋力向前冲击。就在此时,敌军早就埋伏的精兵突发,趁着有利的地形,从上向下,滚下大量巨木、大石。唐军正拥挤在狭窄的山道上,极难躲避,顿时死伤无数。好不容易用毡盖车作为屏障,强行推进时,对方却又推出草车,顺风纵火。瞬时弥漫的烟尘使得唐军看不清楚敌情,于是只能向烟中不断射箭,待到烟尘消散,却发现根本没有敌人前来,而自己的箭矢却几乎耗尽了。更要命的是,崔乾祐暗暗派遣了大批精骑,绕过南山,来到了唐军的后方。

　　叛军铁骑的突然冲击,再配合着山上大军的俯冲,形成了对唐军的两面夹击,从而导致唐军首尾难顾,混乱不堪,或者丢盔弃甲,四散逃窜,或者跌入河中溺死。最终,哥舒翰只带着数百骑兵,从首山之西渡河,勉强回到潼关;嗣后,陆续逃归的将士也不过八千多人。显然,经此一战,潼关的守军几乎全军覆没。崔乾祐并未给予唐军任何喘息的机会,就在第二天,叛军大量涌到,没费多少工夫就攻陷了缺兵少将的潼关,时在六月八日。哥舒翰受部下胁迫,最终被押解洛阳,成了安禄山的俘虏。由于关键城池潼关的失守,河东、华阴、冯翊、上洛等郡的防御使全都仓皇出逃,诸地便都落入了安禄山之手,同时,也为他进入长安打开了方便之门。

玄宗在潼关失守的翌日就得知了消息,并且也很清楚,这是他逼迫哥舒翰出关"收复失地"的直接后果。不过,他如今已经来不及后悔,因为更深切的感觉是"恐惧"了。他立即召来宰相杨国忠,商量如何善后,杨国忠则劝他放弃长安,到蜀中去避难。这样,唐玄宗决定了进蜀避难的行动。

两天过后,玄宗在勤政楼召见文武百官,声称自己要御驾亲征,打击安禄山的叛军。大家听了,都惊得目瞪口呆,因为他们从皇上这半年来的一系列实际行动看,无论如何也看不出他对叛军有那样的大无畏精神,所以,几乎无人相信此语,只是不明白皇上说这些话的真正原因罢了。当天晚上,玄宗命令龙武大将军陈玄礼秘密地集结军队,并挑选了近千匹良马。翌日凌晨,玄宗遂与杨贵妃姊妹、皇子、皇妃、公主、皇孙,以及杨国忠、韦见素、魏方进、陈玄礼等大臣,还有若干亲近的宦官、宫人,偷偷地从禁苑的西门延秋门出走,离城而去。

当天早朝时,还有一些不知情的官员前来上朝,待到宫门打开后,却发现宫人奔来跑去,混乱不堪,声称皇上、皇妃等都"失踪"了!顷刻之间,消息传遍全城,尚在长安的许多王公、大臣纷纷四出逃难,百姓们则个个惶恐不安,一些市井流氓和盗贼则趁机打家劫舍,盗取无主财物,京师陷入极大混乱之中。很快地,安禄山的人马到来,从边令诚将军的手中接过了他掌管的宫闱管钥,大唐王朝的首都长安就这样轻而易举地被安禄山掌控了。图33为唐代所绘的《明皇幸蜀图》。

11.3　玄宗避难,肃宗即位

唐玄宗对文武百官谎称"御驾亲征",但实际上却偷偷逃离京师,置国家与子民于不顾,已经使得他失信于天下,颜面尽失,不再有合法的"天子"权威了。不过,他的灾难并未到此结束,因为在他逃离京师

·欧·亚·历·史·文·化·文·库·

的两天之后,在名叫马嵬坡的地方(驿站名,在京兆兴平县)发生了可以称之为军队哗变的事件。

由于玄宗一行是在极端仓促之中逃难的,故食品等日常所需物品十分匮乏,随行的将士们又是疲劳,又是饥饿,怨恨顿生;怨气的发泄对象便集中到杨国忠、杨贵妃兄妹身上。先是,随行的吐蕃使者二十多人拦住杨国忠的坐骑,索取食品,杨国忠哪有办法解决,所以一时无言以对,这便引发了越来越强烈的抗议声。这时,一帮军士大呼道:"我们这样受罪,都是因为杨国忠这奸贼勾结安禄山谋反造成的,大家杀了他!"接着,不断有箭射向杨国忠,吓得他拼命策马逃向驿站。军士们则一路追杀而去,一切阻挡者都成了刀下之鬼。最终,杨国忠被杀,首级挂在驿站门外示众;其子户部侍郎杨暄以及韩国夫人、秦国夫人也都被处死。御史大夫魏方进指责他们道:"你们怎么如此无法无天,竟敢杀害宰相?!"那帮乱军却不做辩解,拥上前去,把他也杀了。

众军士旋即围困了玄宗驻跸的驿站,喧闹异常。玄宗听见了外面的动静,询问原因,左右便告以实情。玄宗心知情况不妙,于是身心俱疲地走出驿站,要求军士撤围归队,但是遭到了坚决的拒绝。大将军陈玄礼向玄宗解释道:"杨国忠谋反,已经伏诛,但是其妹杨贵妃尚在陛下身侧,大为不宜,故将士们要求立即把贵妃也正法,以杜绝后患。"玄宗闻言,半晌说不出话来,然后凄然地答道:"我已知道此意,会妥善处理的。"此后,玄宗虽然以"贵妃常居深宫,不可能知道杨国忠的谋反逆举"为理由,力图保护杨贵妃,可是仍然抵挡不住军队将士满腔怨怒的压力,最终只得命令高力士把杨贵妃缢杀在佛堂之中。众军士这才安定下来,继续追随玄宗入蜀避难。但是,此时在玄宗身侧的朝臣却只剩下了韦见素一人!

数天过后,玄宗一行抵达扶风郡。此时,军心已经很乱,开始出现少数人擅自离队的现象。玄宗一方面无可奈何,另一方面也确实不无愧疚之心,因此慷慨地对军士们说道:"以前是我考虑不周,误用奸人,从而导致了这场大乱,累得你们也背井离乡,遭罪受苦,我实在惭愧得极。如今,我离避难之地已近,只与子孙、中官前往也已无妨。所以,这里有十万匹丝帛,你们各自取一点,作为盘缠,回家探望家人去吧。我在此就与大家告别了,祝大家一路平安!"说罢,不由得老泪纵横,引得众人也唏嘘不已。

于是,除了仍有一部分将士护送玄宗继续前行外,太子李亨则率领着不少骁勇将士和若干王公留了下来,以做收复失地的打算。当时,建宁王李倓建议道:"朔方之地离这里较近,兵马强盛,归河西行军司马裴冕所辖;而裴冕则忠于大唐,必定会全力以赴,协助太子殿下收复失地。所以,我们不如趁着叛军目前正忙于掳掠长安,无暇他顾之机,迅速北上,与裴冕会合,再徐图大计。不知殿下以为如何?"李亨认为此法甚好,旋即率领众人,急急驰驱北进。途中,尽管也歼灭了小股敌军,但是大部分时间里则是在拼命逃亡,乃至有一夜狂奔了三百里路。不管怎样,当他们抵达平凉时,补充到了数万匹马和成千的军士,稍稍恢复了一些元气。好在安禄山的叛军夺得长安之后,大肆掳掠,颇为志得意满,将士们多放纵于酒色,无意再与唐军激战,遂让太子李亨的军队能在较少干扰的情况下逐步积聚力量。

太子李亨抵达平凉数天后,朔方、灵州、盐州等地的高层官员商议后致函太子,认为平凉并非战略要地,不宜屯兵,而灵武郡(灵州,朔方节度使的治所)却兵精粮足,是个用武之地。所以,如果太子驻扎于此,则可以北聚诸城之兵,西调河、陇劲骑,南向控制中原,因此可成大事。他们并献上朔方的军队、军备、财物清单,确实人力、财力都雄厚异常。恰在此时,由河西司马晋升为御史中丞的裴冕到平凉谒见太子,也劝太子前赴朔方图事。于是,李亨便率领一干属下,启程前往朔方,在七月九日抵达灵武。

太子刚到灵武,裴冕、杜鸿渐等重臣就劝他马上即皇帝位,理由是,在马嵬驿时,玄宗曾经说过,他其实是早想把皇帝位让给太子的,只是当时由于其他客观原因而耽搁罢了。然而,太子执意不肯,因为父皇并未明确地宣布退位。这可把裴冕等人急坏了,他们又从利害关系方面劝说道:"太子所用的将士都是关中人,他们日夜盼望着收复失地,回归故里,所以甘心追随殿下,远涉塞外,以期建立战功,尽早骨肉团圆。

但是,如果殿下推诿而不即帝位,就会让众将士凉了心,那么,大事将会毁于一旦,大唐社稷也可能从此不保了! 所以,敬请殿下千万顺应民心,顺应潮流,为国做出贡献。"这类劝谏,反复五次后,太子李亨才同意即皇帝位。于是,太子在抵达灵武之后三天,即七月十二日,在灵武城的南楼举行仪式,即皇帝位,尊父亲玄宗为"上皇天帝",改元"至德",成为后世所称的唐肃宗。图34为今马嵬坡的杨贵妃墓。

11.4 回纥援手,收复失地

肃宗登基之初,虽然也正式地任命了不少文武官员,如以杜鸿渐、崔漪为中书舍人,裴冕为中书侍郎,以薛景仙为扶风太守兼防御使,陇右节度使郭英义为天水太守兼防御使等,但是,可用的人才实在少得可怜,所有的文武官员合在一起,也不满三十之数。并且,百官在朝堂上也没有像样的规矩,例如,大将管崇嗣在上朝时,就往往背对皇帝而坐,甚至与人谈笑,以至监察御史李勉要求弹劾他"大不敬"之罪,经肃宗说情后才作罢。不管怎样,肃宗即皇帝位之后,前来投奔的文武官员越来越多,唐军的士气也越来越高涨。肃宗的当务之急,便是如何最快,最有效地收复失地,首先是收复两京。

肃宗的最大困难在于缺乏兵力,尤其是大批骁勇善战的精良部队,所以,朝臣们不无借用外族兵力的建议。但是,肃宗鉴于造反的安禄山乃是源出"胡人"的前车之鉴,却实在不敢贸然借用外族军队,故而当八月间回纥可汗、吐蕃赞普相继遣使来朝,都表示愿意发兵助唐,打击安禄山叛军时,肃宗只是客气地宴请了他们,赐予许多财物,却并未接受其"好意"。但是,至九月间,肃宗终于改变了主意,决定借用外夷的军事力量,原因是,如果单凭他目前掌握的中原军力,很难在短期内实现"光复故土"的大业。肃宗册封幽王李守礼的儿子承寀为敦煌王,要他与仆固怀恩一起出使回纥,请求发兵援唐。另一方面,他又对西域诸城廓国家许诺,声称大唐愿意用丰厚的报酬换取诸国军队跟随安西兵一起赴援中原。

敦煌王李承寀与仆固怀恩在十月抵达回纥牙帐,要求回纥发兵帮助唐军。回纥葛勒可汗(唐廷此前册封的"怀仁可汗")一方面固然答应了唐廷的请求,另一方面却也提出与唐和亲的建议,即将自己妻子的妹妹嫁给敦煌王。显然,可汗是想借此机会与唐王朝互利互惠:唐王朝利用回纥的优秀军事力量平定安禄山叛乱,回纥则借助唐王朝的巨大政治声威影响草原诸部。所以,葛勒可汗迫不及待地派遣高官作为使者,与承寀、仆固怀恩一起归国,以与唐廷落实两国和亲之事。肃宗当然十分明白回纥人此举的真正用意,于是索性更施"恩惠",册封敦煌王承寀的这位回纥妻子为毗伽公主,并赐予大量衣物、财帛。

　　回纥人果然十分满意,葛勒可汗在当月就派遣大将葛逻支率领一支骑兵赴援唐军,而这也恰好帮了唐廷一个不小的忙:当时,安禄山的叛军将领尹子奇率领着五千骑兵,渡过黄河,寇侵了北海,并打算进一步南下,侵入江淮地区。葛逻支闻讯,立即用二千精骑猛扑范阳城,佯装要袭取城池。此举吓得尹子奇忙不迭地收军,回保范阳,从而暂时解除了叛军对唐朝江淮地区的威胁。

　　另一方面,葛勒可汗本人还亲自率领另一支援军,在十一月八日抵达呼延谷,与郭子仪的军队会合。三天过后,两军与安禄山的叛军激战于榆林郡北侧的黄河河畔,大获全胜,斩杀敌军三万多,俘获一万人,致使河套地区的叛军基本上被消灭干净。这一仗,若非回纥之助,唐军是不可能胜得如此干脆利索的,所以肃宗对回纥更存倚重之心。

　　翌年(757年)九月,回纥可汗应肃宗的邀请,又派遣了自己的儿子叶护以及大将军帝德率领了四千多精兵前来赴援。他们到达凤翔后,肃宗隆重地接待了回纥客人,不仅犒赏丰厚,还册封嫁给敦煌王李承寀的毗伽公主为王妃,晋升李承寀为宗正卿。这显然给足了回纥可汗面子,所以葛勒可汗也投桃报李,封李承寀为"叶护"高官,与自己的儿子一般,共同掌控回纥的兵权。当时,正逢肃宗的长子广平王李俶统帅的朔方军和西域诸国军队共计十五万人将从凤翔出发征战,于是肃宗便让广平王会见回纥可汗的儿子叶护,并与之约为兄弟。叶护获此"荣耀",大为高兴,马上称广平王为哥哥,显得十分亲热。嗣后,叶护一行又到扶风与郭子仪会合,计划采取联合军事行动。郭子仪同样热情地招待回纥友军,一连宴饮三日。倒是叶护显得相当豪爽,说道:"我们因为贵国遭遇急难,才远道前来相助,怎么能够沉迷于酒食之中呢!"所以,回纥人不再接受宴饮,而是要求尽快启程击敌。当然,唐廷决不敢怠慢了这支不可轻视的军队,每天供给它的军粮就达二百头羊、二十头牛和四十斛米。

九月二十五日,各路兵马一起出发,目标是试图一举收复京师长安。两天之后,大军抵达长安之西,列阵于香积寺北,沣水之东。唐军方面的分工是:李嗣业充任前军,郭子仪作为中军,王思礼则充任后军。安禄山的叛军方面,则也有十万之众,列阵于唐军之北,并且首先派遣李归仁出阵挑战。起初,官军的气势颇盛,不断前迫,逐渐接近敌营。哪知叛军突然全军推进,猛烈冲击。唐军一时之间抵挡不住压力,纷纷后退,从而造成了更大的混乱,乃至有全面溃散的危险。

这时候,前军统帅李嗣业身先士卒,冲到了最前面,大声呼喊道:"现在再不拼死一搏,我们全军就没有一个能活着回去了!"他一连呼喊,一边手执长刀,向前猛砍,凡是他的长刀所及,无论是人是马,都立即血肉横飞。眨眼之间,竟被他砍翻了数十人,其他将士一见此状,哪敢怠慢,立即也手举长刀,奋勇冲锋。于是,形势顿时逆转,叛军节节败退。

不过,叛军也还留有后招,因为他们在军营之东伏有一支精良骑兵,正打算偷袭唐军的身后。不料,此事被唐军的探子侦得,因此立即由朔方左厢兵马使仆固怀恩与回纥一起出击,阻止它对唐军的偷袭。正所谓"螳螂捕蝉,黄雀在后",正当叛军骑兵要出发时,却遭到了来自侧面的数倍于己的回纥精骑的袭击,一阵箭雨和随后的砍杀之后,叛军的这支骑兵几乎遭到了灭顶之灾。这个打击令整支叛军的军心大为动摇,眼见将要全线溃败。就在此时,安禄山的叛军偏偏又遭受了雪上加霜的致使一击:李嗣业的一支唐军和回纥的一支骑兵又突然出现在叛军的后方,造成了他们腹背受敌的局面。经过半天的激烈厮杀后,叛军大败,被杀六万多,尸体填满沟壑、河流,只有少量残众逃入长安或其他地方。

仆固怀恩见此形势,立刻向全军统帅广平王李俶建议道:"看样子,叛贼已经弃城而逃了,那么,我军可以用少量骑兵乘胜追捕其首脑安守忠、李归仁等。"但是,广平王却答道:"今日一整天激战,大家都十分劳累了,还是应该先休养一夜,待明天再战。"仆固怀恩一再请战,认为战机不可失,若延误到明天,贼将很可能已经遁逃了。可是,广平王始终未曾同意,于是,追歼叛军之事只得作罢。果然,第二天侦骑来报,安守忠、李归仁、张通儒等贼首都已遁逃。仆固怀恩唯有顿足长叹而已。当天,唐朝大军进入长安,

在收复长安的战役中,回纥的精良骑兵确实居功至伟,发挥了相当重要的作用,如今,则是他们索要"报酬"的时候了。原来,唐肃宗早就与回纥有约:只要回纥帮助唐军夺回都城,那就可以任意掠取普通百姓的财物和女人,只要土地和官员归唐军处置就可以了。现在,当回纥叶护向广平王当面提出要履行条约时,广平王却"扑通"一声,当众跪拜在叶护之前,眼含泪花,以一副极为恳切的表情说道:"如果我们刚刚收复西京长安,就大肆掳掠百姓,那么,改天进攻东京洛阳时,百姓便会与叛贼一起死守,这岂不是又要增加无数军民的牺牲吗?所以我恳求叶护大人,为了避免更多生灵的涂炭,还望贵军能够到了收复东都之后再履行前约。万望叶护俯允。"

回纥叶护想不到唐军的堂堂兵马大元帅,日后极有可能成为太子的广平王竟会演这么一出戏,当着众多将士和百姓的面,跪倒在自己这个"夷狄"的面前,一时之间倒有点手足无措起来。他慌忙扶起广平王,婉言说道:"殿下千万不可行此大礼,你我既是弟兄,万事都好商量。我十分理解你关心百姓和社稷的心情,所以一定答应你的请求,并且,我将尽我最大努力,为殿下尽快夺回洛阳!"回纥叶护的这番话倒也不能完全算作虚情假意,因为他确实旋即与唐军将领仆固怀恩一起,率领着唐军、回纥兵及西域诸军的联合部队,杀奔东都洛阳去了。

至于唐军的兵马大元帅李俶对回纥叶护的这一拜,非但并未遭人耻笑,责备他丢了大唐的颜面,却反而获得了朝野的一片好评,一致称

欧·亚·历·史·文·化·文·库·

赞他"品格高尚""心怀天下""爱民如子"云云,不一而足。在普通的百姓、官兵甚至域外胡人看来,李俶是为了长安的百姓免遭回纥掳掠之灾,才不顾自己的颜面而下跪的,这是只有大智大勇者才能做到的。而在政治家们看来,李俶的这一"下跪秀",不仅收买了百姓,特别是长安百姓的人心,还使得日后唐廷允许回纥劫掠洛阳的行为变得似乎情有可原了。所以,即使是李俶的父皇肃宗,听到这个消息后,也禁不住赞叹道:"这孩儿做得好哇,看来我也不及他啊!"言下之意,自己也拉不下脸来下跪胡人,以换取一箭数雕的政治利益!当然,李俶在进入长安城之后,更是做得尽善尽美,剿灭叛贼残众,加强社会治安,颁诏安抚百姓,以至在三天后他率军东征时,全城百姓夹道欢送,许多人激动得泪流满面。

唐军的"东征"进行得还算顺利。当长安收复后,郭子仪就率领部分回纥兵和汉军,一路追杀残敌,直捣潼关,并夺取之,杀敌五千多,收复了华阴、弘农二郡。时在 757 年的九月底。至于广平王李俶的主力军则在十月十四日抵达弘农和灵宝地区。当时的形势是,从长安脱逃的叛军首领张通儒招聚残众后,据守陕郡自保;洛阳的安庆绪(他已于当年正月谋杀其父安禄山而夺其位)又派遣以御史大夫严庄为首的一支军队前来协助张通儒,故那里的叛军总数也有十五万之多。

唐军方面的安排是,回纥叶护派遣其将军鼻施吐拨裴罗埋伏在南山之侧,郭子仪等则在陕城之西的新店与叛军正面对抗。叛军占据着山岳,地形较为有利,因此开战之后,他们顺着山势俯冲而下,曾令唐军难以抵敌,导致阵营基础出现松动的迹象。好在回纥的伏兵突然出现在叛军的身后,利箭如雨而至。叛军这一惊吓非同小可,因为不仅是因为他们遭受了背后的袭击,更因为来者是极具杀伤力的回纥骑兵。所以,随着叛军"回纥人来了"的惊恐呼声此起彼伏,他们的阵营也就开始溃散,再在对方前后夹击的冲锋下,终于大败,丢下漫山遍野的尸体,狼狈地逃走了。严庄、张通儒放弃了陕郡,逃往东方。广平王、郭子仪进入陕城;仆固怀恩等人则分道继续追击叛军。

严庄等在第二天逃往洛阳城,把陕地失守,十五万大军几乎全军覆没的情况报告了安庆绪。安庆绪大惊，迅速丧失了斗志，就在当夜，他与一帮亲信匆匆忙忙地率领剩余的少量兵马，从洛阳的苑门出城，逃往黄河以北的邺郡。于是，包括回纥兵在内的唐军的先锋部队在几未遇到抵抗的情况下进入了洛阳。这一次，回纥再也不"客气"了，他们开始大肆掳掠洛阳民间的财物；唐军由于有约在先，也不敢稍加劝阻。又隔了一天，当广平王李俶带领大军入城时，回纥意犹未尽，仍在打家劫舍，强抢民女。广平王实在感到脸上无光，只能与豪富之家商议，凑出数万匹上好丝绢，送给回纥首领，以换取他们停止抢劫。回纥人这才罢手，但是洛阳百姓已经深受其罪，苦不堪言了！

　　至于此前投降叛贼安禄山，在伪政权中当官的原唐廷官员，如陈希烈等共三百人，则在广平王大军入城，列阵于天津桥时，全都穿着白衣，匍伏于地，不时地叩头，声称自己"罪该万死"。广平王见此情形，也深知"法不责众"，并且当前也急需笼络人心，因此就索性故示宽容，说道："你们多是迫于无奈，受到叛贼威胁后才投敌的，不算反叛。所以，如今圣上有旨，将赦免你们之罪，并且给予一定的官职。"众人闻听此言，喜出望外，大呼"万岁"，频频谢恩。而此举也确实鼓舞了其他地方的投敌官员，如陈留郡的官员便杀死了贼将尹子奇，归降唐军；甚至安庆绪的高官严庄也主动投降了唐廷。

　　十月二十三日，肃宗驾临长安。成千上万的百姓远出城外欢迎，人群延绵二十里，有的哭，有的笑，有的呼喊，有的舞蹈，"万岁"之声不绝于耳。肃宗美美地享受了一番"万民救星"的恭维，十分得意。至于那些曾在安禄山伪政权任职的百官，则被迫脱了头冠，赤了双足，立在含元殿前，向皇帝请罪。肃宗在被叛贼焚毁的太庙祷告、哭诉了三天，象征着唐政权的巨大危机已经结束。此时，已经当了"上皇"的玄宗也发自蜀中，开始启程返回西京长安。图35为唐长安城布局图。

　　十月底，回纥叶护从洛阳回到长安，由于回纥人的"救国"之功，他受到英雄般的欢迎和接待。肃宗命令文武百官都到浐水东的长乐驿迎接回纥军队，并且亲自在宣政殿设盛馔宴请叶护。叶护似乎很受感动，主动表示，由于回纥的军马损失较多，所以他将把大部分兵将留在冯翊

·欧·亚·历·史·文·化·文·库·

县的沙苑,自己则归国补充良马,以便稍后再助大唐,彻底歼灭残存的叛军。肃宗虽然不太清楚回纥人主动逗留大唐境内的真实意图,但是口头上则是不断感谢叶护的"好意",于是,他重赏了回纥,送别叶护。半个月之后,肃宗又册封在收复两京之役中立有大功的回纥可汗之子叶护为司空,忠义王;并且每年赐给回纥二万匹丝绸。回纥人因此获得巨大的经济利益。

12 强盛时期，与唐往来密切

12.1 宁国公主降嫁回纥

回纥希望唐廷给予的报酬并非仅限于此，因为他们不仅需要经济资助，更盼望获得唐廷在政治方面的声援，因此在翌年（758年），磨延啜（葛勒可汗）遣使来唐，要求娶唐公主，与唐通婚。肃宗对于这个要求不敢有丝毫怠慢，因为安氏的叛反政权尚存，唐廷还十分需要借助回纥之力，彻底平定国内的叛乱。所以，肃宗并没有像历代的诸多皇帝那样，仅仅用宗室之女敷衍充数，而是让自己的真正骨肉，小女儿宁国公主远嫁"胡虏"可汗。为了展示唐廷对于回纥的诚意和友善，肃宗还在当年七月册封葛勒可汗为英武威远毗伽阙可汗，给予回纥可汗的政治威望以极大的支持。此外，唐廷送亲的仪式也十分隆重：以汉中王李瑀为送亲和册封使团之长，右司郎中李巽、司勋员外郎鲜于叔明为副。待到使团启程之日，肃宗还亲自伴送宁国公主到咸阳。临别之际，公主痛哭失声，对父皇说道："陛下国事繁重，急需处理，不宜再送。我这次能以一己之身，远嫁回纥，能为国家稍尽绵薄之力，即使异日客死他乡，也无遗憾了！"其凄婉之情，令肃宗也禁不住老泪纵横。

李瑀率领的使团抵达回纥可汗的驻地后，要举行一个"受封"的仪式。当时，可汗穿着赭袍，戴着胡冠，端坐在牙帐正中的榻椅上，仪表十分威严。唐廷的使团人员立在帐外等候，久久未见动静，则不免有点焦躁，队形开始散乱起来。这时，回纥可汗却问李瑀道："请问王爷，你与天可汗是什么关系？""我们是堂兄弟呀。"李瑀答道，却不知可汗为何有此一问。"那么，这位又是谁呢？"可汗指着站在李瑀上首的一人问道。"他是中官雷灵俊。"李瑀不在意地回答。哪知可汗立即脸色一变,厉声道:"中官乃是奴才,岂能站在王爷的上首! 难道堂堂大唐连这点礼仪都不懂吗!"雷灵俊闻言,吓得连忙退出上首之位,使团的其他诸人也都大窘,虽然心中不满回纥可汗这种故意找茬的做法,却也不敢发作,因为毕竟自己被他捏住了把柄。

不过,唐廷使节们也不甘心被他们一向瞧不起的"胡虏"在礼仪方面占了上风去,所以当稍后被引入帐内,谒见可汗时,他们都只揖不拜。回纥可汗当然十分不悦,便责问道:"天可汗是大唐之君,我则是回纥之君。我们都是君主,但是你们作为臣下,却为何只拜天可汗而不拜我?!"李瑀却朗声答道:"大唐天子鉴于可汗立有军功,故特别嘉奖,把自己最宠爱的亲生女儿嫁给可汗为妻。这与历代帝君只以宗室女和亲的做法截然不同,是真心实意地尊重可汗。所以,可汗如今是确确实实的唐皇的女婿。那么,天下哪有女婿傲然端坐,接受岳父册封诏书的道理?! 难道可汗毕竟长居蛮荒之地,不懂起码的礼节吗?"李瑀的这番话,字字在理,并且把刚才所受的讥讽也奉还了回纥可汗。

可汗闻言,自知理亏;再说,方才自己借机指责对方失礼的做法,显然是旨在故意立威,不免有失敦厚,故不再争论,顺从地起身拜受诏书。第二天,可汗正式宣布,立大唐宁国公主为回纥的"可敦",亦即可汗的正室,相当于唐人的皇后。这表明,回纥也以最大限度的礼遇回敬了唐廷,于是皆大欢喜。唐廷的使团带来了大量的财帛、器物和食品,赏赐给回纥可汗及其各部酋帅。回纥可汗则回赠了五百匹良马和貂裘、白氎等草原土产,并且派遣一位名叫盖将军的大首领,带着三位女子,前来唐廷"谢婚"。一时之间,双方往来相当频繁,显得气氛颇为融洽。

当然,最令唐廷感到实惠的是回纥对唐的军事支援。回纥不负所望,在八月就派遣了骨啜特勤和帝德宰相率领精锐骑兵三千,南下助唐,一起讨伐安庆绪的叛军。当时,这支骑兵归在朔方左武锋使仆固怀恩麾下,由他统一指挥。不过,这些回纥人以及随后与他们协同作战的唐朝大军,不久后就遭受了一次惨败。

759 年的三月,刚投降唐廷不久的原安禄山部下史思明再次叛反,原因是唐廷虽然任命他为范阳长史,河北节度使,却并不真正信任他,仍旧派人暗中监视。这令史思明十分不悦,乃至于乾元二年(759年)的正月再度叛唐,在魏州称"大圣燕王",并且派遣大军,试图解救被唐军围困在邺城的安庆绪。三月上旬,唐军六十万屯驻于安阳河北岸,自恃兵力雄厚,未将史思明亲率的五万精骑放在眼中,认为对方兵力弱小,不堪一击。哪知敌军突然发起了冲击,将最初迎战的李光弼、王思礼、许叔冀等人所部杀伤了大半。接着与之交战的郭子仪却又不幸遭遇狂风来袭,一时间天昏地暗,难明敌情,唐人军心动摇,以至溃败,兵器、辎重丢得漫山遍野,十万甲仗,丧失殆尽,一万匹战马仅剩三千,军粮六七万石落入敌军手中!图36为史思明所铸的铜钱。

在仆固怀恩麾下的回纥骑兵,虽然起初与史思明的分路军队交战时,取得了一点优势,但是随着唐军主力部队的溃败,他们也落得个损兵折将,狼狈逃窜的结局。中旬末,回纥的骨啜特勤、宰相帝德等,只带领剩下的十五人,从相州逃回了西京长安。面对如此的惨败,肃宗却仍然不敢怠慢回纥友军,还得好言抚慰他们,甚至赏赐不少财物。数天后,骨啜等返回前线,招聚败兵残将。

当年四月,叛军方面的人事发生了一个大变化:虽然史思明解了安庆绪的邺城之围,等于把他从死亡线上救了回来,但安庆绪对于史思明却仍然疑虑重重,不仅不为他庆功祝贺,甚至不敢与他会面接触,即使部下反复敦促,他仍无动于衷。最终,他见史思明把他主动愿意"禅让帝位"的表文都还给了他,才认为史思明并无篡位夺权的野心,从而放心地去了史思明的军营。哪知就在这军营中,史思明在斥责他"杀父夺位,天地不容"之后,将他毫不客气地处斩了。未几,史思明便接收安庆绪的所有权力和领地,自称"大燕皇帝",改元顺天。于是,安禄山叛乱称帝之后,其政权历经两任安氏统治者,如今落入了亦属突厥人的史思明的手中。

几乎在史思明称帝的同时,回纥政权的人事也发生了大变动:可汗磨延啜,即唐廷册封的"毗伽阙可汗"去世。由于最初所立的汗位继承人,他的长子叶护在稍前一次的军事行动中被杀,故如今由磨延啜的次子移地健继位,称"登里可汗"(也称"牟羽可汗")。磨延啜在世之时,曾经为移地健求婚于唐廷,肃宗便以仆固怀恩的女儿嫁给了他。如今,移地健既成可汗,仆固怀恩的女儿也就升格为"可敦",亦即可汗的正室夫人了。

本来,游牧人的一个习俗是,可汗去世之后,其继位者将娶除了自己亲生母亲之外的前可汗的所有妻妾。然而,回纥人这一次却并未沿用这一风俗,而是要履行另一个风俗——可敦殉葬。这使得宁国公主大为惊恐,因此做出了强烈的抗辩。她说道:"按照中原王朝的历来风俗,丈夫去世之后,妻妾都必须服丧三年,每天朝夕要举行祭拜仪式。这是我们必须遵从之礼。而回纥之所以迫切希望与中原和亲通婚,无非就是向往中国的礼仪。那么,你们难道妄图违背先可汗的意愿吗?"

宁国公主的这类申辩,其实并不具有很强的说服力。但是,鉴于她背后唐皇室的强大压力,回纥人也不敢再逼她殉葬,因为这毕竟只是个形式,而回纥人更重视的是日后从唐王朝索取更多的实际利益。就这样,宁国公主只是随回纥之俗,在丧仪上用小刀划破脸面,大声号哭,以示哀伤而已,避免了殉葬的危机。而且,由于她并未怀上可汗的子嗣,竟在八月就被允返归唐境,不至于终老在人迹稀少的异乡客地。

12.2　牟羽可汗助唐,最终平定叛乱

在嗣后的一段时间里,唐廷的平叛战争非但没有大的进展,甚至还在倒退之中。首先,唐军在759年春天大败后,由于宦官出身的观军容使鱼朝恩在肃宗面前诋毁郭子仪,导致郭子仪在六月被剥夺军权,由李光弼出任朔方节度使,兵马大元帅。这一人事更动导致唐军险些为强行挽留郭子仪而发生兵变。而史思明却一路西进,颇为顺利,乃至再陷洛阳,令肃宗在十月被迫做出"御驾亲征"的姿态。此后,唐军虽然取得了若干局部胜利,但是至翌年(760年),史思明依然占据着东京洛阳。

上元二年(761年)的二月,史思明击败李光弼统帅的唐军后,便与儿子史朝义分兵进击,意图入关,夺取西京长安。但是,由于叛军内部

的权力之争,史朝义的部下在三月中突袭史思明的军营,生擒之,并于不久后将其缢杀。史朝义因此即"皇帝"位,改元显圣。这样,叛军的攻击力减弱,终究未能有大的进展,遂与唐军互有胜负,处于相持阶段。

翌年(762年)四月初五,已经退位的唐玄宗去世,享年七十八岁。仅仅半月之后,即当月十八日,外遭叛军作乱,内遇皇后权争,又逢父皇去世的唐肃宗终于因病辞世,年仅五十二岁。于是,他的长子,原来的广平王李俶(后改名李豫)以太子身份继承帝位,史称"代宗"。

代宗继位后,一心完成平定叛乱的大业,于是再次起用深得军心的郭子仪,在当年七月委任他都知朔方、河东、北庭、潞、仪、泽、沁、陈、郑等州节度行营,并任兴平等军副元帅。另一方面,则遣使回纥,要求他们再度发兵,帮助唐廷剿灭史朝义的叛军。

然而,当时的形势对唐廷十分不利。因为在唐廷遣使回纥之前,史朝义已经与回纥联络,劝说牟羽可汗(登里可汗)与他共同推翻唐政权,瓜分天下。史朝义在给回纥可汗的信中说道:"可汗应该很清楚当前的天下大势:唐室的两个皇帝接连死去,所以目前的中原已经成为无主之地,乱作一团,没人领军作战了。那么,你完全可以率军前来,与我一起收取他们的府库收藏;即使遇到小小的阻挠,也不堪我们的大军一击。目前正是天赐良机,请可汗从速前来,切勿徒然放弃了唾手可得的巨大利益!"这一番半真半假的话说得回纥可汗颇为心动,于是旋即发兵南下,旨在大捞一票。时在762年的八月。

不过,当回纥军队抵达朔方三受降城时,代宗派遣的使者刘清潭也来到了这里。刘清潭递交了代宗致回纥可汗的书信,信中说道:"大唐与回纥的友谊由来已久,姑不论较远的往事,即使最近几年内,您的父亲毗伽阙可汗曾经帮助先帝收复两京,令兄叶护在中原使安氏叛军闻风丧胆,朕即是当时的广平王,与令兄交谊甚厚;再说,先帝降嫁宁国公主于您的父可汗,双方誓言要世代友好。因此,可汗不仅不应帮助叛军,更该协助大唐,再建奇功,日后必定能获厚报。"

代宗此信虽然说得十分动情,但是牟羽可汗见到朔方地区的许多州、县都成一片废墟,辖境内的烽火台几乎无人把守,唐人的官、民大多垂头丧气，士气不足时，便对唐政权的实力颇为轻视，对它还能复兴的前景产生了怀疑。因此，他即使并未与史朝义协同作战，却也并未理会刘清潭的话，而是径自夺取了单于都护府的府兵和仓库，好好地掳掠了一番。刘清潭为了尽量推卸自己辱没使命的责任，遣人返京，谎报军情，声称回纥已率十万大军南下，将帮助史朝义的叛军。这个消息令京师大为震惊，赶紧商量应急对策。

最后，代宗派遣了殿中监药子昂带着巨额财物，前赴忻州会见回纥可汗，试图用厚贿来摆脱这不利的局面。药子昂在太原与回纥可汗见了面，他一方面与回纥谈判，另一方面则秘密调查回纥的真正实力，却发现他们的精锐部队不过四千，其他还有一万多老弱的兵马，与刘清潭所言相距甚远。于是朝廷急命时在汾州的仆固怀恩以私人身份再约谈牟羽可汗，因为仆固怀恩是他的岳父。仆固怀恩是唐廷不多的几位著名将帅之一，又兼具"长辈"的身份，所以，当他详细分析了唐军与叛军的实力对比之后，回纥可汗基本上相信了叛军不会久长的结论；此外，他从药子昂处也获得了丰厚的财物。于是，牟羽可汗最终答应助唐，共同对付史朝义。

不过，在具体的作战方案上，双方依然存在着一些歧见。先是，回纥可汗计划从蒲关进入，经过沙苑，再出潼关而东向。但是，药子昂认为这条进军路线对叛军的打击不大，并且军费消耗大多得取自唐廷，所以不如改用另一方案。他说道："自从叛军作乱以来，关中地区屡遭劫掠，各个州县已经财政空虚，无力再提供大量军饷，这会令可汗十分失望的。所以，我建议可汗改行叛贼聚居的地区，从井陉进入，略取邢、洺、怀、卫等地，自此南进，则可掠取叛贼的巨额财物，既充足了军饷，又重创了敌军，岂非一举两得？"然而，牟羽可汗却不愿意损耗过多兵力来碰这"硬钉子"，最后仍然坚决地拒绝了这一方案。

药子昂无奈，只得再提出另一个方案：从太行山南下，占据河阳之地，扼住叛军的咽喉，以利于整个战局。可是，回纥可汗出于自己的"小算盘"考虑，又拒绝了这个建议。最后，药子昂提出"用太原的府库补充军粮；从陕州的大阳津渡河，再与泽潞、河南、怀郑等其他诸路兵会合"的方案后,回纥可汗才接受了,他显然非常功利地选择了"损失最小,获得最多"的方式,哪里顾及与唐朝的"昔日友谊"或"姻亲之谊"!

不管怎样,回纥终于成为了唐廷平叛联军中的一支。当时联军的最高统帅是兵马大元帅,由雍王李适,亦即太子出任;御史中丞药子昂、魏琚为左右厢兵马使,中书舍人韦少华为判官,给事中李进为行军司马。762年的十月,包括回纥在内的各路人马会合在陕州,商议讨伐史朝义之事。

不过,就在这重要的时刻,回纥可汗又生出了一个极不和谐的事端:雍王李适抵达陕州之时,回纥正屯兵在黄河的北岸,雍王便率领着十几位僚属前赴河北拜会牟羽可汗。这对回纥人说来,本来是一件很有光彩的事情,因为雍王身为太子,目前又身为全军的最高统帅,其地位至为尊贵,差不多仅次于大唐皇帝。然而,牟羽可汗却骄横得很,居然指责雍王与他见礼时只揖不拜。随行的药子昂便辩解道:"雍王是全军的兵马大元帅,哪有向分部领军之将下拜的道理?"可汗帐下的酋帅车鼻却来了气,大声喝道:"当今的大唐天子曾与可汗的兄长叶护结为弟兄,足见可汗是雍王的叔父。那么,侄儿见了叔父,难道不应该下拜吗?"药子昂则针锋相对地答道:"雍王是高贵的太子,是将来的大唐皇帝,怎么能向夷狄之辈跪拜!"双方你来我往,争论不休,互不相让,乃至最终动起武来,车鼻竟将陪同雍王前来的僚属药子昂、魏琚、韦少华、李进都鞭打一百,作为"无礼"的惩罚。唐营将士闻讯之后,立即调集大军,围住回纥人,强烈要求惩罚凶手,雪此奇耻大辱。好在雍王考虑到平叛的大局,在回纥可汗示弱,未再采取敌视措施之后,下令唐军撤围。否则,史朝义的叛军尚未消灭,唐廷联军的内部倒可能发生武装冲突而损失惨重了。

两天之后,唐军从陕州出发,分道东进,往击史朝义盘踞的洛阳城。回纥人以其左设率军,跟随仆固怀恩,作为先锋部队;陕西节度使郭英乂和神策观军容使鱼朝恩从渑池进入,作为殿后之军;潞泽节度使李抱玉从河阳进军,河南等道的副元帅李光弼则从陈留进发,目标都指向洛阳。兵马大元帅,雍王李适则留守陕州,总体调度诸军。三天过后,仆

155

固怀恩与回纥军抵达河南永宁县的同轨城。

史朝义听说唐军大举东进,便与众将商量对策。阿史那承庆说道:"如果唐军之中全为汉人之兵,那么我们完全可以聚集所有兵力,与之全面决战。但是,如果他们包括了回纥骑兵,那么肯定锐不可当,我们应该退守河阳,先避其锋芒,再徐徐图之。"显然,阿史那承庆对于回纥的战斗力相当畏惧,故有此议。但是,作为主帅的史朝义却不以为然,他没有听从阿史那承庆的建议,而是打算全面抗击唐军。

唐军很快地到达了洛阳的北郊,立即分兵攻击怀州,在第二天就夺取了此城。又过两天,唐军在横水河畔设立了战阵,与之对垒的则是数万叛军,他们加固了防御工事,严阵以待。仆固怀恩在敌营之西设置了大营,然后派遣回纥人率领精骑从南山出去,绕到叛军营寨的东北方,最后突然发起进攻,两面夹击,大破叛军。史朝义得讯,立即遣发所有的精兵,计十万之众前去救援。唐军猛烈冲击,杀伤了大量叛军,但是依托昭觉寺的史朝义大军却依然未被动摇。即使鱼朝恩派遣大批勇士强烈冲锋,仍旧效果不大。

这时,唐军的镇西节度使马璘发觉情况不妙,因为两军交战,攻方的大忌便在于久攻不下,此时若士气渐失,稍有懈怠,或者打算撤退,那就很可能遭受守方的反击,就会造成"兵败如山倒"之势,不可收拾。所以,马璘当机立断,立即奋不顾身地一马当先,冲向敌营。其他将士见状,也毫不犹豫地跟着蜂拥而上。由于马璘武艺高强,他在敌军猝不及防之际,竟得以突破其防御,杀出了一条血路。这正如千里之堤上的一个蚁穴,随着他个人的突破,该缺口被紧随他的将士们冲杀得越来越大,终于导致史朝义的精锐大军全线溃退。唐军则乘胜追击,嗣后又与叛军的残部相继战于石榴园、老君庙等地,斩杀敌军六万多,俘获二万多。史朝义只带着数百人,狼狈地向东逃窜而去。

就这样,仆固怀恩与回纥人很快地夺取了东京洛阳及河阳城,擒获了史朝义政权的中书令许叔冀、王伷等人。仆固怀恩让回纥可汗镇守在河阳,命令自己的儿子右厢兵马使仆固玚与朔方兵马使高辅成率领步骑一万多人,继续追击史朝义。他们一路进击,几乎每战皆捷,顺利地收复郑州。而史朝义则挫折不断,他逃到汴州时,守城的陈留节度使张献诚紧闭城门,拒绝他及叛军入城。史朝义只得转身逃奔濮州而去;至于张献诚,则旋即投降了随后抵达的唐军。

从整个形势看,唐军彻底歼灭叛军,收复全部失地已经指日可待,确实是大喜之事。然而,从普通百姓的遭遇来看,却根本是无"喜"可言的。特别是东都洛阳的百姓乃至官员、士人,在洛阳"光复"之后却反而遭受着更为惨烈的灾祸,主要原因即是他们遭到了"胜利者"肆无忌惮的劫掠。首先是回纥人,他们仗着早年唐廷承诺的"子女玉帛归回纥"的条约,进入洛阳之后就大肆抢掠,凡稍有抗争,就格杀不论,乃至被杀者未几即超万人!人们无奈之下,纷纷逃入圣善、白马两座佛寺,指望"佛门清地"能够保佑大家免遭胡人的抢劫和屠戮。哪知此举更加激怒了回纥人,他们竟然纵火烧寺,导致了更多人的伤亡。此后,连唐廷的官员和高层氏族都难免遭殃;最后,回纥兵还曾有夜闯含光门,突入鸿胪寺的无法无天之举。在此同时,留守洛阳的唐朝军队,却非但不对回纥人的暴行加以制止,反而趁火打劫,也对刚刚收复的"贼境"大肆掳掠,除了洛阳之外,郑州、汴州、汝州等地都遭受了同样的厄运。"平叛大军"所过之处,几乎不再有完好的房屋,百姓也不再有像样的衣衫。如此的惨状持续了三月之久,民众所受的苦难甚至超过了"叛贼"的虐待。

史朝义则或战或逃,一路落荒而走。等到翌年(763年)正月,他的老巢范阳的节度使李怀仙也归降了唐廷,史朝义再也无路可逃,在范阳县只是凭着昔日老部下的旧情,才讨得一顿饭,然后又匆匆逃命而去。最终,他在温泉栅(位于平州石城县的东北)被已经降唐的李怀仙追及,遂自缢于树林之中。李怀仙割下他的首级,送往京师。至此,历时八年之久的"安史之乱"终告结束,唐王朝先后两代帝君(肃宗、代宗)以结盟回纥的代价,换来了唐王室"复兴"的胜利成果,然而,在此过程中最受苦难的则是普通百姓!

当年七月,代宗改元广德,大规模封赏剿灭史朝义叛军的文武百官,当然,"居功至伟"的回纥人名列其中。回纥可汗被册封为"颉咄登

·欧·亚·历·史·文·化·文·库·

蜜施合俱录英义建功毗伽可汗",他的妻子则为"娑墨光亲丽华毗伽可敦"。此外,回纥的左设被封为"雄朔王",右设被封为"宁朔王",胡禄都督封为"金河王",拔览将军封为"静汉王",其他尚有十一位都督均封了国公。至于丰厚的赏赐更是不在话下,令每个受赏者都笑逐颜开。回纥人如果归纳一下这八年来的经历,应该会发现:他们被中原君主们邀请到自己境内,大肆杀人、放火、劫掠,最终还有巨额的奖励和感恩戴德的致谢,真正宛如"天上掉下的馅饼"!

12.3　摩尼教成为回纥"国教"

代宗广德元年(763年)闰正月的下旬,回纥牟羽可汗带着"胜利的荣耀",带着从中原掳掠来的大量财物,"凯旋"归国了。而与此同时,他带回去的还有一笔"精神财富",这即是四位摩尼教的传教士。

摩尼教是由名号为"摩尼"(Mani)的一位波斯人创建的。他出生于巴比伦地区库萨运河旁的一个村庄里,时在公元216年,是波斯帕提亚王朝(汉籍所谓的安息王朝)的末期。摩尼的母亲出自帕提亚王朝的贵族金萨健家族。其父亲的家世也可能与帕提亚王朝的某一支贵族有关,并且,参加了曼达教派,从而使得儿子摩尼也自幼接受了相关的宗教信仰。据说,摩尼在12岁时获得了第一次神灵启示,以至离开了原来信奉的教派,开始创立新的教义。他在24岁又获得了第二次神灵启示,于是开始公开布教。图37为见于中外的多种摩尼肖像。

摩尼公开布教的时机正是波斯萨珊王朝君主沙普尔一世的加冕之日。他之所以能够得到国王如此的青睐,是因为他在此之前已经具备了相当规模的舆论积累和人际关系。据称,摩尼在此之前曾经游历波斯各地,并曾到过东方的中亚和印度等地。他曾经向梅塞尼的统治者米尔沙展示奇迹,使之心悦诚服地信奉了摩尼教。他还曾说服了佩鲁斯,使之也皈依了摩尼教。而这两位有权有势的贵人,却都是波斯国王沙普尔一世的兄弟,所以,他们都向国王郑重地推荐了摩尼及其宗教信仰。

摩尼向沙普尔一世的当面布教,获得了位高权重的国王的认可。并且由于他的庇护,在其在位的数十年内,克服了伊朗古代宗教琐罗亚斯德教的剧烈反对和巨大阻力,成为流行于波斯的"国教"。摩尼对于自己创建的这一宗教的定位是"世界宗教",所以,他不仅致力于摩尼教在波斯境内的传播,还努力把它推广到境外各地去。有鉴于此,摩尼在世之时,摩尼教就已经向西扩展到埃及,向东散布到中亚了。

遗憾的是,摩尼教的"黄金时代"很快就过去了:沙普尔一世在位三十年后去世(270年);继承者霍尔密兹德虽然也颇庇护摩尼教,但是在位仅仅一年。接着继位的巴拉姆一世却对摩尼教采取了截然相反的态度,他立即拘捕了摩尼,并指责摩尼教的教义,公开声称摩尼是"不受欢迎的",并发誓要把他驱逐出波斯。数年之后,摩尼被钉死在十字架上,其尸身并被悬挂在贡德沙普尔城的城门口示众。摩尼教教徒旋即遭到残酷的迫害与屠杀,从而导致信徒们的大批逃亡,分别逃往西方的罗马帝国境内和东方的中亚地区。

东方以索格底亚那为核心的中亚地区,早在摩尼在世时就由其得力弟子末冒做了相当的经营,具备了较好的宗教基础,所以,摩尼去世后,大批摩尼教教徒逃亡境外,前来投奔,就更促进了这一地区的摩尼教发展,不久之后形成了较为健全与稳固的教会组织。这一巨大成就除了归功于来自波斯的众多摩尼教教徒外,还得归功于中亚当地的居民粟特人。

粟特人也属于伊朗族,是其东部的一支,他们的语言和文化与波斯本土居民的关系密切,因此十分易于交流。更重要的一点是,粟特人的传统特点是善于经商,他们往来于欧亚大陆上的各大文明地区,不但沟通了各地之间的经济贸易往来,同时也传播了不同的文化,尤其是宗教文化。而摩尼教则是他们向东方的中国及蒙古高原传播的宗教文化之一。

早在武则天执政的7世纪90年代,中原朝廷就曾正式接受过摩尼教在中国内地的布教请求。延载元年(694年),身任摩尼教次级教职(称为"拂多诞")的密乌没斯晋见皇帝,要求朝廷允许他们在中国合法

159

·欧·亚·历·史·文·化·文·库·

传播摩尼教。尽管在此之前,中国民间已经在或隐或显地流传摩尼教,摩尼教的传教士也曾向当局提出过布教的请求,但是都没有取得明显的成功。这次,密乌没斯拂多诞的要求同样遭到了包括佛教在内的其他宗教人士的强烈抨击。不过,武则天倒并没有不问情由地断然否定摩尼教,反而很宽容地允许各教派公开地进行教义辩论。结果,密乌没斯拂多诞竟然在这场大辩论中最终获胜,他的观点和理论使得武则天大感兴趣,以至同意让摩尼教传教士留在中土译经布教!密乌没斯拂多诞带来的摩尼教主要经典,阐述其根本教义光明、黑暗二大要素的《二宗经》也就得以在中原地区流布。

尽管记载称,密乌没斯拂多诞是波斯人,甚至是"大秦国人"(通常以为"大秦"即是指罗马帝国的东部),但是,随着摩尼教被中原王朝官方正式认可,允准布教之后,真正在中原地区认真传教的人却多为源自中亚的粟特人,他们在隋唐时期被汉人称为"西胡"或"胡人"。他们的热情和积极性不但导致大量汉地百姓信奉了摩尼教,同时也令最高统治者武则天或多或少地接受了摩尼教的某些教义。例如,她新创"曌"字作为自己的名字("曌"为光明之义,亦即日月之光);新"译"的《宝雨经》中添加了"东方有一天子名日月光""汝之光明,甚为稀有""今得如是光明照耀""月净光(天子)""月光天子"等等展示和强调"光明"的词句。诸如此类的现象无不显示了武则天对"光明"的特别重视和尊崇;而"光明"恰恰是摩尼教的最根本原则和要素。所以,在武则天执政期间,摩尼教在中原地区得到相当的发展,应该是没有疑问的。

武则天之后不久,唐王朝迎来了唐玄宗治下的"开元盛世"。摩尼教在开元时期(713—741年)的前阶段依然呈现着"繁荣发展"的趋势,例如,开元七年,吐火罗、大食、康国等遣使唐廷。吐火罗国推荐了一位精通天文的摩尼教最高级教士"大慕阇",据称极富智慧,学识渊博;吐火罗国君除了有帮助唐廷增进天文知识的意思外,还希望能让这位大慕阇在中原获得相当于摩尼教本教的待遇,建立"法堂",传播"教法"。其结果如何,不得而知,但是,中国官方似乎同意或者至少默许了他们的请求,因为在今存的摩尼教汉语文书中,我们发现《摩尼光佛教法仪略》便是距此不久之后的作品，标为"开元十九年六月八日"的译作，并且是"拂多诞奉诏"翻译。如果此语不假，则表明迄于那时，摩尼教一直得到中原王朝的官方允准和支持。

当然，就在"奉诏翻译"摩尼教典籍的翌年，即开元二十年（732年），唐玄宗颁发了一道对摩尼教不利的诏书，声称，摩尼教宣传的教法，属于异端邪说，它只不过是借用了佛教的形式，来欺骗普通百姓大众，故而应该严加禁断。但是，由于考虑到这本是粟特人等"西胡"之故乡流行的宗教信仰，所以还是允许他们自己信奉，不予治罪；只是中原的汉人不得再行信奉此教云云。玄宗的这份诏书尽管对于摩尼教在中国内地的流传造成了很大的障碍，但是也从另一侧面揭示了这样一个事实：在此之前，若不是摩尼教已在中国内地的"胡人"与汉人中广泛流行，导致了当局认为是"严峻"的形势，朝廷也不会下此禁令的。所以，可以认为，在中外文化交流十分兴盛的开元盛世，摩尼教在中国内地已经形成了足以引起统治高层重视的一种宗教流派，其信徒之多也就可想而知，其信仰不可能因一纸诏书就被完全铲除，也在意料之中。图38所示，为唐玄宗在位前期的《纪泰山铭》。

与此同时，与摩尼教东方基地索格底亚那接触更多，受其影响更大的回纥本土，则更盛行着摩尼教。因此，当代宗广德元年（763年），牟羽可汗带着在中原地区相遇的四位摩尼教高级教士返回回纥时，回纥境内的民众实际上早已对摩尼教有了相当深刻的认识，而并非一无所知。甚至，民众旋即向牟羽可汗提出了支持摩尼教，信奉摩尼教，以及大力推广摩尼教的要求，形成了巨大的压力，以至与反对摩尼教的势力发生了激烈的冲突。

此前，由于粟特人的努力，摩尼教在回纥民众中已经有着相当的影响力，但是，回纥的统治阶层毕竟主要继承了历史悠久的游牧民族的文化传统，他们显然相当执着于维持古老的文化，其中包括传统的宗教信仰，亦即所谓的"萨满信仰"。因此，从西方传来的摩尼教教义，很难令他们，特别是其中的保守派爽快地接受。当从中原归来的牟羽可汗青睐于摩尼教传教士，意欲放任他们自由传教时，便遇到了强烈的阻挠。

·欧·亚·历·史·文·化·文·库·

回纥的统治高层握有政权、军权,因此很轻易地弹压了拥护摩尼教的民众的抗议,甚至,他们迫使本来倾向于摩尼教的牟羽可汗也不得不屈从于反摩尼教势力,转而对摩尼教教徒采取了不利的措施。

然而,以粟特人为主体的摩尼教信仰社团绝不是柔弱得一击即溃的弱势群体,他们在蒙古高原上经营已久,早在突厥人时期,甚至更早时期就大批移民东来,一方面依靠出色的经商能力而积聚了不菲的财产,另一方面也仰仗其较高的文化水平,对"落后的"游牧政权统治者发挥了巨大的政治、外交以至军事方面的影响力。所以,当他们感受到来自回纥统治阶层方面的巨大压力时,立即做出同样强烈的反应:他们一方面聚合回纥境内的一切支持摩尼教的宗教势力,包括粟特人和其他部族成员,呼吁可汗庇护摩尼教;另一方面则立即紧急联系中亚教会的最高首领,让他们从境外向回纥当局施加压力。当然,最能产生"高压"效果的,则是以回纥境内摩尼教高级教士为首的、兼具"文武能力"的代表团,他们与牟羽可汗展开了面对面的谈话,形式上貌似"劝说",实际上却是旗鼓相当的谈判,甚至是气势凌人的威慑。

摩尼教的宗教代表对牟羽可汗说道:"尊敬的可汗,多年来,我们摩尼教教徒始终一丝不苟地执行着尊神的指令,信奉善法,多行善举,以期尽早脱离暗魔的束缚,回归光明的故乡。本来,您也如我们一样,信奉善教,广积功德,并从中国带回来四位高级传教士,打算更广泛地推行善法。但是,自从您属下的一些达官贵人坚持邪恶主张,坚决反对我们摩尼教之后,您对尊神的信仰就变得越来越不坚定,对于我们广大信徒的态度也变得越来越恶劣,甚至趋向于和那些邪恶的达官贵人同流合污!可汗呀,希望您能迷途知返,再与我们一起努力奋斗,使得全国回到和平安宁的状态。"

牟羽可汗对于摩尼教本来就颇有好感,嗣后只是因为回纥的高层统治者中有相当强烈的反对意见,并且,反对者中不乏手握军政大权的重臣,才无奈地屈从了他们的意见,推行了不利于摩尼教教徒的政策和法令。所以,如今受到摩尼教宗教代表的指责,不免自觉理亏,遂支支吾吾地辩解道,如果他坚持庇护摩尼教,则反对派很可能会动用武力,导致国内的动乱。摩尼教代表们则坚定地反驳道："事实恰恰相反,可汗您如果不奉我们的善教,才会导致社会动乱,甚至家毁国亡。因为尊神在支持着我们,您仔细地分析一下现实形势,便会明白我们说的决不是虚言!"他们接着指出,如今的回纥摩尼教教团在经济上是如何的强大,在百姓中是如何地得民心,与境外各政权的关系是如何的良好,更重要的是,一旦反对派的压制和打击达到他们能忍受的极限,摩尼教教徒们将会用如何强大的武装力量予以反击! 他们最后说道:"尊敬的可汗,我们摩尼教东方教区的首领已经明白表态,他决不会坐视回纥的摩尼教遭到迫害;他将尽最大努力阻止这一邪恶事件发生!"说到这里,摩尼教代表们显然已经向牟羽可汗发出了实际上的"最后通牒"——可汗若再不悬崖勒马,其政权很可能被颠覆。

至此,牟羽可汗已经很清楚,他必须在摩尼教的支持者和反对者之间做出明确的抉择了。他当然很清楚信奉摩尼教的粟特人控制着回纥的社会经济命脉,以及他们拥有着或明或暗的巨大政治、军事实力,因此绝对不能把他们逼迫到铤而走险的地步。于是,在牟羽可汗与摩尼教代表们进行了长达两天两夜的辩论、谈判和利弊权衡后,他终于做出了对回纥甚至中原地区都有着长远历史影响的一个决定——坚决接受摩尼教,并且把它奉为回纥的"国教"。可汗当着众多摩尼教信徒的面,诚恳地忏悔了自己此前立场动摇的罪过,表明了虔诚信奉摩尼教的决心,宣布了回纥以摩尼教为国家宗教的命令。

摩尼教信徒们为牟羽可汗的这一"伟大决定"热烈欢呼,并为可汗举行了盛大的敬神典礼,同时也展示了摩尼教信徒们的众多人数和强大实力,这使得本来尚犹豫于是否支持摩尼教的许多达官贵人都乖乖地追随了牟羽可汗,转眼间成了摩尼教的忠实拥护者。如此大好的形势使得摩尼教在回纥境内顺利地传播开来,同时,也更向境外扩展;最受其影响的"境外"即是中原地区。图39为牟羽可汗的纪功碑。

如前文谈及,虽然早在7世纪末的武则天时代,摩尼教就已经被官方允准在中原地区流传,但是鉴于已在中国内地"扎根"的佛教一直不断地排斥这新来的"夷教",故中原王朝的统治者对摩尼教始终比较冷

·欧·亚·历·史·文·化·文·库·

淡。不过,当摩尼教突然成为唐王朝的"救国恩人"回纥的国教,并且由时值强大的回纥官方正式要求在中国内地传教时,唐廷不能不爽快地接受,因为此事已经超出了正常的文化交流的范围,而完全变成了某种"政治利益交换"。牟羽可汗在位期间的768年(代宗大历三年),唐廷允许回纥摩尼教教徒在京城建立摩尼教寺院,号称"大云光明寺";而三年过后(771年),则更在长江流域的要地荆州、扬州、洪州、越州等地建立了"大云光明寺",凸现了强势回纥在文化方面的"强势扩展"。

12.4 摩尼教在回纥与中原的"黄金时代"

然而,好景不长,回纥的摩尼教随着牟羽可汗的被杀,也陷入了数十年的低潮期。回纥牟羽可汗本来是个非常强势的统治者,早在唐代宗即位之初的762年,共商联合对付史朝义叛军,收复再度陷落的东都洛阳时,就因对唐廷兵马大元帅,太子雍王李适的极度傲慢态度而差一点导致双方大打出手。嗣后,可汗又仗着回纥对于唐王朝的数次"救国"之功,不断地索取金银财物,乃至劫掠边境,以及在都城中白昼杀人、劫狱,猖獗之极。到了代宗在位之末,即大历十三年(778年)正月,回纥更是肆无忌惮地寇侵太原,令河东节度使,太原尹兼御史大夫鲍防遭受惨败,死伤者成千上万;后幸得代州都督张光晟援军之助,才暂时逼退了回纥军队。作为唐政权的最高统治者代宗,却对此事不做追究,未有任何责问之举,显然是惧怕回纥的军事威势。

不过,到翌年(779年)五月,代宗因病去世,太子李适继位(史称德宗)之后,回纥的内政却发生了巨大的变化。起初,德宗遵循旧例,派遣中官梁文秀赴"友邦"回纥通报先帝代宗的去世等事,并表示大唐仍将与回纥修好如前。哪知牟羽可汗却狂傲异常,对于唐廷的示好颇不以为意。而他周围极受宠信的粟特人更起到了推波助澜的作用:他们一方面希望从中原王朝获得更多的物质利益,另一方面还希望在中国更大规模地推行他们所信奉的摩尼教,所以竭力怂恿牟羽可汗大举南侵,趁唐廷"国丧",诸事待理,无暇他顾之际,迫使中原屈服,从而攫夺大量利益。于是,牟羽可汗愈益张狂,立即积极备战了。

然而,牟羽可汗的堂兄,宰相顿莫贺却持有相反的意见,他劝牟羽可汗道:"大唐毕竟是个强国,我们不宜与它显为仇敌;再说,这些年来,中国皇帝始终善待我们,并未有负回纥,故从情理上说,我们也不该大举侵犯唐境。退一步说,即使战胜了唐军,我们获得的利益也未必多,不久前的太原一战就是例证;相反,一旦失败,则我们遭受的损失肯定是十分严重的! 有鉴于此,可汗还是放弃南侵为好。"顿莫贺的这番话看似十分堂皇,但是实际上却也隐藏了他的私人目的:牟羽可汗在十多年前热情庇护摩尼教,在回纥境内外大力推广这一宗教时,顿莫贺就是一个坚定的反对者。因此,他如今当然不希望牟羽可汗发动令粟特人和摩尼教更为得利的南侵战事,不希望牟羽可汗继续增加其政治影响力。

牟羽可汗对顿莫贺的劝谏嗤之以鼻,不予理睬,依然毫无顾忌地一意孤行。这一态度迫使宰相顿莫贺采取了另一个反对方式——武装推翻牟羽可汗的政权。顿莫贺拥有自己的政治基础和武装力量,其中包括许多回纥的高级官员;另一方面,由于顿莫贺反对的是意欲南侵唐王朝的牟羽势力,故他必然获得了唐廷的坚决支持。可以认为,顿莫贺正是凑巧利用了"牟羽南侵"的机会,巧妙地借助了唐王朝这样一股不弱的外力,才得以发动了推翻其政敌牟羽可汗的政变。就这样,顿莫贺的突然袭击令牟羽可汗措手不及,牟羽非但自己被杀,还招致亲信粟特商人和摩尼教高级传教士 2000 多人也被诛杀。

于是,顿莫贺夺取了回纥政权,号称"合骨咄禄毗伽可汗"。这位新任可汗当然非常重视与唐廷的"友好关系",他旋即派遣酋帅建达干随同此前来回纥报丧的唐朝中官梁文秀一起赴中原,恭敬地向唐"朝贡"。德宗对于回纥新可汗的结好之意也颇感满意,便在建中元年(780 年)命京兆尹源休持节前赴回纥,册封他们的新君主为"武义成功可汗"。

差不多在同时登上权力最高峰的唐朝君主德宗和回纥酋帅合骨咄禄可汗在政治目标方面至少有两个共同点:一是双方都希望有一个比

较和睦的双边关系;二是对于回纥前可汗牟羽特别宠信的粟特人都持有相当的戒心甚至敌意。于是,嗣后不久发生于振武军的斩杀回纥官兵和粟特商胡千余人的大血案,竟未引发唐与回纥的大冲突,而以"默许"和"默认"的方式草草了事,也可算得上是奇闻一件。事情的经过是这样的:

代宗执政时期,回纥的牟羽可汗十分强势,而代宗却相当忍让,因此大批回纥人,特别是受宠于可汗的粟特商人纷纷前来中原经商和传播摩尼教,不仅牟取暴利,还不时地扰乱社会治安,导致汉人官民甚有怨怼。所以,德宗继位之后,一方面意欲干些"顺应民意"之举,另一方面也因为自己曾经受辱于牟羽军营而始终忌恨回纥,所以下令逗留在京师的突厥酋帅董突率其属下一起归国;而董突即是回纥新主合骨咄禄可汗的叔父。时在建中元年(780 年)。

于是,董突一行千余人携带着在中原获得的大量财物,迤逦北归,抵达北境振武后,一停就是数月。他们仗着强大的武装,向当地官方强索强取,仅仅肉的耗费就达每天千斤!振武的士民苦不堪言,同时也怒不可遏。时为振武留后的张光晟便密奏朝廷,献计截杀这些回纥人。德宗虽然内心十分怨恨回纥,但是也不敢公然下令袭杀他们,故而并未准奏;不过,也未责怪张光晟的设想。张光晟得此暗示,便积极设法将其计付诸实施。恰在此时,这帮回纥人内部出现裂痕:当时,新获政权的合骨咄禄可汗正在回纥国内扫荡牟羽可汗的势力,而粟特商胡与摩尼教教徒正是被消灭的主要目标。消息传到振武,令董突属下的粟特人大为恐慌,遂相继携带着财产逃亡他处。董突于是颁下禁令,严防粟特人脱逃。粟特人既不能逃,又不敢归,便暗自怂恿唐军,要他们杀了回纥酋帅。

张光晟得此"内奸"之助,当然大喜过望,遂加速推动计划的实施。当年八月的一天,他先是派遣了一名副将,故意到回纥人的驻地无理取闹,结果惹得董突怒火陡升,把这位副将抓起来责打了数十鞭。张光晟就借着这一事端,声称"回纥鞭辱唐军大将,密谋夺取振武要塞",立即用早已准备好的精兵掩袭丝毫没有防备的回纥人,将他们轻而易举地悉数斩杀;当然,充任"内奸"的粟特商胡们也未逃过此劫,因为他们拥有的大量财物,早就成为唐军心目中的"胜利果实"了。唐军只放二人返归回纥,以传达"诛杀反贼"的说法。

对于这一大血案,回纥方面颇为愤愤不平,向唐廷提出了严重抗议。德宗为在形式上抚慰回纥,便将振武留后张光晟召回,换之以彭方;稍后,又将他降级为睦王傅。另一方面,则派源休为使,带着酋帅董突等人的尸身,送归回纥。源休抵达回纥后,受到合骨咄禄可汗的隆重接待,但是其大相颉于迦斯则颇为不悦,便责问源休有关唐军袭杀董突之事。源休答道:"这是董突他们与张光晟私下械斗造成的死亡,而并非大唐天子下令诛杀的。故不应该把这个事件上升到国与国的层面!"虽然这类似是而非的辩解并不能平息回纥统治阶层的怒火,但是回纥人也无可奈何,以至双方只是持续了一个多月的争论,而未有更为激烈的冲突。

最终,合骨咄禄可汗对源休说道:"说实话,贵国在振武血案上确是做得太绝了,我国官民都强烈要求杀死你们来偿命。但是,我却不愿再看到以血灌血的场面,以至冤冤相报,往复不已。董突已死,不能复生,此事我可以不再追究,不过,你们欠回纥的购马钱尚有一百八十万没有支付,这却是应该赶快付清的。请你尽速奏报皇帝,办妥此事。"显然,可汗十分理智地利用振武事件向唐廷施压,换取现实的物质利益。果然,德宗也认为,平息这一风波的最好的办法是"破财消灾"。因此,当回纥使臣康赤心将军等来朝时,获得了唐廷"赏赐"的大量金帛。

合骨咄禄可汗对于粟特商胡不太重视,他也不信摩尼教,因此,尽管他并未正式禁绝摩尼教,也未残酷迫害摩尼教,但是,他肯定是消极对待摩尼教的,所以,他在位期间(779—789 年)以及此后一段不短的时期内,回纥的摩尼教落入了低潮。这一形势也在中原地区反映出来:直到 9 世纪初期,才又见到有关回纥摩尼教兴盛状况的记载。

回纥的怀信可汗在 795 年继承汗位,历时十年。他在执政的后期开始比较积极地支持摩尼教。如在 803 年,他亲自前往高昌,请求那里的摩尼教教团派遣三名长老前赴漠北传教。由于他的庇护与推动,摩尼教非但在回纥境内开始复兴,并且很快地再向境外发展。唐宪宗元和元年(806年),回纥的摩尼教传教士再次以官方代表的身份,与回纥的外交使团一起来到中原,向唐廷朝贡。实际上,从当时以降的许多年内,摩尼教教徒已经相当成功地进入了回纥的政界,从而许多外交使节也由摩尼教教徒担任了。例如,元和二年(807年)正月来赴中原的回纥使臣便提出了在河南府、太原府设立摩尼教修道院三所的请求,唐廷很爽快地允准了。图40为回纥时期摩尼教的宗教仪式场景。

在保义可汗的执政时期(808—821年),回纥的摩尼教又进入了一个"黄金时代",这与他们在统治高层中占据重要地位有着密切的关系。这些既善于经商又擅长政治的粟特人在回纥的政治生活中发挥了重大的影响,以至有的历史记载把当时的回纥政局说成是"可汗与摩尼师共同治理国政"。此说虽然不免有夸张之嫌,但是,当时回纥的一些重要国策往往是摩尼教"政客"参与商议的结果,却应该并不虚假。据载,元和八年(813年)的年底,唐廷曾隆重宴请即将返归回纥的八位摩尼师,并到中书省会见了宰相。这显然已经不是单纯的宗教交往,而是包括了政治和外交的活动。元和十二年(817年),回纥又派遣了八位摩尼师前赴唐廷。至唐穆宗长庆元年(821年),回纥摩尼师更是随着包括宰相、都督、公主等高层人物在内的一个庞大外交使团前来中原,迎接唐朝的和亲公主。从外表看,唐与回纥的关系似乎达到了相当和谐与友好的程度。

13 纠结的"绢马交易"与
认真的"和亲"

13.1 唐德宗与宰相李泌的冗长辩论

尽管在以粟特商人为主体的摩尼教教徒的怂恿和经营下,回纥与唐廷的关系似乎显得越来越友好和热闹,但是,由于双方实际上都有着各自的利益贪图和不同的思想观念,故二者之间的关系还是十分复杂的,矛盾时现,起起伏伏,而其主要的体现方面则是所谓的"和亲"与"绢马交易"。唐德宗与宰相李泌在贞元三年(787年)的一番辩论,比较生动地揭示了这类复杂矛盾的状态。

回纥的合骨咄禄可汗("武义成功可汗"或"长寿天亲可汗")虽然以军事政变杀害了前可汗牟羽而得以执掌回纥政权(779年),但是对于唐廷却是十分友善的,至少,比其前任要缓和得多,这从他几次三番地向唐廷提出"和亲"要求一事上可以清楚地看出来。然而,德宗却始终不予允准,直到贞元三年(787年)边境守将再次急报朝廷,声称缺乏大量战马时,他仍不愿使用与回纥和亲的方式,换取回纥人的马匹供给。

德宗就战马一事问计于宰相李泌道:"你倒看看,有什么办法能解决供马问题?"李泌答道:"陛下,您如果真能采纳我的建议,那么几年之后,大唐的马价就会比今天便宜十倍了。"德宗对这个说法十分好奇,旋即追问道:"什么办法呢?"李泌没有立即回答,却大胆地说道:"只有陛下以社稷为重,大公无私,不以个人恩怨为转移,微臣才敢坦白而言。"德宗闻言,略感不悦,但也不便过分责备他,便说道:"朕当然会把天下大局放在首位的,你何必如此畏首畏尾,有话就直说吧!"李

·欧·亚·历·史·文·化·文·库·

泌这才答道:"我认为,如果陛下能够在北方与回纥讲和,在南方与云南通好,在西方与大食、天竺联结。这样一来,则多年来骚扰大唐的吐蕃就被围在中间,严加约束,不再为害,大唐需要的马匹也就自然容易获得了。"

一提到回纥,德宗就不由自主地冒出一种刻骨铭心的耻辱感,因为当年他身为皇太子时,曾在回纥牟羽可汗的军营中受到了很大的折辱,所以他立即接口道:"与其他三国通好都能如你所言,唯独回纥却不可以!"李泌听了,现出一副"不出所料"的表情,淡淡一笑,继续说道:"哎,我早就知道陛下解不开这个心结,所以此前不敢再提这个建议。但是,如今就实际情况看来,当务之急正是首先与回纥通好,其他三国倒还在其次。因为真正能在短时期内解决我朝战马匮乏问题的,却正是回纥呀!"德宗则依然十分固执,答道:"对于你的建议,我可以全部听从,可是与回纥通亲和好之事,却绝对不愿采纳,除非我死了之后,留待子孙们来处理此事!"

"陛下,当年的陕州军营之辱已经过去,您难道不能为了当前的国家大局而不再计较这些仇恨吗?"李泌不甘心地问道。"不,这样的奇耻大辱,我岂能随便忘记!当时,牟羽可汗何等嚣张,竟当着我的面,鞭挞我的僚属,韦少华甚至因伤不治而死!我怎么可能原谅这种罪行!目前,只是因为我朝依然多灾多难,所以我暂时不用武力征讨回纥,报此大仇;但也只是不战,哪能反而与之通和呢?!"德宗说到这里,更是一副愤愤不平的样子。

尽管德宗的话说得如此决绝,但是李泌仍不死心,他据理力争道:"陛下,冤有头,债有主,害死韦少华的,是牟羽可汗。而陛下即位之后,把正要大举南侵的牟羽可汗杀死,阻止其入寇行动的却是如今的回纥首领合骨咄禄可汗。由此而论,当今的回纥可汗是有功于大唐之人,非但不该怨恨他,还应给他封赏。您说对吗?另一方面,陛下登基之初的建中元年(780年),振武军张光晟袭杀了归国途中的回纥使臣酋帅董突等千余人,合骨咄禄可汗也未以牙还牙,同样诛杀大唐使臣。这表明当今的回纥执政者还是十分收敛,极愿与我朝交好的。所以,若陛下顺势而为,必能取得很好的效果。"

至此,德宗颇有点理屈词穷,遂又勉强地反问道:"你认为目前应该通好回纥,那么就是说我做错了吗?"李泌却慨然答道:"微臣只是就事论事,从大唐全局的角度来看问题,却从未想到如何迎合圣上的想法,否则日后就没脸去见先帝肃宗和代宗了!"德宗见李泌软硬不吃,只得采取缓兵之计,说道:"那就让我好好考虑考虑,再谈此事吧。"李泌无奈,只得俟之异日。不过,他却始终没有放弃:嗣后,他接连上奏十五次,每次都谈与回纥媾和之事,德宗则不断寻找这样那样的借口,对其建议予以拒绝。

最终,李泌使出了"绝招",他郑重地向德宗说道:"陛下既然不同意与回纥和亲的建议,那么请允许我辞去官职,告老回乡。"德宗一闻此言,觉得事态严重,于是马上缓和口气,对李泌说道:"我并非拒绝你的劝谏,只不过想要与你辩说道理罢了。你怎么就误会了,要辞职而去呢?"李泌见皇帝有所松动,也就不为已甚,便也说了一句中听的话:"陛下允许微臣与您辩说道理,那正是天下的洪福了!"于是,二人又开始了一番"说理斗争"。

德宗道:"就我个人而言,倒是不惜为了社稷而委屈自己,与回纥和解,但是对于韦少华等僚属,却是不能对不起他们的。"李泌接口道:"以我看来,不是陛下对不起韦少华等,倒恰恰是韦少华等对不起陛下!"德宗大奇,立即问道:"你为何如此说法?"李泌答道:"肃宗之时,回纥叶护帮助讨伐叛贼安庆绪。肃宗让身任元帅的太子只在元帅府宴请回纥人,而始终婉拒太子亲赴回纥军营的邀请。之所以如此,是因为回纥人毕竟不能深信,他们率军进入中国腹地,故不得不防备他们突然变卦发难,伤害大唐的皇位继承人兼兵马大元帅。而在代宗之世,陛下亦为太子兼兵马大元帅,韦少华等却根本没有深谋远虑,竟让您亲自前赴回纥军营,更不事先与牟羽可汗商定会见的礼仪,致使回纥人气焰嚣张,猖狂之极,折辱陛下。所以,从这点而论,是韦少华等犯了错误,有负于圣上;那么,他的死几乎是咎由自取,并不足惜了。"

德宗听到这里,颇感言之有理,故一时之间也讲不出反驳的话了。

·欧·亚·历·史·文·化·文·库·

李泌见状,便更进一步,讲了德宗之父代宗当年为广平王时的一个故事:唐与回纥联兵,击溃叛军后,回纥军队首领叶护意欲进入长安城,实施唐廷事先答应的放任回纥人劫掠"子女玉帛"的承诺。是广平王当着万千中外人士之面,跪在叶护马前,请求他为了长安的百姓,不要加以劫掠。此举令天下称赞"广平王真是华夷之主"! 所以,李泌归纳道:"当时的先帝,表面上看似受到了屈辱,实际上却是为国为民争取到了更多的利益。您说是不是值得呢?"

至此,德宗说道:"想到先帝当年为长安百姓不惜下跪的壮举,那么,我似乎也不应该太怨恨回纥了,对吗?"李泌答道:"正是如此。因为不管怎样,回纥毕竟有帮助我朝收复两京的功劳,后在宝应元年又助唐再次收复东京洛阳。即使有过,也是功大于过。至于当今的可汗,更是诛杀了当年折辱陛下的牟羽可汗,可说是为您报了仇;他如今又屡次表示愿意称臣于大唐,这还有什么可以指责和怨恨的呢? 相比之下,倒是吐蕃,曾经趁着本朝遭难之际,攻陷河、陇数千里地,在广德元年(763年)引兵入京,迫使先帝避难于陕地。这种深仇大恨,难道不是更应该清算的吗? 如今有的朝臣,反而主张交好吐蕃,攻击回纥,岂不是恩仇颠倒,善恶不分吗? 故请陛下千万明察!"

德宗终于承认了李泌之言的正确,不过仍有一点"面子"上的顾虑。他说道:"我多年来始终没有善待过回纥,最近则又有将与吐蕃结盟的风声传出,那么,如果我朝主动表示愿意与回纥和解,是否会遭到他们的报复而被拒绝,那岂不是要被天下讥笑了吗?"李泌当即保证道:"绝对不会发生这种情况。因为我以前在彭原时,与回纥今天的可汗和国相的关系都很好,他们决不会拒绝交好的。我打算要求回纥对大唐称臣,其可汗对陛下称子,每个使团的成员不能超过二百人,作为互市的马匹不能超过一千匹,并且,禁止偷带汉人与商胡出境。如果他们能够做到这五条,则陛下允许与回纥和亲。这样,陛下的威名可以远播北荒,而吐蕃的气势也能得到抑制。我想,这便遂了陛下多年的心愿了吧?"

德宗闻言,当然喜出望外,不过,他仍然有些怀疑,这样的"好事"

是否真能轻而易举地获得,因此说道:"自从肃宗皇帝以来,大唐与回纥一直是以兄弟相称的;如今我们提出要它为臣,回纥真会愿意接受吗?"李泌答道:"回纥希望与大唐和亲已有多年,其愿望十分强烈;而目前的可汗与国相又对我相当信任。我想,由我先发一函给回纥,必定能够成功。"于是,德宗完全采纳了李泌的建议。

　　未隔多久,回纥可汗果然遣使入唐,上表自称为"儿子"和"臣下";李泌此前提出的五点要求,也全部欣然接受。德宗见状,高兴异常,便对李泌道:"想不到回纥对你竟然言听计从到如此程度!"李泌当即诚恳地答道:"这是凭借着陛下的声誉和大唐的威势,回纥才会如此驯服的;至于我个人,只不过是看清了一点形势,出了几个主意而已,没什么大不了的。"德宗接着询问道:"如今回纥已经和解了,那么怎样处理其他数国呢?"李泌答道:"大唐一旦与回纥通好,吐蕃就不敢轻易犯我边境了。所以,接着可以招慰云南,即是断了吐蕃的右臂,使之更受制约。至于在西域最为强大的大食,以及世代与吐蕃为仇的天竺,都可以与之通好。这样,大唐的北方和西方边境都会安宁多了。"

　　就这样,由于宰相李泌的坚持和策划,回纥与唐廷的和亲在多年的停滞之后又启动了。贞元三年(787年)的八月,回纥遣使来唐,进贡土产,并提出和亲的请求。德宗便以自己的女儿咸安公主许嫁之。他在麟德殿上召见了回纥使者,赐了一幅公主的画像,以便带回回纥,让可汗过目。回纥使臣合阙将军在九月归国,获得了唐廷允许"互市"的承诺,并且获得了唐廷支付的五万匹绢的马价。

　　从德宗与李泌的这场冗长的辩论中,我们至少可以发现以下几点历史真相:第一,唐王朝有时确实相当缺乏马匹,尤其是在战乱时期更缺少战马。但是,唐廷又不敢放任境外马匹的自由输入,因为它害怕过量的输入会导致经济的失衡。第二,回纥对中原王朝的"和亲"要求,有时主要旨在壮大声威,有时则主要是希望从中原获得尽可能多的物质利益;其形式则或为"赏赐",或为"绢马交易"(用马匹交换丝绸)。在本例中,回纥显然更重视的是物质利益,以至不惜向唐皇称臣,称子。第三,回纥与唐政权之关系的两大特色"和亲"与"绢马交易"之间有着密切的关系,二者往往互为因果;此外,唐与回纥的"绢马交易"包括了较少的经济因素,而涉及更多的政治因素。

13.2 双方各有所需却又都不满意的 "绢马交易"

自古以来,中原王朝与游牧部族都有或多或少的"贡马"和"赐绢"的往来。亦即是说,通常,域外游牧人以向中原王朝"朝贡"的形式,送来若干马匹,中原朝廷则以"赏赐"的形式支付一定的丝帛或其他财物;这种物物交换没有固定的价格,但是,只要不是出现特殊情况,游牧人都能获得比民间正常贸易多得多的回报,因为中原朝廷的统治者往往出于政治或"面子"的考虑,赐予"朝贡"者远超马价的财物。不过,自从安禄山造反,唐政权遭受劫难,求请回纥帮助平叛之后,游牧部族回纥人以马易丝的现象较诸以前有了相当大的变化,即,不仅数量巨大,而且越来越趋向于既有单价、又有总数的正式"买卖";而这种"绢马交易"的结果,也对双方的经济、政治产生了很大的影响。

安史叛乱之后,回纥与唐之所以形成颇具特色的"绢马交易",有着各种各样的复杂因素。首先,唐王朝方面对马匹,特别是战马的需求量发生了巨大的变化。唐初,因为刚刚经历了隋末的群雄争霸,战事频仍,马匹的数量少得可怜。据称,当唐太宗开始重视马政,正式任命太仆张万岁治理此事时,唐政权拥有马匹总共不过三五千之数。但是,经过四十年的经营,到了唐高宗麟德年间,马的总数陡增到七十多万匹,掌管马政之官多达四十八监,主要的牧马之地分布于陇右、金城、平凉、天水四郡,以至嗣后更扩展到河西其他水草丰美的旷野地区。即使后来的统治者在马政方面有所失当,中原王朝拥有的马匹也仍然数量巨大。如唐玄宗开元后期,有马四十多万;到天宝后期也还有马三十多万。因此,在天宝十四年(755年)安禄山叛反之前,唐王朝自身拥有足够的马匹,几乎无须从域外输入战马。

然而,一旦安禄山造反,唐朝境内爆发大规模战乱之后,唐政权的马匹拥有和需求情况便发生了翻天覆地的变化。一是战争自然导致马匹消耗量的剧增,遂使战马成为官、贼双方都要奋力争夺的资源;而叛贼安禄山自己就身兼着唐廷的马政官,他图谋已久,早就侵占了官方的许多良马。二是内战爆发后,唐廷连京师都守不住,哪里再能顾及牧马之事!所以,唐政权此时能够得到的战马就少得可怜了。明显的例证是:当至德元年(756年),匆匆登基的肃宗为了抗击安禄山叛军,竭力搜集官、私马匹,也仅仅获得数万匹。于是,唐政权在这一时期内的马匹需求便与其生死存亡密切地结合了起来。

正是鉴于这样的形势,游牧部族回纥的马匹特产便骤然奇货可居起来。按照太宗、高宗之世的普通马匹价格,是"以一缣易一马",亦即是说,一匹马的价格为一匹绢(通常以四丈为一"匹")。可是,到了安史之乱后,如肃宗乾元时(758—759年),回纥与唐廷交易时,一匹马竟然要价四十匹绢!不仅如此,在动辄数万马的交易中,还夹杂了不少劣马、病马!这使得唐廷进退两难:一方面,唐廷此际确实需要回纥的马匹;另一方面,却对令人咋舌的高价和商品的劣质极不满意。不过,这时的唐政权不仅需要回纥的战马,更需要回纥精锐骑兵协助它尽快收复被安禄山叛军侵占的失地,所以在权衡再三之后,还是一而再,再而三地收下回纥前来"交易"的马匹。

代宗之世,为了对回纥助唐夺回两京表示感谢,同时,也不敢让目前军势强盛的回纥过分失望和不愉快,所以基本上都是打肿脸充胖子:回纥带来多少马匹,唐廷就收下多少,价格都远远超过太宗、高宗和玄宗时期。起初,代宗还存在着一种相当虚幻的期望或者一种侥幸心理:希望回纥认识到唐廷之所以全部高价收下他们的马匹是出于"礼遇",故日后因难以为情而有所节制。哪里料到,回纥根本无此"觉悟",相反,见唐廷爽快地予以高额回报,认为可图巨利,于是来年带着更多的马匹前来"交易"!此事愈演愈烈,到了后来,唐廷的国库实在空虚,入不敷出,无力支付回纥的马价时,才不得不采取了赊账或者不全部留用回纥马的应付之法;甚至,由于民间的丝绸供应能力下降,唐廷偿付回纥的丝绸质量也往往杂有许多劣质货。而这些情况又使得一心逐利的

175

回纥人大为不满起来。

　　唐廷与回纥之间这种局面的"绢马交易"在宪宗(805—820年)致回纥保义可汗的一函中相当清楚地体现出来。唐皇先说了一番客套话,然后转入正题道:"贵国遣来的使者达览将军等日前已经抵达长安。按照此前两国的约定,这次交易的马应该为六千五百匹,但是,贵方实际上送来的马却多达二万匹,那么,我朝就得支付马价五十万匹丝绢了。由于近年来大唐境内的水旱灾害持续不断,此外,因为战乱而导致军事开支大增,所以,朝廷财政拮据,暂时无法支付全部马价。为了维持大唐与回纥的传统友谊,朝廷尽最大努力,凑集了二十五万匹绢,先行交付达览将军,让他归国交差。敬请可汗了解朝廷这样处理的原因与苦衷。

　　"朝廷以前之所以与贵国相约,规定每次交易马匹的数量,是因为双方都希望这种关系能够细水长流,持之以恒。亦即是说,假如贵方送来的马匹太少,则我方不够使用,贵方所获的财物也大为减少。反过来,如果送来的马匹远远超过相约之数,那么我方无力支付巨额马价,贵方得不到相应的财物,也会十分不悦。目前的状况是,贵方送来的马匹越来越多,则我所欠的马价也越来越多。于是,大唐财力日竭,回纥也得不到相应的利益,双方都遭受损失,岂不是令这一交易难以长久维持下去了吗?有鉴于此,我在此郑重地强调,希望可汗日后能够严格按照双方的事先约定,前来交易马匹。其中利弊得失,可汗肯定已经清楚。

　　"大唐与回纥的友好关系由来已久,世代君主全都重视睦邻之策。大唐京师与回纥汗庭虽然相隔路途遥远,但是只要双方有信有义,还是能够赤诚相待,友谊日增的。我朝对于回纥的任何要求都很通情达理,尽量予以满足。譬如,近年允准回纥在东都洛阳和太原等地建立摩尼教的修道寺院;又允许回纥的摩尼师自由出入唐境,不做严格控制。凡与贵国使团一起前来大唐的摩尼师,都能如其他官吏一样,获得朝廷的各种赏赐。总的说来,亟望可汗从两国的大局和利益出发,在马匹交易方面采取明智的做法。"

唐廷致回纥的此函,明白无误地表达了中原王朝对于回纥使用造成既成事实的方式输入过多马匹之恶劣做法的强烈反感,同时也揭示了这种做法导致的唐廷的窘迫局面。唐王朝对于这样的"绢马交易"显然是十分不满的。但是,回纥方面尽管似乎得了很大的便宜,却也并不满意,原因是他们的实际得益并未达到事先的期望值——回纥送来中原的大量马匹既未被全部收购,唐廷方面应付的市马钱又不能一次性付清,久久拖欠。于是,回纥人又想出了不少"损招"来增加自己的利益。

　　当时的马价实际上是"双轨制":对于回纥人以官方名义来交易的马,唐廷出于取悦回纥的政治考虑,收购价格极高,最贵时达到以四五十匹缣换一匹马;而民间实际的交易价格则要低得多。回纥人即是钻了这一"双轨制"的空子,用低价从中国的民间收购马匹,再借助回纥官方的名义,高价卖给唐廷,获取的暴利极为惊人。更令唐廷心惊胆战的是,回纥人与唐朝边境的守军勾结,用很低的价格从唐军手中收购军马;这不仅使唐廷转眼间就损失了大量财物,更大大削弱了边防军的实力! 回纥人的另一个损招便是降低前来交易的马匹的质量,在其中夹杂老马、病马、劣种马等,以博取更大的利润。

　　对于唐廷与回纥的这种各有所需,却又都不满意的"绢马交易",当时的大诗人白居易在其名为《阴山道》的诗中做了相当生动的描绘。其大意道:阴山地区水草肥美,是回纥送马前赴中原地区的必经之路。但是,每当回纥马匹经过之后,长达千里的道路附近竟然寸草全无,都被牲畜吃光。送到唐廷的马匹,多有病弱衰老者,却要索取每匹马五十匹绢的高价。于是,唐廷不断地付出丝绢,换来大量的马匹;多余的马匹无所用处,若要退还回纥,却又有诸多顾忌。大唐百姓来不及织造那么多的丝绢,无奈之下,只得偷工减料,织得粗糙些,每匹的长度短一些。可是回纥大为不满,通过和亲公主提出抗议。唐皇只得发布命令,增加国库的购马支出,同时严禁民间提供的丝绢再以次充好。结果,大唐付出的丝绢质量是改善了,但是回纥送来的马匹却越来越多了。唐廷对此局面,只得徒呼奈何!

尽管中原王朝的统治者和普通百姓似乎都对这种形式的"绢马交易"怨声载道,但是这种关系却依然始终维持着。究其原因,毕竟对于双方而言,实际上还是利多弊少的。对回纥来说,不管交易马的数量是多是少,唐廷欠了多少马款,以及支付的丝绢质量是好是坏,他们都获得了程度不同的暴利,当然不希望完全断绝这种交易。至于唐廷,虽然被迫多支付了许多财物,但是毕竟有了充足的马源,对唐军之军事实力的提高大有裨益;更重要的是,强大的回纥成了唐王朝的盟友,不仅数次助唐打击安史叛军,收复失地,后来还协助唐廷击破了长期威胁其西境安全的吐蕃人,对于唐朝政局的稳定来说,是个不容忽视的重要因素。于是,唐与回纥的"绢马交易"不像是真正的经济贸易,而更似一种政治交易。

13.3 帝君亲女"和亲",旨在"宁国"

同样是作为"政治交易"的一种手段,唐与回纥之间的"和亲"关系似乎更为认真,更具互惠性。中原皇室与"夷狄"通婚和亲的明显事例,始于西汉初期的高祖时期,嗣后长期内成为汉朝与域外强权匈奴等国争权夺利的国策。即使如此,汉廷却从来未曾真正让帝君的亲生女儿降嫁过"胡人",无论国势衰弱抑或强盛时,都是如此。然而,唐朝与回纥的和亲却迥然不同,中原王朝历史上屈指可数的帝君亲生女儿远嫁"夷狄"酋帅的例子中,唐朝就占了三例,并且都是嫁与回纥可汗为妻。这是中原王朝和亲史上颇有特色的一个阶段。

前文已经提及,肃宗在位期间,曾将自己的小女儿封为宁国公主,嫁给回纥的葛勒可汗(磨延啜)为妻。当时的形势是,回纥人刚刚帮助唐廷收复了被安禄山叛军夺去的西京长安和东京洛阳,居功至伟;而唐廷则迫切希望回纥再助自己,彻底剿灭叛军的残余。所以,肃宗破天荒地把自己的亲生女儿嫁给了回纥可汗,并且封她为宁国公主,显然十分希望借助这次和亲,令唐政权获得更多的和平与安宁。

肃宗为了此事,还颁发了一份不短的诏书,阐述这一"和亲"的重大意义。他说道:"上古各位圣王的教化,无论华夷,不分中外,因此能够统御整个天下;汉朝与匈奴等国的和亲,也产生了维持长治久安的良好效果。而我大唐,自从安禄山叛贼作乱以来,社稷垂危,回纥则悉心助我,万里之外,进军中原,与大唐协力剿灭叛军,收复两京,重建大唐河山,此恩此德,难以忘怀。所以,今回纥可汗欲求通婚,我无论是作为答谢,还是为了天下安宁,都当如其所请。虽然爱女远嫁异域,我难舍骨肉之情,但是上为社稷,下为黎民,我也只能忍痛割爱,以便成就这万里之婚,希望完成这四方大业。今将幼女封为宁国公主,通婚可汗;以堂弟银青光禄大夫,汉中郡王李瑀为使团之首,堂侄正议大夫,上邽县公李巽为副,隆重伴送公主,前赴回纥。"

　　肃宗对于这次和亲确实表现得比较诚心,因为他毕竟毫不犹豫地让亲生女儿降嫁了回纥可汗。所以,回纥可汗对此也比较领情,旋即遣使随着李瑀返回长安,向唐皇"贡献"了五百匹马和其他许多域外珍贵特产。更于同年八月,派遣王子骨啜特勤和宰相帝德等人率领精锐骑兵助唐讨伐叛贼安庆绪。两国的关系由于宁国公主的这次和亲而显得十分和睦。甚至,当一年多以后,葛勒可汗去世,宁国公主因为无子而返回京师后,继承的牟羽可汗还曾遣使中原,问候公主。

　　肃宗相当重视宁国公主之和亲回纥,还表现在另一方面,即是当时随着宁国公主降嫁的,还有一位陪嫁而做可汗之小妻的公主——玄宗的第六子李琬之女,亦即肃宗的侄女。她在宁国公主归国之后,便转嫁了继位的牟羽可汗,并升格为正妻(可敦),号称"小宁国公主"。这层关系使得即使宁国公主不再留在回纥,唐与回纥的"和亲"也仍然在继续着。这位小宁国公主待在回纥的时间很长,从肃宗的乾元元年直到德宗的贞元七年(758—791年),共计三十三年。她并与牟羽可汗生有两个儿子。

　　另一位以唐皇嫡亲女儿身份降嫁回纥可汗的公主是咸安公主。贞元三年(787年)八月,回纥合骨咄禄可汗(唐廷册封的"天亲可汗")遣使前来唐廷,一方面是进行所谓的"朝贡",另一方面则是再次请求和亲通婚。前文提到,德宗由于为太子时曾经在回纥牟羽可汗的军营受到折辱,所以即使牟羽去世之后,德宗依然"恨"屋及乌,对于继承的合骨咄禄可汗的和亲要求一概断然拒绝。直到贞元三年的这一次,宰相李泌坚持己见,一再晓以大义,甚至不惜以辞职相威胁,德宗才同意了回纥的和亲请求。和亲的公主便是德宗的第八个女儿,曾经封为蓬州咸安郡公主。

合骨咄禄可汗多年来的和亲要求终于获得唐皇的允准,高兴异常。他旋即于翌年派遣了一个庞大的使团,以宰相为首领,包括其他高官及各部酋帅等成员在内,多达千余人前来迎亲。回纥使团的人数之多,竟使得一向惯于对域外"夷狄"摆阔,讲排场的中原朝廷似乎也有点难以接待了,故下令由朔州和太原两地分别接待回纥使团中的七百人,余下的宰相、酋帅等高级使臣三百人才进入京师,驻跸于鸿胪寺。当时,德宗在延喜门接见了回纥使团,使臣们非常恭敬地献上了三千匹良马,作为迎娶大唐公主的聘礼。

德宗颇满意于回纥人的谦卑之礼,遂不无得意地对回纥使臣们道出了唐廷同意和亲的主要意图:"大唐与回纥,以前曾是兄弟关系,如今则是翁婿的关系了。回纥作为女婿,也就相当于半个儿子;那么,作为父亲的大唐日后如果遭遇灾难,尤其是西北地区的边患,作为儿子的回纥就应该立即发兵救援的呀!"回纥使臣们立即唯唯应是,令德宗感到这次交易并不亏本。于是,他嗣后也很慷慨地赏赐了许多财物给回纥使臣。最后,命殿中监李湛然为婚礼使,右仆射关播等一起护送公主赴回纥成亲;册封公主为"孝顺端正智慧长寿可敦",可汗为"长寿天亲可汗"。

合骨咄禄可汗(天亲可汗)自击杀牟羽可汗,夺取政权之后,就不断要求与唐廷和亲通好,却屡遭拒绝;好不容易获得允许,终于娶到咸安公主后,却天不假年,竟在公主抵达回纥仅数月之后(789年的九月)就弃世而去了。于是,由其子多逻斯继位,唐廷册立他为"忠贞可汗"。但是,忠贞可汗在翌年的三月被自己的兄弟杀害,汗位被夺。不过,这个篡位者未几又被政敌所杀,忠贞可汗的儿子阿啜被拥立为可汗,并由唐廷册封为"奉诚可汗"。奉诚可汗执政五年后,死于贞元十一年(795

年)。由于奉诚可汗没有儿子,故由其宰相骨咄禄继位,被唐廷册封为"怀信可汗"。

在回纥政权的这些频繁更迭期间,咸安公主也按照"胡俗",不断地转嫁给下一任可汗,所以,除了忠贞可汗的兄弟因篡位不久即被杀而来不及"尚公主"外,其他数位可汗都曾以咸安公主为妻,他们相继是天亲可汗、忠贞可汗(天亲可汗之子)、奉诚可汗(天亲可汗之孙)及怀信可汗。亦即是说,咸安公主相继嫁过天亲可汗等祖孙三人,再加怀信可汗这样四位回纥可汗,共历二十一年。咸安公主卒于宪宗元和三年(808年)。宪宗得知公主的丧报后,为之废朝三日,册赠"燕国大长公主",并且派遣特使,前赴回纥祭吊。其隆重的礼仪,一方面固然是对咸安公主远嫁异域,为国效力的褒奖;另一方面也更是旨在向回纥表达唐廷对于"睦邻"的真诚意愿。所以,咸安公主与其他许多和亲公主一样,其生与死都在不断地为双方的政治利益添砖加瓦。

嫁给回纥可汗的第三位唐皇嫡亲女儿是太和公主;她已处于回纥政权的后期,因此其经历要较前两位公主更加坎坷。

在元和三年(808年)获得政权的保义可汗同样殷切地希望与唐廷通婚交好,但是,唐宪宗却屡次拒绝了回纥的和亲要求,原因是这所谓的"和亲"花费太多,各种接待加上"赏赐"和"嫁妆",约需五百万贯钱;而唐朝的国库却因多年来的战争和社会动乱,已经相当空虚,不宜再增加这笔巨额支出。保义可汗屡遭唐廷的拒绝后,不免恼羞成怒,遂在元和八年(813年)率领了三千骁骑来到鹏鹈泉,炫耀武力。这令唐朝的边防军大为紧张,振武军立即屯兵黑山,戒备回纥军队可能的寇侵行动。

朝廷闻报,颇为不安,于是再次就唐与回纥的关系问题展开了讨论。这时,礼部尚书李绛做了一番深入的剖析,意在劝唐皇宪宗接受回纥的和亲请求。他说道:"依我之见,目前的形势是,回纥强盛,而我大唐的北方边防却远未设置完备,故若不与回纥交好,至少有五个方面是相当令人担忧的。第一,回纥人本就贪婪成性,一心希望用他们的马匹来换取我朝的大量财帛。如今我朝关闭或者减少这种交易的渠道,必

·欧·亚·历·史·文·化·文·库·

然迫使他们武力入侵,劫掠边地,给大唐造成莫大的麻烦。第二,我朝如今在北方边境地区的兵力不足,敌情不明,武器不精,城池不固,故若回纥大举进犯,则我朝必定穷于应付。第三,边防的要事本来应该由镇边将军们根据具体情况,制订灵活机动的应对策略,随时变化,不容置疑。但是,我朝目前的边防事务却主要由京师的朝廷决策施行,这使得回纥一旦来犯,唐军根本来不及恰当应对。第四,大唐与回纥之结盟,已历数十年,回纥军队经常进出中原地区。因此,我朝的山川形势、驻军虚实,回纥都已了如指掌,故他们可以很容易地乘虚而入,迅速撤退,唐军却难以有效地阻遏他们。第五,以往,回纥与西边的吐蕃等经常相斗,故而双方都无暇大规模骚扰我朝。而今,回纥如果不能从我朝获得巨大利益,很可能与吐蕃化敌为友,共击中国,则大唐遭受的损失就大得难以估计了!

"反过来说,假如大唐与回纥通婚,让它严守番臣之礼,则至少有三大利益。第一,两国和睦相处后,我朝就可以赢得时间,集中力量修筑城池,储备军力。第二,还可以腾出人力、物力,整顿境内的政局和社会秩序。第三,回纥与我朝交好后,必然导致西方吐蕃的妒忌和敌意,从而在它与回纥之间产生矛盾和斗争;那么,它们双方都会减弱对于大唐的侵扰。由此看来,陛下如果不接受回纥的和亲要求,就是放弃了三大利益,却宁取五大担忧,岂非很不值得?

"至于此前对于和亲费用太多的顾虑,实际上也并不是个问题。因为就大唐全境的赋税收入来看,还是相当丰厚的。以东南地区为例,一个大县每年的赋钱就达二十万贯钱,故数十个县的岁赋就能支付与回纥的和亲费用了。假如为了节约这笔费用,终于和回纥发生战事,那么,唐军至少得三五万步、骑兵不可;而这笔额外的军费又岂是几个县的岁赋能解决的? 有鉴于此,臣恳请陛下允准对回纥的和亲之策。"

李绛的这番话虽然十分在理,但是当时的宪宗却未听从。直到又过了数年,见回纥求婚心切,对唐的睦邻政策总体未变,而西方的吐蕃却频繁地侵扰边境,这才答应和亲,打算以自己的第九个女儿永安公主降嫁回纥。然而,宪宗已经来不及采取任何实际行动,因为他不久后即在元和十五年（820年）的正月去世了。

宪宗的第三子李恒继位，史称穆宗。回纥的保义可汗苦等了十余年的"和亲"终于来临，当然十分高兴，积极准备迎亲完婚。但是，他却并未等到"大喜之日"。因为就在穆宗继位的第二年，即长庆元年（821年）的二月，保义可汗就去世了。如果因可汗之死而对与大唐的"和亲"发生波折，则是回纥政权的莫大损失了。所以，回纥高层在新可汗（崇德可汗）的主持下，决定仍然隆重地前赴中原"迎亲"。这样，当年五月，一支庞大的回纥迎亲队伍抵达了长安。

回纥使团的成员空前地多，礼仪也空前地隆重。其成员包括都督、宰相、叶护公主及各大部酋，还有不少摩尼师，高级和中低级人士，共达二千之众。"贡献"的礼品中，包括二万匹马，一千头骆驼，其数量之巨，令人叹为观止，以至被史家称为历来朝贡中国的最庞大使团！唐廷闻报后，下令五百人前赴京师，余者都留在了太原。于是，最终共有五百七十三名使团成员来到了长安。

回纥的"迎亲"还是遇到了一些波折：穆宗认为，永安公主当初是配给保义可汗为妻的；如今保义可汗既然已经去世，那么这门亲事就得重新计议了。回纥方面当然坚持要永安公主，因为他们害怕一旦重新计议，这次通婚又会长久拖延下去。可是，穆宗却坚决不从其请。最终，以穆宗的第十妹（宪宗的第十个女儿）降嫁回纥新君崇德可汗的方案作为此事的解决办法，算是皆大欢喜了。这位公主便是"太和公主"。

作为和亲公主，太和公主的身份几乎是空前的尊贵：她既是先帝宪宗的亲生女儿，又是今帝穆宗的嫡亲妹妹，与两位帝君都有着密切的血缘关系。穆宗也许是为了特别展示太和公主的尊贵，一方面册封她为"仁孝端丽明智上寿可敦"，另一方面在她始发长安之时，自己亲自到通化门为她饯行，带着仪卫极盛的百官一起送行，并让京师全城的百姓一起观赏这盛况。唐廷送亲使团的首领为左金吾卫大将军胡证，副使则为光禄寺卿李宪，还有不少高品级的官员充任随员。

唐与回纥的这次隆重和亲真有点"惊天动地"的影响，因为多年来

·欧·亚·历·史·文·化·文·库·

经常与唐及回纥为敌的吐蕃出于破坏唐－回纥结盟的目的,居然率军寇侵青塞堡。回纥方面当然要竭力保护自己与唐的和亲与睦邻关系,使之免遭破坏,因此立即派遣一万精骑从北庭道出,另有一万精骑出安西道,迎击吐蕃人。显然,诚如当年礼部尚书李绛对宪宗所言,大唐若与回纥和亲,将能导致吐蕃与回纥反目,从而让唐廷获取渔翁之利。"和亲"的政治功能在此显露无遗。

太和公主与崇德可汗的婚姻并未维持多久,因为三年之后,即长庆四年(824年),崇德可汗就去世了,由其弟曷萨特勤继位,被唐廷册立为"昭礼可汗"。而自此以降,回纥政权进入了衰亡阶段。唐文宗太和六年(832年),昭礼可汗被部下所杀,其侄儿胡特勤继为可汗,即是唐廷册封的"彰信可汗"。不过,从彰信可汗继位到回纥政权正式崩溃的短短八年之中,回纥的可汗更换了三个,并且都是在内斗中被杀或自杀。先是开成四年(839年),宰相掘勿罗借助沙陀兵的外力造反,迫使彰信可汗在绝望之下自杀,于是盧駆特勤被立为可汗。然而,名为句录莫贺的一个将军则在翌年与黠戛斯联合,率领十万骑兵,直攻回纥的汗庭。结果,新可汗及谋反主犯掘勿罗被杀,可汗牙帐被焚烧,诸部溃散。其中,原居牙帐附近的十三部则拥立乌介特勤为新的可汗,向南暂居错子山。不过,太和公主则落入了击杀前可汗的黠戛斯人手中。

黠戛斯自认为是西汉名将李陵的后代,因此与唐皇室的李氏是同宗。他们以此说作为欲与唐廷交好的理由,遣使中原,声称愿意奉还太和公主。其实际意图显然是希望借着这一机会,从唐廷获得物质和政治利益。然而,名义上还是回纥最高领袖的乌介可汗当然不愿意回纥可汗的"可敦"太和公主被其仇敌黠戛斯利用,牟取利益,所以闻讯后率军追击护送公主返回中原的黠戛斯使团。于是,太和公主随后又被乌介可汗夺得。

乌介可汗夺回太和公主后,率领军队一路南下,抵达唐的北方边区天德境内,要求唐廷给予物质支持,安排暂居城池,乃至派兵协助他打击黠戛斯。其要求虽然颇多,但是显示出此时的回纥已经相当落魄,以至颇有求助唐廷之意。因此,有些朝臣便建议趁此机会一举击灭回纥的这股残余势力。但是，宰相李德裕却认为，回纥曾经为唐立过大功，并且目前并无扰边的举动，因此，唐若予以公开的打击，恐怕在舆论方面会有不利的影响。另一方面，更为实际的原因是，目前唐的边军还不足以与回纥决战，故不如稍稍资助乌介可汗，观察形势，一旦时机成熟，再予以强力打击。唐武宗对李德裕十分宠信，听从了他的建议，派遣使臣谕慰回纥，并赠送粮食二万斛。当然，武宗并没有同意乌介可汗要求借振武一城安置公主与可汗的要求，也未同意帮助回纥讨伐黠戛斯。相反，他写了一封情词并茂的敕书给太和公主，要求这位"姑母"（武宗为穆宗的第五子，则为太和公主的侄儿）训导乌介可汗，必须安分守己，不得劫掠唐境官民。

太和公主显然并未能成功地劝止乌介可汗，因为回纥人骚扰唐境的现象依然时有发生。不过，正因为乌介可汗在漠南逗留不去，倒是提供了太和公主脱离回纥，返回中原的机会。事情是这样的：武宗会昌三年（843年）的正月，乌介可汗又逼近了振武。守将石雄遂在城头上观察回纥的动情，却发现有数十辆车周围的随从颇似汉人。于是派遣探子前去暗访，得知果然是太和公主的居处。石雄大喜，遂在当天夜里悄悄地率领精兵潜出城外，突袭乌介可汗的牙帐。可汗措手不及，负伤而逃，仅与数百骑兵得以脱身。

太和公主就这样摆脱了回纥人、黠戛斯人等各派政治势力的纠缠和争夺，回到了久别的家乡长安。太和公主从穆宗的长庆元年（821年）降嫁回纥，到武宗的会昌三年（843年）回到中原，在回纥境内生活了二十三年，经历了回纥的五位可汗——崇德、昭礼、彰信、盍馺、乌介，亲眼目睹了血腥的屠杀场面，亲身遭受了各派势力的劫夺。她像其他众多的和亲公主一样，把自己最为美好的一段青春和最为珍贵的肉体，贡献给了许多"尊贵"的男性君主，为他们的"丰功伟绩"做出了贡献。

当然，唐王朝与回纥的和亲女性，除了宁国、咸安、太和三位真正的帝君女儿外，还有其他皇族或大臣的女儿，她们都在不同的阶段扮演了不同的角色，总体说来，都或多或少地为当时的"睦邻"政策尽了绵薄之力。

14　汗国的崩溃和残部的政权

14.1　内讧外患,回纥各部狼奔豕突

回纥政权的分崩离析,首先起因于国内政界的钩心斗角,接着是各方政敌不惜借助外力,助长自己的势力,遂掀起腥风血雨,最终导致两败俱伤。原先雄霸内陆欧亚的游牧强权再无昔日的霸气,有的被灭,有的投降,有的独立,有的迁徙,结束了颇有特色的一个历史时期。回纥末期战乱的导火线即是始于彰信可汗与政敌们的搏杀。

开成四年(839 年),回纥的宰相安合允与柴革特勤结盟,意欲篡夺彰信可汗之位。不料他们的密谋不慎泄漏,被可汗得知。于是,彰信可汗先下手为强,抢先一步,击杀了安合允、柴革及其主要的合谋者。当时,另一位宰相掘罗勿正率领一支军队在外地执行某项军务,而他与安合允等人的私交甚好,甚至默许他们的篡位举动。因此,他在得知安合允等被杀的消息后,一方面极想为好友报仇,另一方面也害怕株连到自己,所以索性与彰信可汗公开为敌。掘罗勿考虑到自己的兵力目前还不足以抗衡可汗,便欲借助实力不弱的沙陀的军力。他向沙陀酋帅朱邪赤心赠送了三百匹良马,请求沙陀出兵助战。沙陀本有打击回纥之意,所以很爽快地答应了,迅速发兵突袭回纥可汗的牙帐,居然一击成功,将并未戒备的彰信可汗打得蒙头转向,溃不成军。彰信可汗见大势已去,被迫刎颈自裁。

掘罗勿几乎是轻而易举地铲除了政敌,便拥立鹾馺特勤为回纥的新可汗。不过,回纥的内战并未到此结束,而是刚刚开头,因为忠于彰信可汗的一派决不甘心从此失去既得的利益,而是想方设法要把政权夺回来。其中的一位骨干便是别将句录莫贺。句录莫贺知道己方势单

力薄,难以逆转局面,所以他也如此前的掘罗勿一样,借助了外力;不过,他所借助的外力是回纥的世仇黠戛斯。

黠戛斯位于回纥西北方,本来也是个游牧强国,但是曾在唐肃宗时期被业已强大起来的回纥击破,从而与唐王朝交往的通道被阻断,只能和西鄙的大食、吐蕃、葛逻禄等国相互往来,使得经济和政治方面的损失都非常巨大。显而易见,黠戛斯从此与回纥结下了深仇大恨。近二十年来,黠戛斯与回纥相斗,都是胜多负少,这导致黠戛斯可汗阿热的信心大增,公开骂道:"如今回纥的好运已尽,轮到我黠戛斯称雄了!我必将击破你回纥的牙帐,在你们可汗的帐前驰骋我的骏马,树立我的旗帜!"在这样的形势下,当回纥的句录莫贺前来借兵,愿为向导,往袭回纥汗庭时,阿热可汗当然毫不犹豫地答应了,甚至颇有喜出望外之感。

阿热可汗亲自率领了十万精骑,一鼓作气地杀往回纥的汗庭。此时,回纥刚刚经历了两场战乱,而新立的盍馺可汗也仅得到部分部落酋帅的支持,军事实力远不如前,哪里抵挡得住黠戛斯十万骑兵的冲击!所以,未几即遭惨败,可汗盍馺及其得力干将掘罗勿都被杀死,财物被劫,牙帐被烧,而作为回纥"政治声威"标志的唐太和公主也落到了黠戛斯人的手中。阿热可汗获此大胜后,立刻将自己的驻跸地南迁到牢山之南,以便利用夺到的太和公主与唐王朝做一番"友好的"政治交易。时在开成五年(840年)。

回纥遭受这次重大打击后,整个政权崩溃,各部严重分裂。首先,盍馺可汗的宰相馺职、庞特勤等十五部逃往西方,其中的部分人投奔了葛逻禄,部分人前赴西州,还有若干残部投奔了吐蕃。盍馺可汗的兄弟嗢没斯,与宰相赤心、仆固、特勤那颉啜则各率自己的部属一起南下,抵达唐朝的天德塞,要求归降唐廷,获得庇护。不过,天德的边防军却发现回纥的这些残兵败将实在太多,他们盘桓在西受降城外一带,延绵六十余里,令边区的百姓十分不安,害怕回纥人会来骚扰和劫掠。所以,唐廷不仅暂时没有安排回纥人的"内附",反而下令天德、振武等边军严加防备。

·欧·亚·历·史·文·化·文·库·

　　唐廷的暧昧态度使这批回纥人产生了程度不同的不安全感,他们的统治高层在如何应对目前形势的问题上也出现了不同的意见。嗢没斯仍然坚持要耐心等待唐廷的安排,不能有任何易于引发唐廷猜忌的做法。但是赤心、仆固等人却颇有异议,他们认为不如劫掠唐境,获取财物;或者以武力威胁唐廷,迫使其接受回纥的"内附"。嗢没斯见赤心桀骜难驯,又心机太深,很难为自己所驾驭,十分放心不下,所以他一方面偷偷地把赤心等人袭击边区的密谋告诉了唐朝天德军的都防御使田牟,以免一旦事发,唐廷怪罪于己;另一方面则定下了一条诱杀赤心之计:假意邀请赤心、仆固等主战派到自己的牙帐商讨"军国大事",然后趁其不备,突出刀斧手,斩杀了赤心与仆固等人。不过,另一位骨干那颉啜却收取了赤心的旧属七千帐,离开嗢没斯,出走东方了。时在会昌二年(842年)三月。

　　嗢没斯在向唐廷如此极端地表达"忠心"之后,唐廷的高层终于有所感动。特别是宰相李德裕,更是主张应该尽快招降嗢没斯。他向武宗奏禀道:"嗢没斯的回纥诸部意欲归降大唐,已历两年,长期缺衣少粮,人心日益不安,若再不积极抚慰,恐会导致恶果。至于嗢没斯,虽然不能保证他完全忠诚于我,但是封赐他官爵之后,即使只起到离间回纥的作用,也是十分不错的结果。"武宗听他说得有理,遂采取了相应的措施。会昌二年(842年)的四月,嗢没斯率领包括特勤、宰相等高官在内的二千二百人正式归降唐廷。五月,嗢没斯则被册封为左金吾大将军,怀化郡王;其他酋帅也都获得各类奖赏;部众则获得五千斛米和三千匹绢。一心"内附"的嗢没斯终于达到了目的。

　　不过,另有一支回纥残部却在追求"复国"的目标,这即是以乌介可汗为首的一股回纥势力。乌希特勤是昭礼可汗的兄弟,亦即彰信可汗的叔父,他在回纥政权遭到黠戛斯的沉重打击而崩溃之后,于会昌元年(841年)二月被原居回纥汗庭附近的十三个部落拥立为首领,并于翌年七月被唐廷册封为"乌介可汗"。乌介可汗自认为是正统的"王族",始终没有放弃再振昔日雄风的美好愿望。所以,当他在从黠戛斯人那里夺还太和公主之后,就率军南下漠南,意欲借助自己的"可汗"

头衔及手中的太和公主,与唐廷做一些政治交易,增强自己的实力。

乌介可汗屯兵于天德军境内,通过太和公主上表唐廷,声称自己是合法的回纥新可汗,要求唐廷正式册封。他又派遣宰相颉于伽斯赴唐上表,提出把振武军要塞借给太和公主及自己暂住的要求。唐廷一是顾忌回纥近在塞下的军队,二也考虑到太和公主的人身安全,故不敢太过得罪乌介可汗,遂在当年(841年)十二月派遣右金吾大将军王会慰问回纥人,赠送米粮二万斛。又赐敕书,劝慰可汗道:"可汗既然有心再振回纥雄风,那么就应该尽快率领部众去收复失地,而不应该长久逗留在大唐的边塞附近。至于可汗希望借住于大唐的振武城,则史无前例,不可允准,还是另选更好的驻跸地吧。另外,我很欢迎太和公主归国省亲,凡是与此事相关的一切费用,大唐都会尽力提供的。"

会昌二年(842年)五月,嗢没斯正式归降唐廷之后,此前带走赤心旧属而脱离嗢没斯的那颉啜却在振武、大同一带活动,东边抵达室韦、黑沙等地,南边迫近雄武军和幽州等地,各地民众遭其寇掠,颇受其累。于是,卢龙节度使张仲武派遣其弟张仲至率领三万大军讨伐之,大获全胜,杀戮和生擒的回纥人多达三五万人,那颉啜所属的七千帐全部投降了唐军。只是那颉啜本人得以脱逃:他在中箭负伤之后,逃入驼群,从而未落唐军之手。可悲的是,同为回纥人的乌介可汗却趁着这一机会,擒获了仓皇逃命的负了伤的那颉啜,并且将他杀死。

乌介可汗之所以击杀那颉啜,至少有如下三个原因:第一,那颉啜曾经追随嗢没斯,而嗢没斯则是乌介可汗的政敌。第二,也是更重要和更现实的一个原因是,乌介可汗害怕那颉啜与契丹、奚联合起来对付自己,故必欲消灭了这股势力才心安。第三,乌介可汗也不无讨好唐廷,以换取更多利益的企图。事实上,乌介可汗确实在不断地寻觅机会,向唐廷提出各种请求。例如,就在他击杀那颉啜的当月(五月),驻扎于大同军北闾门山的乌介可汗就上表朝廷,要求唐迁提供粮食、牛羊,并还要求逮捕已经归降唐廷的嗢没斯,送还回纥,理由是嗢没斯是回纥的"叛臣"。

唐廷这一次的反应颇有点不客气的教训味道了,其诏书说道:"朝廷经研究决定,由振武军提供三千石粮食,给予回纥,算是抵付回纥送来的马匹价钱。至于你们所提出的牛羊要求,则不能满足,因为牛是我朝的农耕必需品,禁止屠宰;羊则少见于中原而多见于你们自己境内,朝廷无力提供。可汗提到要求引渡嗢没斯,却更属无理!因为自从回纥分裂之后,嗢没斯已经有两年不隶属于任何回纥可汗了,哪有什么'叛臣'的说法?!以前的几位回纥可汗都是因为猜忌太甚,骨肉相残,才导致了众叛亲离,分崩离析。如今你乌介可汗既然以重建回纥基业为己任,那么尤其应该善待各股势力,宽容各种人物。如果再行骨肉相残,则恐怕你的所有臣属都会人人自危,再也不敢为你效劳了。今嗢没斯已经投诚大唐,我已接受,便是我朝臣民,怎能再受你的驱使和惩罚?你还是尽力抚慰臣民,和睦相处,好自为之吧!"

乌介可汗却未曾听从唐廷的劝告,他仍未远去,依旧徘徊在唐朝的边塞附近。他的这一态度和行事方式,最终给自己带来了厄运。会昌三年(843年)正月,唐军发现太和公主正与振武塞外的乌介可汗在一起,于是趁着夜色,突袭回纥,非但夺还公主,并在杀胡山大破回纥。乌介可汗受伤,仅与数百骑得以逃生,投奔东北方四百里外的室韦,托庇于身为室韦首领的妹夫;但是其他许多回纥部众则多投降了唐廷。

乌介可汗原有的部众,死的死,降的降,散的散,经过他的努力招聚,也还不足三千之数。乌介将这可怜的"政权"又勉强地维持了数年。至会昌六年(846年)七月,其内部又发生流血政变,宰相逸隐啜杀死了乌介可汗,扶植其弟遏念(捻)特勤为新的可汗。至此,回纥汗国已是穷途末路,这一"南迁"的分支未几即在黠戛斯人的打击下不知所终了。

14.2 "西州回纥"与"葱岭西回纥"

开成五年(840年),回纥汗国在黠戛斯大军的打击下分崩离析,各部纷纷迁往异地。追随庞特勤西迁的部众较多,共有十五部。在西迁途中,一部分人逗留在了吐鲁番盆地,另一部分由庞特勤率领,更往西去,投奔了金山(阿尔泰山)▌西的葛逻禄。吐鲁番盆地即是唐的"西州"辖境,故嗣后在此发展的回纥政权便被称为"西州回纥";至于前赴葛逻禄居地的回纥,由于后来的活动区域曾远达葱岭以西,故俗称"葱岭西回纥"。图42所示为回纥西迁后的据地和政权分布。

首先谈谈逗留在吐鲁番地区的"西州回纥"。当时,这些部众既无强有力的酋帅指挥,又是托庇于唐朝的境内,故并未建立独立的政权,像其他各族的普通民众一样生活着。但是,二十余年过后,即唐懿宗咸通七年(866年)的二月,一个名叫仆固俊的回纥酋帅却崛起于北庭,他接连攻克了西州、北庭、轮台、清镇等城,迅速招聚了散居各地的回纥部众,并降服其他各族,建立起独立的回纥政权。这个政权成为庞大的回纥汗国崩溃之后外迁的残剩势力之一,史称"西州回纥"。

嗣后,由于唐末与五代时期的战乱,西州回纥与中原王朝的往来不多,或者,即使有所往来,也未见于史载。直到后梁末帝的乾化三年(913年),才见到"和州回鹘"向辽"进贡"的记载;而"和州"即是"西州"。嗣后,西州回纥与辽政权的往来相当频繁,不过,在辽史的记载中,都称之为"阿萨兰回鹘(纥)"。而"阿萨兰"即是回纥语 Arslan 的汉译名,意为"狮子"。它本是一个比较尊崇的人名,回纥的可汗、贵族等经常使用,后来则引申为回纥政权的专名了。正因为如此,当时的汉人往往用它来指称所有的回纥政权,而不一定专指西州回纥,如甘州回纥有时也被称作"阿萨兰回纥"。

西州回纥不仅与辽交往,与其他政权也多有来往,如在后周广顺元年(951年),西州回纥派遣了一位都督率领使团前赴中原的周政权。在北宋政权建立(960年)之后,它当然又与之交往。不过,它在与宋交往的同时,也与宋的政敌金政权颇多接触。例如,天会五年(1127年)正月,回纥当时执政的喝里可汗派遣了特使赴金"进贡";天会九年(1131年),西州回纥更是擒获了辽朝西迁部众领袖耶律大石的盟党撒八、迪里、突迭等人,献给金政权,则当时显然是与金政权建立了同盟关系,以帮助金打击辽的残余势力。

可是,西州回纥毕竟只是一块不大地区内的一股政治和军事势力,它绝对难以与稍为强大的政权相抗衡。所以,当不久后西奔的耶律大石渡过难关,在中亚建立起强大的西辽政权后,西州回纥只能乖乖地成了西辽的附庸国,受其节制。这种局面维持了好几十年,直到13世纪初蒙古人的兴起。当时,西辽派来"监国"的太师僧少监在回纥作威作福,靡费大量金钱,并又颐指气使,滥用职权,甚至不把回纥可汗放在眼里。时为西州回纥领袖的亦都护(亦称"巴而术阿而忒的斤")遂怒而杀死了西辽的监国,同时计拟通报蒙古,与之联和。

哪知成吉思汗迅速地获得谍报,认为这是一个非常值得利用的好机会,于是他旋即主动派遣按力也不奴、答拜儿二人出使回纥,表示十分愿意与回纥友好结盟。回纥王亦都护料想不到如此"天遂人愿",大喜过望,于是,在隆重款待蒙古使臣之后,便派遣高官别吉思、阿邻帖木儿觐见蒙古大汗,递上国书,以极其谦卑的口吻对成吉思汗说道:"我久已听说大汗您的威名,早就盼望能够得到您的庇护。因此,日前觅得机会,杀死了契丹人的监国,不再听命于西辽。本来正欲遣使前来表达归顺之意,不料大汗您竟先一步遣使光临鄙国,真令我犹如云开见日一般,喜不自胜。从今之后,我当率领我的所有部众,归附大汗,竭尽奴仆、子辈应尽之力,永远效犬马之劳!如果大汗同意,那么就让我做您的第五个儿子(成吉思汗本有四个儿子)吧!"

回纥的这种请求,实际上已经不是一般的国与国之间的平等结盟,而是纯粹的归降了。成吉思汗当然毫不客气地照单全收了。他答复回纥君主亦都护道:"既然你有此诚心,那么回纥就与我们大蒙古做亲戚吧!我把女儿嫁给你,你就既是我的女婿,也是我的第五个儿子了。作为你娶我女儿的聘礼,你应该多送一些金银珠宝、华丽丝绸和其他的美好财物来。"至此,西州回纥实际上已经不再是一个独立的政权,而只是蒙古政权的一个附庸罢了。尽管嗣后这支回纥在形式上仍维持着"王统"的承继,并在整个元代都与蒙古王族存在着这样或那样的姻亲关系,但是,西州回纥作为独立政权的历史,似乎只能计算到亦都护归附成吉思汗为止,亦即自仆固俊占据西州(866年)开始,迄于1209年,维持了三百四十余年。

接着,再谈由庞特勤率领的西迁最远的一支回纥,即所谓的"葱岭西回纥"。他们的目的地是葛逻禄,而作为西突厥别部的葛逻禄人,当时的居地是在葱岭以西的楚河流域。有关这支回纥人的活动情况十分模糊,不过,根据现在的资料来看,他们倒是参与建立了地跨葱岭两侧的庞大王朝——黑汗王朝,或称"喀喇汗王朝"。

回纥政权于744年在内陆欧亚确立强势之后,葛逻禄便隶属于它,成为回纥的十一部之一。不过,十多年之后,葛逻禄渐趋强大,迁往原突厥"十姓可汗"故地,占据楚河流域,具备了与回纥一争雄长的实力,并终于在789年脱离回纥而独立。所以,当庞特勤在9世纪40年代率领回纥残部西徙葛逻禄据地时,摆在面前的选择是,要么向葛逻禄俯首称臣,求得其庇护,要么与之交战,用武力争夺生存领地。显然,回纥人采取了后一形式,并且最后战而胜之,在中亚建立了史称"黑汗/喀喇汗(Xakhan/Karakhan 王朝)"的政权。图43为喀喇汗王朝形势。

黑汗王朝将都城设在巴拉沙衮(在今吉尔吉斯斯坦楚河州境内的布拉纳城),并在不久后向东、向南拓展,先后占领了伊犁河流域及喀什噶尔地区。王朝的第一任可汗当即汉籍所称的"庞特勤",西史则称"毗伽阙卡迪尔汗"。这位可汗去世后,由其长子巴泽尔继任大可汗,驻跸于巴拉沙衮;次子奥古勒恰克则任副可汗,驻跸于怛逻斯。奥古勒恰克与势力不弱的萨曼王朝不时发生争战,在893年遭受萨曼大军的长期围困,被迫迁都喀什噶尔。从此,喀什噶尔逐步发展为一个繁荣的文化、宗教和政治中心,对于嗣后当地及周近地区产生了十分重大的影响。

奥古勒恰克的侄儿童年时居住在阿图什(今新疆克孜勒苏柯尔克孜自治州的首府),颇受来自萨曼王朝的伊斯兰教信徒的影响,遂皈依了该教。他并积极布教,推广这一信仰,不仅聚集了大量忠实的宗教信徒,实际上也极大地壮大了自己的政治和军事实力。所以,一旦时机成熟,他便取代伯父,登上了汗位,号称"萨图克布拉格汗"。萨图克在位期间更是大力热情支持伊斯兰教,到他在955年去世时,伊斯兰教在其境内已经相当流行;而阿图什因此成为了今新疆境内伊斯兰教的发源

·欧·亚·历·史·文·化·文·库·

地。图 44 为阿图什的苏里唐麻札与清真寺。

黑汗王朝在 999 年占领索格底亚那的大城布哈拉,结束了萨曼王朝的统治。它与伽色尼王朝瓜分了萨曼朝原有的领土,阿姆河以北属黑汗朝,以南则属伽色尼朝。两国并结和亲,黑汗朝可汗纳斯尔的女儿嫁给伽色尼朝的国王。时在 1001 年。在此同时,萨图克的四世孙玉素甫卡迪尔汗则在紧锣密鼓地征讨于阗。他在 11 世纪初摧毁了于阗政权,并在接着的数十年中竭力打击当地原有的佛教信仰,终于把伊斯兰教势力扩展到塔里木盆地的南部。

11 世纪 40 年代初,黑汗王朝分裂成东、西两部,东部王朝的领地主要包括七河地区、喀什噶尔和于阗地区,以巴拉沙衮及喀什噶尔为首府;西部王朝的主要领地在河中地区(索格底亚那),并包括费尔干纳盆地,首府则设在撒马尔罕。双方为了争夺锡尔河的中游地区,经常发生军事冲突。

东方的契丹人西迁,在中亚形成了一个强大的政权"西辽",遂与当地原有的诸政权发生了激烈的冲突。至 12 世纪 40 年代初,东黑汗王朝与西黑汗王朝都成了西辽的附庸国。再经过了数十年的你争我夺之后,东、西黑汗王朝相继地最终亡于西辽之手,时在 13 世纪 10 年代。于是,回纥汗国崩溃之后,西迁最远的一支残部终于在维持三百数十年的"大政权"之后,完成了其"历史使命"。

14.3 "甘州回纥"亡于夏政权

甘州地区是古代中外交通要道的枢纽,它位于河西走廊的腹地,扼守着"丝绸之路"南北两道和"居延古道"的交汇处;其核心地即相当于今甘肃省的张掖市。在唐朝的武则天时代,就有回纥徙居该地,嗣后,唐廷还常常吸纳他们的青壮之士参加西北边防军赤水军(驻地在今武威)。当回纥遭受黠戛斯的沉重打击而崩溃,于开成五年(840 年)向各方逃窜和迁徙后,其中有一支投奔了当时已经占据河西、陇右的吐蕃人,吐蕃便把他们安置在甘州一带。大中二年(848 年),在乌介可汗死后而率领残部投靠室韦的遏捻可汗又遭黠戛斯人的重创,大部分部众被黠戛斯掠往漠北,剩下的一些人起初以劫掠为生,稍后则投奔了甘州,致使甘州的回纥势力有所增长。稍后,有一位名叫庞特勤(或"庞勒";他与840年西迁葛逻禄的"庞特勤"当是采用同一名号的两个人)的酋帅自称可汗,至宣宗大中十年(856年)被唐廷册封为"嗢禄登里逻汨没密施合俱录毗伽怀建可汗"。这股回纥势力占据了碛西的许多城池和领地,由于以甘州为治所,故被后世称为"甘州回纥"。

不过,甘州回纥的真正独立于吐蕃,应该是在866年崛起的仆固俊击败吐蕃,建立以吐鲁番为中心的"西州回纥"政权之后。因为那时候,中原的唐王朝内政纷乱,已经无暇顾及西域,而吐蕃也开始衰落,无力再强势控制河陇诸地,甘州回纥遂得与西州回纥一样,有了较大的独立性,统御凉州、瓜州、沙州等。不过,由于当地的汉族和其他异族居民也不少,故甘州回纥政权实际控制的民众恐怕也主要为回纥人。

甘州回纥在唐末的数十年中得到较好的发展,主要是借助于它优越的地理位置,从与中原地区的中介贸易中获取高额的利润。降及五代,甘州回纥与中原诸王朝的交往依然保持着这种格局。例如,后梁乾化元年(911年),甘州回纥派遣了一个规格甚高的使团前赴中原"进贡",显然实际上是带着大宗物品来交易的。使团首领周易言身为回纥"都督",受到了梁太祖的隆重接待——在朝元殿召见,并获得"右监门卫大将军同正"的封赐;使团的副使石寿儿、石论思也获"右千牛卫将军同正"之号。梁太祖是在"厚赐缯帛"之后,才让他们回国的,则回纥人从"贡赐贸易"中获得巨利是可想而知的。

嗣后,在后唐同光二年(924年),甘州回纥的仁美可汗(乌母主)又遣都督李引释迦等六十余人来"贡方物",受到庄宗在文明殿的接见,仁美并被册封为英义可汗。当年十一月,仁美去世后,继位的狄银又遣使来"朝贡"。天成三年(928年),甘州回纥派来的使团规模更大,成员多达一百二十人。接着的天成四年(929年)、长兴元年(930年),回纥连年都有使团前来中原,进贡"善马"、美玉等物,清泰二年(935年)所"贡"的马更是多达三百六十四。其后,后晋的天福三年

（938年）、四年（939年）、五年（940年），后汉的乾祐元年（948年）以及后周的广顺元年（951年）、显德六年（959年）等年份，甘州回纥也都曾频繁地遣使中原王朝，进行形式上的"朝贡"，实际上的交易。广顺元年，周太祖正式宣布废除前朝禁止民间与回纥贸易的法令，而容许回纥人与普通民众自由贸易，因此导致大批域外土产涌入中原。回纥人的商贸之利大为增加。

降及北宋，甘州回纥依旧保持着与中原王朝友好交往，以博取尽可能多的物质利益的原则；同时，他们与当时与宋并存，却互为敌国的强大政权辽也保持着友好往来的关系。这对于甘州回纥来说，本来是一个不错的形势和机遇，然而，西夏政权的奠基者李继迁（963—1004年）在规划自己的"宏业"时，却把甘州回纥视作了必欲清除的障碍之一。其原因是，主要据地在银州、夏州、绥州等地的李继迁若要扩张势力，就必须获利于南方的宋（包括武力侵占和贸易交往），而在夏政权"卧榻之侧"，形成其"后顾之忧"的，便是甘州回纥，因此夏政权必欲清除甘州回纥而心安。至于甘州回纥，对于这样的形势和李继迁的图谋也心知肚明，此外，他们也不希望夏政权这个强大对手始终在旁边虎视眈眈。所以，回纥便打算先下手为强，联合宋朝，打击夏政权。

宋真宗咸平四年（1001年），甘州回纥的可汗禄胜派遣枢密使曹万通为使团首领，前赴宋廷，献上许多珍贵物品，如玉勒名马、独峰骆驼、无峰骆驼、镔铁剑、镔铁甲，以及精美的琉璃器物等。曹万通转达回纥可汗的建议道：如今，（甘州）回纥疆域相当广阔，东抵黄河，西达雪山，拥有小郡数百个。此外，兵力也很强大，尤其是骑兵，更为精良。所以，回纥完全可以协助宋廷，共击不断侵扰宋境的夏政权，甚至生擒活捉其酋帅李继迁，消除后患。

尽管宋廷明知回纥这是为了博取中原臂助而故意夸张自己的实力，但是，它也并不反对利用一下回纥，再次施行历代相传的"以夷制夷"策略。因此，宋廷就顺水推舟地回复了一份诏书，鼓励回纥主动打击李继迁："李继迁这逆贼确实非常可恶，屡屡犯下大罪，真是不可饶恕！而可汗你却世代忠良，始终护卫南方的大国。今你既然提出建议，愿以精兵强将剿灭李继迁逆贼,开疆拓土,那真是不世的功业,将会举世瞩目,流芳千古。我大宋非常赞赏,一定全力支持。今将一切有关事务,都委托给可汗你全权决定,我就不再派遣特使前来了,相信你会取得成功!"接着,真宗拜授曹万通为"左神武军大将军",并赐给禄胜可汗许多器服和财物,以诱使回纥更积极地对抗李继迁。

此后,甘州回纥果然与党项拓跋氏(一说其源为鲜卑拓跋氏)的夏政权多次交战,并且经常取得胜利。宋真宗大中祥符元年(1008年),盘踞夏州的拓跋氏发兵进击甘州回纥。回纥先是示弱,假装不敌而逃遁,从而诱敌深入,最后,待夏军落入回纥的包围圈后,再伏兵四起,予以突然打击,以至夏军几乎被杀戮殆尽。翌年,回纥再次击败夏兵:旨在复仇的二万西夏精骑奋力攻打回纥的甘州城,却在回纥的坚守之下,十多天后仍然不见成效。夏军不免有些松懈,哪知深夜遭到回纥的猛烈袭击,从而招致大败。又,大中祥符九年(1016年),回纥利用西夏新任凉州守将不能服众的机会,发兵攻破凉州,斩杀数百人,迫使夏将啰麻弃城而逃,将凉州归为回纥领地。其后连续两年,夏政权试图夺回凉州,却都未能成功。甚至,在宋仁宗天圣四年(1026年),辽与夏共同围困甘州,也是无法攻克。

不过,正式建立"大夏"国(史称的"西夏")的元昊却在其政权完全独立之前数年击灭了甘州回纥。1028年,元昊攻克回纥的核心城市甘州。1030年,隶属回纥的瓜州也归夏政权所有。1031年,凉州又被元昊夺取。1035年,元昊更将瓜州、沙州和肃州改为夏国的州郡,驻军治理。至此,甘州回纥的主要领地尽失,实际上已经亡国。尽管史载数十年后仍有甘州回纥的"使者"前赴宋廷,但是可能只是误记;或者,是回纥残部借其名义行事而已。于是,自从回纥汗国崩溃之后,其西迁余众建立的另一个小政权在相对独立约一百八十年之后,最终归于瓦解。

·欧·亚·历·史·文·化·文·库·

主要参考书目

一、汉文古籍

[1]〔唐〕李延寿.北史.北京:中华书局,1974.

[2]〔唐〕李百药.北齐书.北京:中华书局,1972.

[3]〔唐〕令狐德棻,等.周书.北京:中华书局,1971.

[4]〔唐〕魏徵,令狐德棻.隋书.北京:中华书局,1973.

[5]〔后晋〕刘昫,等.旧唐书.北京:中华书局,1975.

[6]〔宋〕欧阳修,宋祁.新唐书.北京:中华书局,1975.

[7]〔宋〕薛居正,等.旧五代史.北京:中华书局,1976.

[8]〔宋〕欧阳修.新五代史.北京:中华书局,1974.

[9]〔唐〕杜佑.通典.杭州:浙江古籍出版社,2000.

[10]〔宋〕司马光.资治通鉴.〔元〕胡三省,注.北京:中华书局,1956.

[11]〔宋〕王钦若,等.册府元龟.北京:中华书局,1960.

二、现代著述

[1]〔俄〕巴托尔德.蒙古入侵时期的突厥斯坦.张锡彤,张广达,译.上海:上海出版社,2007.

[2]〔俄〕巴托尔德.中亚突厥史十二讲.罗致平,译.北京:中国社会科学出版社,1984.

[3]〔日〕白鸟库吉.西域史研究:上册.东京:岩波书店,1941(昭和十六年).

[4]〔日〕白鸟库吉.西域史研究:下册.东京:岩波书店,1944(昭和十九年).

[5]毕波.中古中国的粟特胡人.北京:中国人民大学出版社,

2011.

[6]毕长朴.回纥与维吾尔.台北:新文丰出版公司,1986.

[7]蔡鸿生.唐代九姓胡与突厥文化.北京:中华书局,1998.

[8]岑仲勉.隋唐史.北京:中华书局,1982.

[9]岑仲勉.突厥集史.北京:中华书局,1958.

[10]岑仲勉.西突厥史料补阙及考证.北京:中华书局,1958.

[11]程溯洛.唐宋回鹘史论文集.北京:人民出版社,1993.

[12]〔法〕勒内·格鲁塞.草原帝国.蓝琪,译.北京:商务印书馆,
1999.

[13]耿世民.耿世民新疆文史论集.北京:中央民族大学出版社,
2001.

[14]耿世民.古代突厥文碑铭研究.北京:中央民族大学出版社,
2005.

[15]耿世民,魏萃一.古突厥语语法.北京:中央民族大学出版社,
2010.

[16]韩儒林.穹庐集.上海:上海人民出版社,1982.

[17]〔日〕护雅夫.古代トルコ民族史研究:全三卷.山川出版社,
1967.

[18]〔法〕吉罗.东突厥汗国碑铭考释.耿昇,译.乌鲁木齐:新疆社
会科学院历史研究所,1984.

[19]〔俄〕克利亚什托尔内.古代突厥鲁尼文碑铭.李佩娟,译.哈
尔滨:黑龙江教育出版社,1991.

[20]李符桐.回鹘史.//李符桐论著全集:第二册.台北:台湾学生
书局,1992.

[21]李特文斯基 B A.中亚文明史:第三卷.马小鹤,译.北京:中国
对外翻译出版公司,2003.

[22]林恩显.突厥研究.台北:商务印书馆,1992.

[23]林幹,高自厚.回纥史.呼和浩特:内蒙古人民出版社,1994.

[24]林幹.突厥史.呼和浩特:内蒙古人民出版社,1988.

［25］林幹. 突厥与回纥史. 呼和浩特：内蒙古人民出版社，2007.

［26］林幹. 突厥与回纥历史论文选集：上下册. 北京：中华书局，1987.

［27］林悟殊. 摩尼教及其东渐. 北京：中华书局，1987.

［28］刘美崧. 两唐书回纥传、回鹘传疏证. 北京：中央民族学院出版社，1989.

［29］刘义棠. 维吾尔研究. 台北：正中书局，1977 年.

［30］马长寿. 突厥人和突厥汗国. 上海：上海人民出版社，1957.

［31］牛汝极. 回鹘佛教文献. 乌鲁木齐：新疆大学出版社，2000.

［32］〔日〕内藤みどり. 西突厥史の研究. 东京：早稻田大学出版部，1988.

［33］荣新江，等. 粟特人在中国——历史、考古、语言的新探索. 北京：中华书局，2005.

［34］芮传明. 东方摩尼教研究. 上海：上海人民出版社，2009.

［35］〔法〕沙畹. 西突厥史料. 冯承钧，译. 北京：中华书局，1958.

［36］〔日〕松田寿男. 古代天山历史地理学研究. 陈俊谋，译. 北京：中央民族学院出版社，1987.

［37］王媛媛. 从波斯到中国：摩尼教在中亚和中国的传播. 北京：中华书局，2012.

［38］魏良弢. 喀喇汗王朝史稿. 乌鲁木齐：新疆人民出版社，1986.

［39］吴玉贵. 突厥汗国与隋唐关系史研究. 北京：中国社会科学出版社，1998.

［40］吴玉贵. 突厥第二汗国汉文史料编年辑考：全三册. 北京：中华书局，2009.

［41］薛宗正. 突厥史. 北京：中国社会科学出版社，1992.

［42］薛宗正. 突厥稀见史料辑成. 乌鲁木齐：新疆人民出版社，2005.

［43］杨富学. 回鹘文献与回鹘文化. 北京：民族出版社，2003.

［44］杨圣敏. 回纥史. 南宁：广西师范大学出版社，2008.

［45］〔英〕裕尔.东域纪程录丛（古代中国闻见录）.〔法〕考迪埃,修订.张绪山,译.北京:中华书局,2008.

［46］余太山.嚈哒史研究.济南:齐鲁书社,1986.

［47］札奇斯钦.北亚游牧民族与中原农业民族间的和平战争与贸易之关系.台北:正中书局,1972.

三、西文著述

［1］Bang W. Über die köktürkischen Inschrift auf der Südeseide des Kültegin Denkmals. Leipzig, 1896.

［2］Bezertinov R. Tengrianism—Religion of Turks and Mongols. Naberezhney Chelny, 2000.

［3］Clauson G. Turkish and Mongolian Studies. London: Luzac and Company Limited, 1962.

［4］Clauson G. An Etymological Dictionary of Pre-Thirteen Century Turkish. Oxford University Press, 1972.

［5］Czaplicka M A. The Turks of Central Asia in History and at Present Day. Oxford University Press, 1918.

［6］Dunlop D M. The History of the Jewish Khazars. Princeton University Press, 1957.

［7］Erdal M. A Grammar of Old Turkic. Leiden: Brill, 2004.

［8］Frye R N. The Heritage of Central Asia: From Antiquity to the Turkish Expansion. Princeton, 1996.

［9］Giraud R. L'èmpire des Turcs Célestes les règnes d'èlterich, Qapghan et Bilgä (680 – 734). Paris, 1960.

［10］Golden P B. An Introduction to the History of the Turkic Peoples—Ethnogenesis and State-Formation in Medieval and Early Modern Eurasia and the Middle East. Wiesbaden, 1992.

［11］Golden P B. Khazar Studies. Akademiai Kiado, Budapest, 1980.

［12］Kwanten L. Imperial Nomands—A history of Central Asia, 500 –

1500. Leicester, 1979.

[13] Liu Mao-ts'ai. Die chinesischen Nachrichten zur Geschichte der Ost-Türken: 2 vols. Wiesbaden: Otto Harrassowitz, 1958.

[14] Lieu S N C. Manichaeism in Central Asia and China. Leiden: E J Brill, 1998.

[15] Mackerras C. The Uighur Empire. Canberra: Australian National University Press, 1972.

[16] Malov S. Pamyatniki drevnetyrkskoy pis'mennosti. Moskva, 1951.

[17] Malov S. Pamyatniki drevnetyrkskoy pis'mennosti Mongolii i Kirgizii. Moskva, 1959.

[18] Marqart J. Die Chronologie der alttürkischen Inschriften. Leipzig: Dieterich, 1898.

[19] Menges K H. The Turkic Languages and Peoples: An Introduction to Turkic Studies. Wiesbaden: Otto Harrassowitz, 1968.

[20] Parker E H. A Thousand Years of the Tartars. New York: Alfred A Knopf, 1924.

[21] Pritsak O. Das Alttürkische, Handbuch der Orientalistik, 1963, 5.

[22] Pulleyblank E G. The Background of the Rebellion of An Lu-Shan. London: Oxford University Press, 1953.

[23] Radloff W. Die alttürkischen Inschriften der Mongolei. St Petersburg: Neue Folge, 1897.

[24] Radloff W. Die alttürkischen Inschriften der Mongolei. St Petersburg: Zweite Folge, 1899.

[25] Roux J-P. Histoire des Turcs. Fayard, 1984.

[26] Rybatzki V. Die Toñyuquq Inschrift: Studia Uralo-Altaica 40. Szeged, 1997.

[27] Sinor D. The Cambridge History of Central Asia, 1. From Earli-

est Times to the Rise of the Mongols. Cambridge University Press, 1989.

[28] Sinor D. The Cambridge History of Early Inner Asia. Cambridge University Press, 1990.

[29] Sinor D. Inner Asia. Indiana University, 1969.

[30] Tekin T. A Grammar of Orkhon Turkic. Bloomington: Indiana University, 1968.

[31] De La Vaissiere E. Sogdian Traders, A History. Leiden: Brill, 2005.

索　引

A

阿波
  40 - 44,50 - 52,54,74,77,89,
102,105,116,125,126

阿姆河
  4,29,30,32,37,38,74,76,194

阿那瑰　　19 - 21

阿史德奉职　　84,86

阿史德温傅　　84,86 - 88

阿史德元珍　　89 - 91,94,102

阿史那
  3,5,9 - 12,14 - 18,26,27,77,
80 - 82,84,86 - 88,91,103,
119,124,125,156

阿史那贺鲁　　79 - 83,128,129

安禄山
  134 - 144,146,147,150,151,
174,175,178,179

安庆绪
  146,147,150,151,171,179

安史之乱　　134,157,175

庵罗　　20,21,40,41,49

B

拔悉密
  111 - 113,115,116,133

拔曳固　　108

拜占庭
  1,3 - 5,28 - 30,32 - 40

保义可汗　　168,176,181,183

北齐
  19 - 21,23 - 26,29,46,47,49,
198

北周
  23 - 26,29,46 - 49,52 - 54

波斯
  1,3,4,27 - 32,34 - 40,45,76,
121,158 - 160,200

C

蔡马库斯　　33 - 35

长安
  21,26,46,48,57,65,69,116,
136,137,139,141,144 - 147,
151,152,172,176,178,179,
183,185

欧亚历史文化文库

已经出版

林悟殊著:《中古夷教华化丛考》   定价:66.00 元

赵俪生著:《弇兹集》   定价:69.00 元

华喆著:《阴山鸣镝——匈奴在北方草原上的兴衰》 定价:48.00 元

杨军编著:《走向陌生的地方——内陆欧亚移民史话》 定价:38.00 元

贺菊莲著:《天山家宴——西域饮食文化纵横谈》 定价:64.00 元

陈鹏著:《路途漫漫丝貂情——明清东北亚丝绸之路研究》

                   定价:62.00 元

王颋著:《内陆亚洲史地求索》   定价:83.00 元

〔日〕堀敏一著,韩昇、刘建英编译:《隋唐帝国与东亚》 定价:38.00 元

〔印度〕艾哈默得·辛哈著,周翔翼译,徐百永校:《入藏四年》

                   定价:35.00 元

〔意〕伯戴克著,张云译:《中部西藏与蒙古人

  ——元代西藏历史》(增订本)   定价:38.00 元

陈高华著:《元朝史事新证》   定价:74.00 元

王永兴著:《唐代经营西北研究》   定价:94.00 元

王炳华著:《西域考古文存》   定价:108.00 元

李健才著:《东北亚史地论集》   定价:73.00 元

孟凡人著:《新疆考古论集》   定价:98.00 元

周伟洲著:《藏史论考》   定价:55.00 元

刘文锁著:《丝绸之路——内陆欧亚考古与历史》   定价:88.00 元

张博泉著:《甫白文存》   定价:62.00 元

孙玉良著:《史林遗痕》   定价:85.00 元

马健著:《匈奴葬仪的考古学探索》   定价:76.00 元

〔俄〕柯兹洛夫著,王希隆、丁淑琴译:

 《蒙古、安多和死城哈喇浩特》(完整版) 定价:82.00 元

乌云高娃著:《元朝与高丽关系研究》   定价:67.00 元

杨军著:《夫余史研究》   定价:40.00 元

·欧·亚·历·史·文·化·文·库·

梁俊艳著:《英国与中国西藏(1774—1904)》　　　　定价:88.00元

〔乌兹别克斯坦〕艾哈迈多夫著,陈远光译:

　《16—18世纪中亚历史地理文献》(修订版)　　　　定价:85.00元

成一农著:《空间与形态——三至七世纪中国历史城市地理研究》

　　　　　　　　　　　　　　　　　　　　　　　定价:76.00元

杨铭著:《唐代吐蕃与西北民族关系史研究》　　　　定价:86.00元

殷小平著:《元代也里可温考述》　　　　　　　　　定价:50.00元

耿世民著:《西域文史论稿》　　　　　　　　　　　定价:100.00元

殷晴著:《丝绸之路经济史研究》　　　定价:135.00元(上、下册)

余大钧译:《北方民族史与蒙古史译文集》　定价:160.00元(上、下册)

韩儒林著:《蒙元史与内陆亚洲史研究》　　　　　　定价:58.00元

〔美〕查尔斯·林霍尔姆著,张士东、杨军译:

　《伊斯兰中东——传统与变迁》　　　　　　　　　定价:88.00元

〔美〕J. G.马勒著,王欣译:《唐代塑像中的西域人》　定价:58.00元

顾世宝著:《蒙元时代的蒙古族文学家》　　　　　　定价:42.00元

杨铭编:《国外敦煌学、藏学研究——翻译与评述》　定价:78.00元

牛汝极等著:《新疆文化的现代化转向》　　　　　　定价:76.00元

周伟洲著:《西域史地论集》　　　　　　　　　　　定价:82.00元

周晶著:《纷扰的雪山——20世纪前半叶西藏社会生活研究》

　　　　　　　　　　　　　　　　　　　　　　　定价:75.00元

蓝琪著:《16—19世纪中亚各国与俄国关系论述》　　定价:58.00元

许序雅著:《唐朝与中亚九姓胡关系史研究》　　　　定价:65.00元

汪受宽著:《骊靬梦断——古罗马军团东归伪史辨识》　定价:96.00元

刘雪飞著:《上古欧洲斯基泰文化巡礼》　　　　　　定价:32.00元

〔俄〕Т. Б.巴尔采娃著,张良仁、李明华译:

　《斯基泰时期的有色金属加工业——第聂伯河左岸森林草原带》

　　　　　　　　　　　　　　　　　　　　　　　定价:44.00元

叶德荣著:《汉晋胡汉佛教论稿》　　　　　　　　　定价:60.00元

王颋著:《内陆亚洲史地求索(续)》　　　　　　　定价:86.00元

尚永琪著:

　《胡僧东来——汉唐时期的佛经翻译家和传播人》　定价:52.00元

桂宝丽著:《可萨突厥》　　　　　　　　　　　　　定价:30.00元

篠原典生著:《西天伽蓝记》　　　　　　　　　　　　定价:48.00 元

〔德〕施林洛甫著,刘震、孟瑜译:

　《叙事和图画——欧洲和印度艺术中的情节展现》　　定价:35.00 元

马小鹤著:《光明的使者——摩尼和摩尼教》　　　　定价:120.00 元

李鸣飞著:《蒙元时期的宗教变迁》　　　　　　　　定价:54.00 元

〔苏联〕伊·亚·兹拉特金著,马曼丽译:

　《准噶尔汗国史》(修订版)　　　　　　　　　　　定价:86.00 元

〔苏联〕巴托尔德著,张丽译:《中亚历史——巴托尔德文集

　第 2 卷第 1 册第 1 部分》　　　　定价:200.00 元(上、下册)

〔俄〕格·尼·波塔宁著,〔苏联〕B.B.奥布鲁切夫编,吴吉康、吴立珺译:

　《蒙古纪行》　　　　　　　　　　　　　　　　　定价:96.00 元

张文德著:《朝贡与入附——明代西域人来华研究》　定价:52.00 元

张小贵著:《祆教史考论与述评》　　　　　　　　　定价:55.00 元

〔苏联〕K.A.阿奇舍夫、Г.A.库沙耶夫著,孙危译:

　《伊犁河流域塞人和乌孙的古代文明》　　　　　　定价:60.00 元

陈明著:《文本与语言——出土文献与早期佛经词汇研究》

　　　　　　　　　　　　　　　　　　　　　　　定价:78.00 元

李映洲著:《敦煌壁画艺术论》　　　　定价:148.00 元(上、下册)

杜斗城著:《杜撰集》　　　　　　　　　　　　　　定价:108.00 元

芮传明著:《内陆欧亚风云录》　　　　　　　　　　定价:48.00 元

敬请期待

许全胜著:《黑鞑事略汇校集注》

贾丛江著:《汉代西域汉人和汉文化》

王永兴著:《敦煌吐鲁番出土唐代军事文书考释》

薛宗正著:《汉唐西域史汇考》

徐文堪编:《梅维恒内陆欧亚研究文选》

徐文堪著:《欧亚大陆语言及其研究说略》

刘迎胜著:《小儿锦文字释读与研究》

李锦绣编:《20 世纪内陆欧亚历史文化研究论文选粹》

李锦绣、余太山编:《古代内陆欧亚史纲》

郑炳林著:《敦煌占卜文献叙录》

李锦绣著:《裴矩〈西域图记〉辑考》

李艳玲著:《公元前 2 世纪至公元 7 世纪前期西域绿洲农业研究》

许全胜、刘震编:《内陆欧亚历史语言论集——徐文堪先生古稀纪念》

张小贵编:《三夷教论集——林悟殊先生古稀纪念》

李鸣飞著:《横跨欧亚——中世纪旅行者眼中的世界》

杨林坤著:《西风万里交河道——明代西域丝路上的使者与商旅》

林悟殊著:《华化摩尼教补说》

王媛媛著:《摩尼教艺术及其华化考述》

李花子著:《长白山踏查记》

芮传明著:《摩尼教敦煌吐鲁番文书校注与译释研究》

马小鹤著:《霞浦文书研究》

段海蓉著:《萨都剌传》

〔德〕梅塔著,刘震译:《从弃绝到解脱》

郭物著:《欧亚游牧社会的重器——鍑》

王邦维著:《玄奘》

李锦绣著:《北阿富汗的巴克特里亚文献》

孙昊著:《辽代女真社会研究》

赵现海著:《长城时代的开启
    ——长城社会史视野下明中期榆林长城修筑研究》

华喆著:《帝国的背影——公元 14 世纪以后的蒙古》

杨建新著:《民族边疆论集》

王永兴著:《唐代土地制度研究——以敦煌吐鲁番田制文书为中心》

〔苏联〕伊·亚·兹拉特金等著,马曼丽、胡尚哲译:
    《俄蒙关系档案文献集(1607—1654)》

〔俄〕柯兹洛夫著,丁淑琴译:《蒙古与喀木》

马曼丽著:《马曼丽内陆欧亚自选集》

韩中义著:《欧亚与西北研究辑》

刘迎胜著:《蒙元史考论》

尚永琪著:《古代欧亚草原上的马——在汉唐帝国视域内的考察》

石云涛著:《丝绸与汗血马——早期中西交通与外来文明》

青格力等著《内蒙古土默特金氏蒙古家族契约文书整理研究》

尚永琪著:《鸠摩罗什及其时代》

石云涛著:《魏晋南北朝时期的外来文明》

淘宝网邮购地址:http://lzup. taobao. com